님 · 의 · 침 · 묵 · 탈 · 고 · 100 · 주 · 년

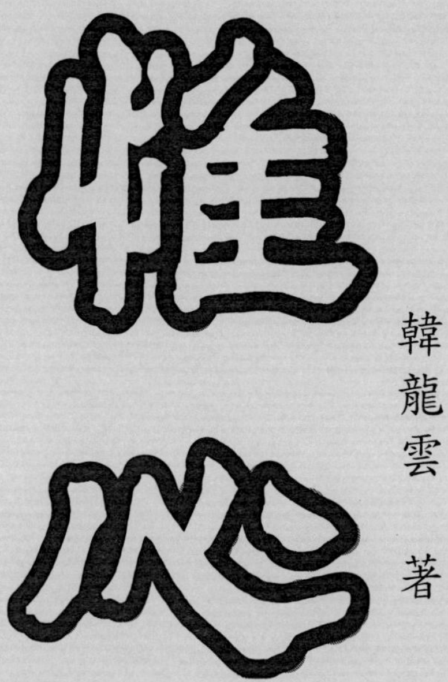

惟心

韓龍雲 著

韓國學資料院

유심 (惟心) 해제

『유심(惟心)』은 만해 한용운이 1918년에 창간한 불교·철학·문학 종합지로, 단순한 종교 간행물이 아니라 사상·문학·민족 담론이 교차하는 근대 지식인의 장을 형성한 중요한 출판물입니다. 제목의 '惟心'은 "오직 마음"이라는 불교 유식사상(唯識)을 바탕으로, 세계의 근원은 마음이라는 관점을 상징합니다.

1. 간행 배경

* 1910년대 일제강점기라는 역사적 상황 속에서 한국 불교는 근대적 개혁과 정비가 필요했습니다.

* 한용운은 불교를 조선 민족 정신의 회복 기반으로 보았고, 이를 실천하기 위해 새로운 계몽적 매체로 『유심』을 창간했습니다.

* 단순히 종교 교리만 다룬 것이 아니라 근대 사회 문제, 철학, 문예 비평, 시·산문까지 폭넓게 실었습니다.

2. 내용과 성격

『유심』은 다음 세 가지 방향성을 핵심으로 삼았습니다.

① 불교 개혁과 현대화

* 승단 조직 개혁, 불교 교육, 불교의 사회적 역할 강화 등이 반복적으로 논의됨

* 불교를 "현대 사회에 맞는 윤리·실천 체계"로 재정립하려는 시도 존재

② 민족적 자각과 사회 비판

* 식민지 현실에 대한 직접적 표현은 검열로 제한되었으나 민족 주체성, 자유, 자각** 등을 강조하는 글들이 상징적으로 실림

만해의 글은 자연스럽게 독립·해방의식을 환기하는 방향으로 흐름

③ 문학과 철학의 장
시, 산문, 비평 등 문학적 텍스트가 많이 실렸고
한용운의 시세계(특히 『님의 침묵』으로 이어지는 사유)를 이해하는 중요한 토대
서양 철학·아시아 사상 소개 등 근대 지성의 폭넓은 교양 담론을 담음

3. 『유심』의 의의
① "근대 불교" 형성의 핵심 플랫폼
한국 불교가 전통적 틀에서 벗어나 근대 종교로 재편되는 데 결정적 역할
수행 중심에서 사회·교육적 역할로 확장하는 사상적 토대 제공

② 일제강점기 지식인의 정신적 저항 공간
직접적 저항문학은 아니지만
내면적 독립·정신의 자유를 강조함으로써 민족정신을 지켜낸 간접적 저항지면

③ 한용운 사상의 총집합
만해의 불교 철학, 문학관, 민족관이 가장 잘 응축된 텍스트
『님의 침묵』과 연계해 이해하면 더 깊은 사상적 일관성이 드러남

④ 근대 문학·사상의 교차점
초기 한국 근대 잡지의 흐름 속에서도 독특한 위치
문학·철학·종교를 넘나드는 담론을 담으며 당대 지식문화 형성에 기여

惟心

第一（九月）號

京城 惟心社 發行

惟心 第一號 目次

心

萬海

心은心이니라

心만心이아니라非心도心이니心外에는何物도無ᄒ니라

生도心이오死도心이니라

無窮花도心이오薔薇花도心이니라

好漢도心이오賤丈夫도心이니라

蜃樓도心이오空華도心이니라

物質界도心이오無形界도心이니라

空間도心이오時間도心이니라

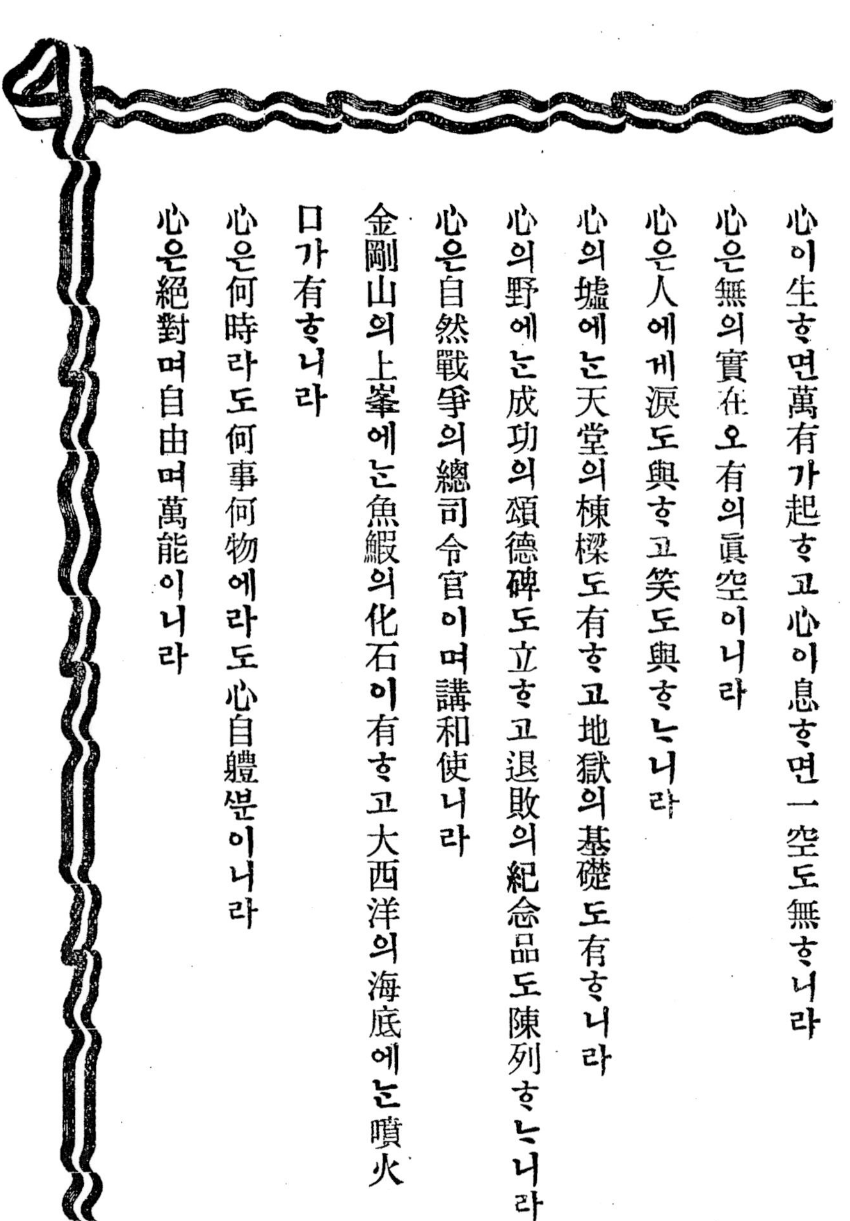

心이生ᄒ면萬有가起ᄒ고心이息ᄒ면一空도無ᄒ니라

心은無의實在오有의眞空이니라

心은人에게淚도與ᄒ고笑도與ᄒᄂ니라

心의壚에는天堂의棟樑도有ᄒ고地獄의基礎도有ᄒ니라

心의野에는成功의頌德碑도立ᄒ고退敗의紀念品도陳列ᄒᄂ니라

心은自然戰爭의總司令官이며講和使니라

金剛山의上峯에는魚鰕의化石이有ᄒ고大西洋의海底에는噴火口가有ᄒ니라

心은何時라도何事何物에라도心自體ᄲᆞᆫ이니라

心은絶對며自由며萬能이니라

朝鮮靑年과 修養

韓 龍 雲

朝鮮靑年을 爲하야 謀하는 者는 多方面으로 觀察하리니 그 觀察을 隨하야 各各、 定見을 立하면 勿論이라 그러나 朝鮮靑年을 觀察코자 하는 者는 먼져 그 心理를 理解하미 必要하고 心理를 理解한 後에는 根本的으로 精神修養을 絕따호고자 하노라 그러나 朝鮮靑年의 現時 心理를 正解함은 實로 容易한 事가 아니나 他人이 그 心理를 正解하기 難할 뿐 아니라 自己도 自己의 心理를 正解하기 難하리라

人은 萬能의 神이 아닐 뿐 아니라 生活의 趣味는 複雜을 避하고 簡潔에 就코자 하는 故로 自己의 趣味에 適合한 二의 事를 擇하야 目的을 定하고 前進하미 可하니 何人이라도 一定의 志向이 無한 者는 成功도 無하고 生趣도 無하리라 假令 道德家가 되고자 하는 者는 반다시 그 精神과 肉體의 主力을 道德의 方面에 致하미 可하고 文學家가 되고자 하는 者는 그 主力을 文學의 方面에 致하미 可하고 軍事家가 되고자 하는 者는 그 主力을 軍事의 方面에 致하미 可하니라 그러나 自己의 志向을 一定한 後에는 그 志向을 絕對로 服從하라 함은 아니나 아모리 前定의 志向이 有할지라도 智識의 向上에 依하든지 境遇의 必要에 依하든지 그 志向을 轉變하는 事도 有하리라 然이나 不得己한 自動의 向上變遷을 除한 外에 外來의 阻力이나 或은 自心의 散漫으로 因하야 其 志를 二三하면 何等의 不人格이라 志向을 一定하야 畢生에 固守한다고 모다 平均히 同一한 良果를 收함은 아닐지니 例하면 道德에 從事한다고 모다 釋迦나 孔子 되기 難하고 文學에 從事한다고 모다 쉑쓰피야나 룰스도니 되기 難하고 軍事에 從事한다고 모다 乙支文德이나 韓信이 되기 難하지니 此는 先天의 禀性과 人爲의 事情

에依ᄒᆞ야多少의差異를生ᄒᆞ민즉成功의與否ᄂ立志에對ᄒᆞ야ᄂ別問題가되리라그러므로成功은機緣에屬ᄒᆞ고立志不遷은人格에屬ᄒᆞ지니成功은偶然의成功도有ᄒᆞ나人格은僥倖의人格에無ᄒᆞ지니人生의價値ᄂ成功에在ᄒᆞ며아니오人格에在ᄒᆞ나니人格의光은一時的能牽의反射가아니오一貫的奮鬪의發燄이니라그러면人은맛당히人間萬事의中에自己의趣味에適當ᄒᆞ美事를擇ᄒᆞ야此를研究ᄒᆞ고此를實行ᄒᆞ기爲ᄒᆞ야ᄂ何의障碍도排除ᄒᆞ고何의犠牲도不辭ᄒᆞ지라獵者ᄂ鳥獸를捕ᄒᆞ기爲ᄒᆞ야峯巒과礀谷을不擇ᄒᆞ고顚倒奔馳ᄒᆞᄂᆞ니局外者의眼으로見ᄒᆞ면그疲勞를代悶ᄒᆞ과同時에其愚를笑ᄒᆞᄂᆞ지도不知ᄒᆞ리라뉘라서青山綠水의中에天藏地秘萬人不見의窮妙絶奇ᄒᆞ景色이此獵者의專有物이되ᄂ줄을知ᄒᆞ리오是와如히人이一定ᄒᆞ目的을達ᄒᆞ기爲ᄒᆞ야一切의障碍를排除ᄒᆞ고萬般의犠牲을不辭ᄒᆞ면그周

圍에ᄂ無論、荊棘도有ᄒᆞ고蛇蝎도有ᄒᆞ지나그天人不見의裡面에ᄂ烟霞의氣를帶치아니ᄒᆞ고玲瓏燦爛ᄒᆞ自信의天花도亂落ᄒᆞ고物質의束縛을解脫ᄒᆞ萬斛千仞의精神의雲漢도倒瀉ᄒᆞ리라이러ᄒᆞ更情獨得의自慰ᄂ外界로브러至ᄒᆞᄂᆞ困難의苦痛을相償ᄒᆞ고도오히려餘裕가綽綽ᄒᆞ리니此ᄂ곳人格의天國에至ᄒᆞᄂᆞ化城이니라萬一人이一定ᄒᆞ立志가無ᄒᆞ고一直의實行이無ᄒᆞ면何等의價値가有ᄒᆞ리오今日에敎育家가되고자ᄒᆞ고明日에實業家가되고자ᄒᆞ고又明日에政治家가되고자ᄒᆞ야是와如히轉轉不定ᄒᆞ면是ᄂ日日、甚ᄒᆞ면時時로變節故宗ᄒᆞᄂᆞ無賴漢이라無意味ᄒᆞ虚榮心에서出ᄒᆞᄂᆞ妄想이니萬事에對ᄒᆞ야成功이無ᄒᆞ뿐아니라自心의亂動ᄒᆞᄂᆞ煩悶을禁치못ᄒᆞ지니何等의不幸이나此ᄂ個人의不幸뿐아니오社會의不幸이니라

朝鮮現時青年의心理ᄂ何如ᄒᆞ가一定ᄒᆞ志向을有ᄒᆞ

야百折不撓의實行이有호가多般의障碍를排除호고萬進不退호는奮鬪의勇氣가有호가不然호면朝에는志士의口頭禪을話호고夜에는鄙夫의僞善을夢호지안는가演席에서눈東西古今의英雄豪傑을完膚가업시咀嚼호다가歸家의路에는片雲缺月의物外生涯를想起치안는가朝鮮青年의心理를一言으로蔽호야말호자면未定이라호지오設或一定의志를立한人이有호다호지라도實行호만한勇氣가無호리니是는掩護치못홀事實이라此눈物質文明에中傷된所以라物質文明은人智開發의過渡時代에免홀수업는漸進的現象이라그러나物質界보다精神界를貴重히여기는高等動物中에靈長되는人이엇지永遠히區區한物質文明에自足호야精神界의生活을無視호리오故로物質文明은人生究竟의文明이아닌즉다시一步를進호야精神文明에就호믄自然의趨勢라是로由호야觀호면物質文明이人에對호야幾分의害毒을與호믈推想호기不難호도다호믈며外地全盛의物質文明의餘波가急潮와가치輸入、輸入이라고호나니보다濫히侵入이라고홀만한朝鮮의人이엇지그害毒을免호기容易호리오現今의朝鮮人은文明創造者도아니오繼續發明者도아닌즉아즉半文明時代라호지니半文明時代에在호야相當한修養의實力이無한者는驚感浮動호야滿腹의心事가金錢狂이아니면곳英雄熱이라富豪가되며英雄이되고자호믄人類向上의欲望이라그러나富豪와英雄은徒然의產物이아니라相當한努力과奮鬪를積호야得호리니富豪될만호勤勉이有호고英雄은英雄될만호奮鬪가有호미어눌다만他人의已成호宏功大業의美名에만流涎호야富豪눈되고자호되勤勉을避호고英雄은되고자호되奮鬪를厭호면世에엇지惰怠의人에一攫千金의富가有호며退屈의人에坐受榮名의英雄이有호리오是와如호徒勞의金錢狂과虛僞의英

雄熱은다만不平과煩悶을增加ᄒᆞᆯ而已니何益이有ᄒᆞ리오 是ᄂ立志不固의人이ᄒᆞᆫ갓物質文明의現象에沈醉ᄒᆞ야虛榮心을挑發ᄒᆞᄂ所以라故로何人이라도心的修養이無ᄒᆞ면事物의使役者되기易ᄒᆞ니學問만有ᄒᆞ고修養이無ᄒᆞᆫ者ᄂ學問의使役이되고智識만有ᄒᆞ고修養이無ᄒᆞᆫ者ᄂ智識의使役이되ᄂ니라否라使役이될ᄲᅮᆫ아니라學問과智識이多ᄒᆞ고修養이無ᄒᆞᆫ者져렴不幸ᄒᆞᆫ者ᄂ無ᄒᆞ리라學問과智識이多ᄒᆞᆫ人은事物에對ᄒᆞᆫ辨別力이敏速ᄒᆞ지라辨別力은곳取捨ᄅ을生ᄒᆞᄂ故로欲望도多ᄒᆞ고厭惡도多ᄒᆞᄂ니社會와事物에對ᄒᆞᆫ取捨欣厭의感念을自制치못ᄒᆞ면不平과煩悶에埋葬될ᄲᅮᆫ이니이러ᄒᆞ면全世界人의謳歌ᄒᆞ고崇拜ᄒᆞᄂ學問과智識은다만人生萬不幸의原素가될ᄲᅮᆫ이아닌가人은맛당히物質的束縛을解脫ᄒᆞ고妄想的煩悶을超越ᄒᆞᆫ만ᄒᆞᆫ心理的實力을修養ᄒᆞ야曠達ᄒᆞᆫ衿度와活潑ᄒᆞᆫ勇氣로縱橫進退에悠然自得

ᄒᆞᆯ지라故로修養이有ᄒᆞᆫ人에게ᄂ智識은錦과如ᄒᆞ고學問은花와如ᄒᆞ야世를照ᄒᆞᄂ光은能히社會의黑闇을破ᄒᆞᆯ지니엇지自己一人만을爲ᄒᆞ야賀ᄒᆞ리오朝鮮靑年의急務ᄅ을論ᄒᆞᄂ者가或은學問이急務라實業이急務라其外에도多種의急務ᄅ을唱ᄒᆞ리라그러나心理修養이何보다도急務라ᄒᆞ야此ᄅ을喚起코자ᄒᆞ노라天下萬事에何者가標準도업고信賴도업ᄂ無實行의空論으로만成ᄒᆞᄂ者ᅵ有ᄒᆞ리오實行은곳修養의産兒라深邃ᄒᆞᆫ修養이有ᄒᆞᆫ者의前에ᄂ魔가變ᄒᆞ야聖者도되고苦가轉ᄒᆞ야快樂도될지니物質文明이엇지人을苦痛케ᄒᆞ리오個人的修養이無ᄒᆞᆫ而已오物質文明이엇지社會를疾病케ᄒᆞ리오社會的修養이無ᄒᆞᆫ而已라修養이有ᄒᆞᆫ者ᄂ어늬程度ᄉ지物質文明을利用ᄒᆞ야快樂을得ᄒᆞ리라心理的修養은軌道와如ᄒᆞ고物質的生活은客車와如ᄒᆞ니라個人的修養은源泉과如ᄒᆞ고社會的進步ᄂ江湖와如ᄒᆞ니라最

先의 機械도 修養에 在호고 最後의 勝利도 修養에 在호니 朝鮮青年 前道의 光明은 修養에 在호니라

苦痛과 快樂

主　管

苦痛을 避호는 者는 반드시 快樂을 求호다 호리라 그러나 快樂은 쏘호 苦痛을 避호는 者를 避호메 奈何오 耕作의 勞를 避호는 者엔 秋穫의 實이 無호고 螢雪의 苦를 逃호는 者엔 碩學의 榮名이 無호니 苦痛은 此岸이오 快樂은 彼岸이라 此岸에셔 觀을 解치 아니호고 彼岸에 到達호는 道는 無호리라 快樂의 位置는 何時라도 苦痛의 裡面에 在호지니 苦痛은 門이오 快樂은 堂이라 足跡이 그 門에 至치 아니호면 그 堂中에 委在호 寢臺에 安臥홀 日이 無호리니 山重水複의 惡路를 踏破치 아니호고 柳暗花明의 一村에 至코자 호믄 愚者의 虛筭일 쑨이니라

且, 苦痛을 忍耐치 못호는 者는 쏘호 快樂도 忍耐치 못호리라 世人의 所謂 苦痛이니 快樂이니 호무른 四圍의 境遇를 云호미라 某事物에 對호얀 苦痛으로 感受호고 某事物에 對호얀 快樂으로 感受호는 差異쑨이오 苦나 樂이나 外界로 從호야 人의 方寸을 衝動호는 感觸力은 同一호니 吾人은 맛당히 苦痛의 人을 惱케 홈만 覺悟홀 쑨아니라 快樂도 쏘호 苦痛과 同程度로 人을 惱케 호믈 覺悟홀지니 奔忙은 苦痛의 一種이오 安逸은 快樂의 一種이라 그러나 長期奔忙의 中에 短期의 安逸을 得호사록 快樂을 享受호는 感念이 劇烈홀지니 만일 五日의 奔忙에 五日의 安逸을 得호면 欣厭의 感念은 兩消雙減호야 稍稍 輕微홀지오 一步를 進호야 長期安逸의 中에 短期의 奔忙을 得호면 欣厭의 感情은 그 對象을 換하야 顚倒의 狀態에 至호지니 是는 苦痛과 快樂에 아울너 人을 惱케 호는 實例를 證호기 足호도다 그러면 一時의 苦痛을 忍耐치 못호는 輕薄兒가 엇지 長

期快樂을享受ᄒᆞᄂᆞᆫ大福人이되리오九世同居의張公藝ᄂᆞᆫ百忍의結果라ᄒᆞ얏ᄂᆞ니百忍은곳百苦를忍ᄒᆞᆷ을意味ᄒᆞ미라九世同居의家庭幸福은百苦를忍ᄒᆞᆷ에셔得ᄒᆞ미아닌가

ᄒᆞ믈며苦痛과快樂의原因은物質에在ᄒᆞ미아니오心理에在ᄒᆞ미리오人의世에對ᄒᆞ觀念은다色眼鏡的인故로複雜千萬의差別은自己의感想을表準으로ᄒᆞ一時의現象ᄡᅮᆫ이니人은外界의事物에捕虜될者ᅵ아니오맛당히萬有의絕頂에立ᄒᆞ야縱橫自在ᄒᆞ를得ᄒᆞ지니煩惱卽菩提라宮과가치苦痛卽快樂이될수도잇ᄂᆞ니라然ᄒᆞ면何者를指ᄒᆞ야苦痛이라ᄒᆞ며何者를指ᄒᆞ야快樂이라ᄒᆞᆯᄉ가世에ᄂᆞᆫ苦痛도無ᄒᆞ고快樂도無ᄒᆞ거늘다만苦痛으로感ᄒᆞ면苦痛이되고快樂으로感ᄒᆞ면快樂이되ᄂᆞ니苦痛에곳非苦痛이오快樂이곳非快樂인同時에苦痛卽快樂、快樂卽苦痛이니라苦痛快樂이兩去雙忘ᄒᆞ면恢恢ᄒᆞ空間에樂園아닌處가何處이며無窮ᄒᆞ時間에得意아ᄂᆞᆫ時가何時이랴人은客觀的으로歷史上의人物을觀ᄒᆞ時에偉人傑士의慘憺ᄒᆞ經營을觀ᄒᆞ면반드시無限ᄒᆞ苦痛을忍呑經過ᄒᆞ줄로想像ᄒᆞ리라그러나客觀者의所謂苦痛이라ᄒᆞᆷ主觀者卽偉人傑士에在ᄒᆞ야ᄂᆞᆫ그처럼苦痛을感覺지아니ᄒᆞᆯᄡᅮᆫ아니라反히快樂으로認ᄒᆞᄂᆞᆫ者도多ᄒᆞ리라熱帶의沙漠과兩極의氷海ᄂᆞᆫ誰가苦哉를絕叫치아니ᄒᆞ랴마ᄂᆞᆫ探險者의眼에ᄂᆞᆫ何의樂土보다도奇驚ᄒᆞ與感을與ᄒᆞ지오天下의富와萬乘의尊은誰가欽仰치아니ᄒᆞ랴마ᄂᆞᆫ達人의心에ᄂᆞᆫ片雲小石보다도輕微ᄒᆞ觀念을起ᄒᆞ나니엇지物質上에一定ᄒᆞ苦樂이有ᄒᆞ리오元曉ᄂᆞᆫ法을求ᄒᆞ기爲ᄒᆞ야支那에往ᄒᆞ다가荒草委遲古墓羣差의間에셔骸骨의水를飮ᄒᆞ고「心生則種種法生心滅則種種法滅」의眞理를覺ᄒᆞ고卽地에踵을旋ᄒᆞ야鄕國에歸ᄒᆞ얏ᄂᆞ니古墳의間에도大宇宙가有ᄒᆞ고無情의

物도大說法을演ᄒᆞᄂᆞ니라苦나樂이나畏首畏尾의區區을憐悶ᄒᆞᄂᆞᆫ慈善心을養成ᄒᆞᄂᆞ니一時의窮困을엇지人生乎、大地ᄂᆞᆫ公園이오永劫은休暇ᄂᆞ니任運逍遙ᄒᆞᆯ生의不幸이라謂ᄒᆞ리오지나라

苦學生

韓　龍　雲

偉人이世에出ᄒᆞᆷ이먼저窮困으로써其志를淬礪ᄒᆞ게되ᄂᆞ니라舜은河濱에陶ᄒᆞ고伊尹은莘野에耕ᄒᆞ며宿을娼家에寄ᄒᆞ고누더기食을隣里에乞ᄒᆞ얏ᄂᆞ니一時의窮困은非常ᄒᆞᆫ大人格을陶鑄ᄒᆞᄂᆞᆫ天然의師友오實習의敎育이니라東西古今의英雄豪傑奇才茂能이紈袴公子에서出ᄒᆞᆫ者를籌코자ᄒᆞ면其數가實로鳳毛麟角과如ᄒᆞ리라窮困은能히人生生活의實趣味를맛보며窮困은能히惰怠를驅逐ᄒᆞ고勤勉을增長ᄒᆞ야前途幸福의荒野를開拓ᄒᆞᄂᆞᆫ奮鬪力을得ᄒᆞ며窮困은能히民生의艱險을

余ᄂᆞᆫ京城에在ᄒᆞᆯ時에往往苦學生을接見ᄒᆞᄂᆞᆫ榮緣을得ᄒᆞ노라그러나一線의同情을感ᄒᆞᄂᆞᆫ外에何等의物質的援助를與치못ᄒᆞᆫ則로慚愧千萬이로다苦學生은實로走獸中의麒麟이오飛禽中의鳳凰이라그現在의窮困을憐悶ᄒᆞᆷ보다차라리그未來의幸福을祝코자ᄒᆞ노라苦히學費를辦出치못ᄒᆞᆫ者가多數가될지오或은相當ᄒᆞᆫ財産이有ᄒᆞᆯ지라도그學父兄쓰ᄂᆞᆫ學費를支撥ᄒᆞᆯ만ᄒᆞᆫ財力이無ᄒᆞ지오或은例外의特殊ᄒᆞᆫ事情도有ᄒᆞ리라그러나그原因의何種에屬ᄒᆞᆷ을勿論ᄒᆞ고苦學은同一ᄒᆞᆫ지라苦學은그字訓과가치苦스럽게學ᄒᆞᆷ이아닌가苦를避ᄒᆞ고安逸을得코자ᄒᆞᆷ은人의常情이라그런故로豐富ᄒᆞᆫ學資로도

學其物의自體에셔生ㅎ는苦를堪耐치못ㅎ야學生生活을仇視ㅎ는不識字沒常識의紈袴子弟는何人이며學費는新聞分傳이나時間雇傭에得ㅎ고學服은古物商이나同伴의餘服에借ㅎ야晝宵에寸暇가업시全心力을犧牲ㅎ는者는何人인가同一ㅎ人으로그心理의差異에雲泥의隔을生ㅎ믄原理나變則이나

苦學生은直接이나間接으로他人의補助를得ㅎ는事一有ㅎ리라人이他人의補助를得ㅎ믄美擧가아니나不得已ㅎ事實即苦學과如ㅎ믈爲ㅎ야人의正當은補助를ㅎ미可ㅎ니所擇은곳義와不義에對ㅎ辨別이라苦學은正當ㅎ事라ㅎ지나此를爲ㅎ야不義의補助를得ㅎ믄不可ㅎ고坐苟且히補助를得ㅎ는路를開ㅎ기爲ㅎ야精神上의卑屈을生ㅎ믄不可ㅎ니만일苦學을因ㅎ야不義의補助를受ㅎ든지精神上의卑屈을生ㅎ면是는學問上의所得보다精神上의所失이多ㅎ지니精神上의損失은一生의不幸이니라目的을達ㅎ기爲ㅎ야는手段을不擇ㅎ다는言도有ㅎ나學問을成就ㅎ기爲ㅎ야는事의可否를勿論ㅎ고斷行코자ㅎ면是는大ㅎ誤解라無精神의學問은死物이니死物學者는直率無邪氣ㅎ不識字의樵丁만不如ㅎ니라故로志士는其道를直ㅎ기爲ㅎ야는死에至ㅎ야도오히려辭치안커든ㅎ믈며一時의困難이리오

苦를忍ㅎ고其操를變치아니ㅎ며能히一身의福樂을犧牲ㅎ야衆生을利케ㅎ면人生의眞價는此에在ㅎ니라鮮明ㅎ衣具로莊嚴ㅎ車馬에乘ㅎ던지不然ㅎ면胃部의雙方에勳章의璀燦을極ㅎ고廟堂에坐ㅎ야百官을進退ㅎ면此人에對ㅎ야最高價의賞牌를贈與ㅎ人가外觀으로는如何히美麗堂堂ㅎ지라도만일一身의安逸을圖ㅎ기爲ㅎ야節操를犧牲ㅎ며個人의樂利를圖ㅎ기爲ㅎ야

社會의 公益을 妨害호면吾人은此에對호야敬服의心을

表호지못호며是에反호야襤褸破帽의如何호不風采

의人이라도能히飢塞의逼迫을凌호야그所志를直호며

自己一身의幸福을無用의地에擲호고多大數의他人을

爲호야心力을致호면仰慕同情、此人을除호고엇지別

로所懷伊人이有호리오그極端의人을後世에聖人或賢

人이라稱호ᄂᆞ니곳釋迦耶蘇孔子속구라데쓰와如호人

物을謂호ᄆᆞ라釋迦ᄂᆞ人生의根本問題곳生死의大事를

解脫호기爲호야一國의王子로將來萬乘의王位를捨호

고一個의乞食比丘가되야松絡草衣로色身을遮호고榮

根木果로其腸을慰호야儉略호나니보다차라리

苦痛이라고호ᄆᆞᆫ한一衣一鉢의苦行으로大道의魔敵되

ᄂᆞᆫ婆羅門의毒手를對治호면서天人共戴의導師가되야

三界四生의衆生을濟度호고耶蘇ᄂᆞᆫ敎理의創新을圖호

기爲호야大聲疾呼호지겨우三年에十字架上에其身을

礫호고孔子ᄂᆞᆫ其道를行호기爲호야天下를轍環호다가

陳蔡의野에厄을當호外에終生의遭遇가非常히落拓호

앗고속구라데쓰ᄂᆞᆫ그獨見의哲理를發布호다가牢獄의

中에서마침ᄂᆞ毒을仰호고死호얏스와如호人物은

其身엔衛生에適合호衣具도包圍되지못호고其腸은養

分이濃厚호甘旨에滋養되지못호며輕車肥馬의旅行도

無호고寢臺繡衾의煖夢도無호며一已를擲호야萬人을

供호고區區호百年의肉體生活을芥視호야永劫的精神

生活의花를開호얏ᄂᆞ니此로써見호면人生의眞價ᄂᆞᆫ美

服輕車나金綬勳章으로一生을安樂의窩中에送過호ᄂᆞᆫ

者에在호미아니라如何호窮困에處호야도그精神的天

才를發揮호미在호니後人의崇拜호ᄂᆞᆫ香炳은곳人生眞

價의零領이니라그러면人이엇지一時의物質的困難을

不堪호야人生의價値를低落호리오

우리ᄂᆞᆫ數年來로入學호苦學生은만히보아쓰나卒業

ㅎ 苦學生은 마니 보지 못ㅎ앗스니 莫大ㅎ 遺感으로 思ㅎ노라. 此ㄴ 無論、 在學中에 不得己ㅎ미리라. 그러나 不得己ㅎ 事故라 ㅎ믄 何種을 勿論ㅎ고 반드시 困難을 堪耐치 못ㅎ미 大原因이 될지니 是ㄴ 周圍의 境遇ㄹ 呪咀ㅎ보다 그 內心의 自信不足을 責ㅎ미 何如ㅎ가. 만일 自信이 堅固ㅎ야 努力ㅎ고 舊鬪ㅎ면 外來의 事物이 能히 我ㄹ 退步의 窮巷에 埋葬치 못ㅎㄴ니라. 그러나 人은 理想的 機械가 아니므로 理論과 가치 一毫도 差錯이 업시 實行ㅎ기ㄴ 容易ㅎ 事가 아니라 堅忍不拔의 努力과 高尙廉潔의 志向이 有ㅎ지라도 窮困의 極에 至ㅎ면 往往 失意、 落望、 含羞、 退屈의 念을 起ㅎ 時도 有ㅎ지니 此時에ㄴ 一種의 慰安法을 行ㅎ미 必要ㅎ리라. 苦痛의 煩悶을 感ㅎ 時에ㄴ 突然히 騰躍의 勇氣ㄹ 皷發ㅎ야 萬事ㄹ 擲ㅎ며 萬念을 息ㅎ고 比較的 近地의 山明水麗ㅎ 處에 登臨ㅎ야 突兀ㅎ재 八荒을 向ㅎ야 數聲의 長嘯高歌ㄹ 發ㅎ고 다시 靜坐欲心ㅎ야 參禪을 行ㅎ고 歸家의 時에ㄴ 조곰 浮世ㄹ 輕視ㅎ고 未來ㄹ 樂觀ㅎ야 無條件의 英雄的 自信을 喚起ㅎ고 家에 歸ㅎ야 다시 平日의 初志ㄹ 復ㅎ야 冷靜ㅎ 頭腦로 書案을 整頓ㅎ고 偉人傑士의 傳記ㄹ 讀ㅎ야 興奮邁往ㅎ면 俄頃의 煩悶은 踵을 旋ㅎ야 嶄新ㅎ 奮鬪의 勇氣로 化ㅎ리라. 美人은 薄命에셔 生ㅎ고 文章은 困窮에셔 出ㅎㄴ니 特殊ㅎ 天才와 絕倫ㅎ 偉業은 强半이나 不幸及不幸의 中에서 發揮되나니라. 未來ㄴ 樂園이니 苦學生은 自愛ㅎ라.

前路를 擇ㅎ야 進ㅎ라

五歲人

人生은 旅行者오 世事ㄴ 歧路니라. 世路ㄴ 大路도 잇고 小路도 잇고 直路坦道도 잇고 旁蹊曲逕도 잇스며 羊腸의 九曲도 壁立의 千仞도 온갓 길어다 잇ㄴ니 ㅅ은 어늬 길로든지아니가든못ᄒ나니라世路는個人의私有物이아니오衆人의公路이므로아모라도마음대로갈수가잇나니라사람생긴以後로하도여러사람이來往ᄒ얏슨즉별로아니가본길은적으리라萬古의來往ᄒᆫ旅行者들이玩賞記、探險錄、感想談等을著ᄒ야世에公行ᄒᆫ者도잇고私藏ᄒ얏다가偶然히發布된者도잇나니世에烟波가치浩瀚ᄒ고丘陵가치畜積ᄒ殘編短簡의書物은다古人今人의旅行錄이니路中의景色과彼岸의情趣는길마다그現象이다르고사람마다그感想이갓지아니ᄒ지니이로드러말ᄒ수가업도다그러나大別ᄒ야分ᄒ자면길에눈善惡의二路가잇고사람에게는苦樂의兩感이잇스리라普通으로平沉ᄒ게말ᄒ자면善路는樂이되고惡路는苦가된다ᄒ리라그러나도로여善路를苦로感ᄒ고惡路룰樂으로感ᄒ는者도잇나니路의善惡과感의苦樂은同一ᄒ問題로解釋ᄒ기難ᄒ니라億千古以來無量數人의

經歷ᄒ結果、어늬길은善路라어늬길은惡路라ᄒ야指道標를大書特書屢書不一書ᄒ야善ᄒ길에就ᄒ고惡ᄒ길을避ᄒ라ᄂᆫ說明ᄒᆫᄉ지付ᄒ얏스므로後人은가보지아니ᄒ世路라도大槪ᄂᆫ그善惡을知ᄒ지오善惡을知ᄒ면써러서그取捨를知ᄒ지어날善路를捨ᄒ고惡路를就ᄒᄂᆫ人生의큰弱点이니라極端으로말ᄒ면무어슬가리처善이라ᄒ고무어슬가리처惡이라ᄒᆫ지一定ᄒ標準으로善惡의定義를下ᄒ기難ᄒ도다그러나사람마음일은善이라ᄒ지오사람답지못ᄒ일은惡이라ᄒ지니善이라ᄒᆫ무슨意味로든지무어싀압에든지無條件으로주거지내는消極的을가리치미아니오어대라도優者되야고勝者되야衆人을保護ᄒᄂᆫ者ㅣ며萬物을愛育ᄒᆫ者ㅣ되는거시善이될지오惡이라ᄒᆫ無故히人을歐打ᄒ고物을傷害ᄒᄂᆫ것만惡이아니라劣者되고敗者되야人에게불人상이여기ᄂᆫ者

ᅳ되고物에게심부렴ᄒᆞᄂᆞᆫ者ᅳ되ᄂᆞᆫ거시더큰惡이되ᄂᆞ니라그러므로優者되고勝者되라ᄂᆞᆫ거슨人과物을업수이여기ᄂᆞᆫ野心에서나ᄂᆞᆫ거시아니오人과物을慈愛ᄒᆞᄂᆞᆫ自任心에서나ᄂᆞᆫ거시니박궈말ᄒᆞ자면人이優者勝者가되지못ᄒᆞ고劣者敗者가되면萬物의靈長되ᄂᆞᆫ權利를抛棄ᄒᆞᄂᆞᆫ者오社會에對ᄒᆞ야힘을提供ᄒᆞᄂᆞᆫ義務를消失ᄒᆞᄂᆞᆫ者ᅳ니劣者敗者가되ᄂᆞᆫ時에ᄂᆞᆫ權利와義務에對ᄒᆞ罪惡이아올너이러나나니劣者敗者ᄂᆞᆫ權利만업슬뿐아니라義務도업나니라그러므로더퍼노코服從ᄒᆞ고屈伏ᄒᆞᄂᆞᆫ거슨義務가아니오罪惡이다劣者敗者에게ᄂᆞᆫ道德도업고法律도업고甚ᄒᆞ면生도업고死도업다太陽은私가업지마ᄂᆞᆫ劣者敗者에게ᄂᆞᆫ光線을適度로비추지못ᄒᆞ고大地ᄂᆞᆫ공변된거시지마ᄂᆞᆫ劣者敗者에게ᄂᆞᆫ흠부루발피지안나니라造物이空間을널져게劣者敗者의居住ᄒᆞ位置ᄂᆞᆫ定ᄒᆞ지아니ᄒᆞ고時間을널져게劣者敗者의生存ᄒᆞ時間은줌지아니ᄒᆞ얏나니라造物에게質問ᄒᆞ자、이미劣者敗者의居住ᄒᆞ位置와生存ᄒᆞ壽命을줌지아니ᄒᆞ얏스면써러서劣者敗者를내지안ᄂᆞᆫ거시올컨ᄂᆞᆫ대무슨緣故로劣者敗者를내엿느뇨造物은決코劣者敗者를내지안나니라衆生衆生이同一佛性이오天賦人權이均是平等이어눌劣者ᄂᆞᆫ스사로劣者될싸름이오敗者ᄂᆞᆫ스사로敗者될싸름이라劣者되고敗者되문惰怠의彼岸이오退屈의反射니惰怠와退屈은곳罪惡의源泉이니世路를區分ᄒᆞ면優者되고勝者되ᄂᆞᆫ勤勉과勇進이善路가될지오劣者되고敗者되ᄂᆞᆫ惰怠와退屈이惡路가될지니우리ᄂᆞᆫ그런주를알고ᄂᆞᆫ반드시惰怠와退屈의惡路에ᄂᆞᆫ荊蕀과土石을築ᄒᆞ야人跡不到의沙漠을作ᄒᆞ고勤勉과勇進의善路에ᄂᆞᆫ西伯里亞의大鐵路와如ᄒᆞ軌道를設ᄒᆞ야一日千里의急行으로優者되고勝者되ᄂᆞᆫ天國으로進ᄒᆞ지니라（이글을草ᄒᆞ문어

늬날져녁째다다쓰랴홀즈음에엽에잇는盆栽의薔薇花눈싹싹ᄒ게고흔빗파사못치게맑은香氣가붓대에오른다쌔른感想은이빗파香氣를가저서모든劣者敗者에게나눠주고십다）

是我修養觀

崔　麟

近來修養二字는殆히世界的熟語가되얏스며從호야修養에關혼書類는實노五車로筭홀만호도다

原來修養이라홈은人格의向上을意味홈이라故로修養은古今을通호야偉人達士의成功土臺됨은勿論이나特히今日에至호야益益其必要를感호는所以는時代의進化와人格의發展으로붓허出혼者로다

盖人은動으로써生홈을得호는者라活動에活動을加호며努力에努力을加호야益益其權威를發揮호며着着其勢力을向上홈에至호야처음으로人이된本務를盡호얏다홀지라그리호야其本務는人世의文明을從호야더욱其實地를表顯케되얏도다

福을襄호면서待혼다홈은決코文明世界의格言이안이나文明世界는活動으로經을삼고努力으로緯를삼는世界라若文明의裏面으로붓허其經되는活動과其緯되는努力을除去호면人類는忽然一生혼枯塚이되며世界는畢竟活혼北邙으로變호리라그리호야天地萬物은乾燥無味혼沙漠에不過홀진뎌

果然一人類의本務가活動과努力이라호면吾人은如何혼方式下에서人스러운活動을開始호며如何혼觀念下에서人스러운努力을實行호랴珍味는能히人을滋養호나又能히人을病케호며良藥은能히病을醫호나又能히人을毒케호나니活動과努力이雖文明世界의珍味이며良藥이라홀지나만약그善혼方式과良혼觀念을失하

면 文明을 病毒케 ᄒᆞᄂᆞᆫ 者ㅣ 反히 是 活動과 努力임을 忘ᄒᆞᆷ이 不可ᄒᆞ도다

兹에 吾人은 善ᄒᆞᆫ 方式과 良ᄒᆞᆫ 觀念을 把得ᄒᆞ야 善ᄒᆞᆫ 活動과 良ᄒᆞᆫ 努力下에서 人世를 挽回ᄒᆞ야 幸福的 樂土를 建築함에ᄂᆞᆫ 不可不 修養의 力을 待치 안이ᄒᆞᆷ이 不可ᄒᆞ도다

然ᄒᆞ면 修養이라 ᄒᆞᆷ은 何이뇨 以上에 述ᄒᆞᆷ과 如히 簡單ᄒᆞ 意味에서 修養은 即 人格의 向上이며 人格이라 함은 個性의 發展이 或 程度에서 全般의 活動 全般의 努力을 堪當ᄒᆞᆯ 만ᄒᆞᆫ 實力을 指稱ᄒᆞ야 言ᄒᆞᆷ이라 故로 人格의 向上은 肉體 及 精神의 幷行 發達을 意味ᄒᆞᆷ은 勿論인ᄃ 原來 人의 肉體와 精神은 同一 眞理의 兩側面이라 支配되ᄂᆞᆫ 側面 即 身과 支配ᄒᆞᄂᆞᆫ 側面 即 精神은 人格의 兩輪으로 心이 其 主體的 位置에 在ᄒᆞᆫ 者ㅣ니 故로 修養이라 ᄒᆞ면 即 精神을 聯想ᄒᆞ고 精神이라 ᄒᆞ면 即 心을 聯想ᄒᆞᄂᆞ니 心의 健全 發達은 修養의 要点인ᄃ 同時에 人格의 向上이라

此乃 古來로 修養의 士ㅣ 屢屢 心의 威力을 說ᄒᆞᆫ 所以로다

羅馬 武士의 精神을 陶冶ᄒᆞᆫ「스도아」學派ᄂᆞᆫ「吾人의 人格은 少許도 外物의게 不動ᄒᆞᄂᆞᆫ 不動心에 在ᄒᆞ도다」ᄒᆞ며 又曰「若 我心으로 能히 自己의 主人公됨을 得ᄒᆞ면 即 物의 主人됨을 得ᄒᆞ리라」ᄒᆞ얏스며 孟子ᄂᆞᆫ「學問의 道ᄂᆞᆫ 無他라 오즉 放心을 求ᄒᆞᆯᄲᆞᆫ」이라 ᄒᆞ야 浩氣說을 主唱ᄒᆞ얏스며 又曰「天地萬物이 皆 我의게 備ᄒᆞ얏스니 身에 反ᄒᆞ야써 誠ᄒᆞ면 樂이 此에 大ᄒᆞᆫ 者ㅣ 無ᄒᆞ다」ᄒᆞ고 宋儒에 至ᄒᆞᄂᆞᆫ 敬으로써 心의 要旨를 定ᄒᆞ야 曰「主一無適、敬以直內、便有浩然之氣」라 ᄒᆞ얏스며 明의 王陽明은「理를 究ᄒᆞ야 不明ᄒᆞ면 即 心에 求ᄒᆞ라」ᄒᆞ고 良知說을 主唱ᄒᆞ야 曰「人은 오즉 至善이 吾心에 在ᄒᆞᆷ을 不知ᄒᆞ고 此를 事事物物의 中에 求ᄒᆞ으로 結局 事事物物이 支離決裂、錯雜紛糺ᄒᆞ야 一定ᄒᆞᆫ 方向의 所在를 不知ᄒᆞᄂᆞᆫ도다 若 至善이 吾心에 在ᄒᆞᆷ을 知ᄒᆞ야 此를 外에 不求ᄒᆞ면 志ᄂᆞᆫ 一定

외方向이 有하야 支離決裂, 錯雜紛紜의 矛盾이 無하지며 錯雜紛紜의 患이 無하면 心은 無妄不動하지니 心이 無妄不動하면 即日用의 間에 도 從容泰然하야 一念의 發, 一事의 感이 皆 至善하리라」云

果然하도다 精神은 吾人萬活動의 源泉이며 萬努力의 根基니 精神을 離하야 別로 事業이 無함은 勿論이라 若一度心即精神의 活力을 得하야 泰然히 機에 臨하며 悠然히 事에 處하면 萬事萬理一緖를 隨하야 解決하며 一動一靜이 分에 應하야 規矩될지라

試思하라 吾人의 目前에 는 當할만한 活動이 如何히 複雜하며 吾人의 脚下에 는 當할만한 努力이 如何히 紛糾하가 그리하야 其複雜과 其紛糾는 一도 吾人의 精神支配를 待치 안는者ㅣ無하니 故로 吾人으로 能히 愛愁思慮의 煩悶을 斷하며 思考行爲의 統一을 得하야 楚風漢雨의 世波에 浮沈코저 하면 須臾도 精神的 修養을 缺치 못할바는 多言을 不要할者인데

吾人은 平常一紛雜한境遇를 當할時에 次와 如히 簡單한根本的眞理의 大盤石上에서 吾人의 本務를 盡코저하노니

即此驚嘆할만한 無盡無量의 現象이 永遠의 法則에 從하야 活動하는 此絶對한 世界에는 반다시 其를 支配하며 其를 創化하는 神이 有하리라 그리하야 其神은 全知全能인디 吾人의 精神作用과 唯一根底의 靈能이러라 即吾人은 小한 神인디 大한 神의 所事를 執行하는者로 吾人의 一切業務는 摠是 神聖한 天職일지라 玆에 吾人은 刹那刹那 吾人의 諸般智力을 絞하야 吾人의 天職에 臨하되 益益眞理의 光明을 追述하야 悠悠自適히 보다 以上의 善한 理想的城壘를 建築하리라, 그리하다가 若 失敗에 遭한다하면 吾人은 全力을 擧하야 奮鬪하는者로, 過去를 顧하고 悲觀치 안는者로 又 如何한 結果가 生할지라도 己의 力으

로 如何키 不能이라 思ᄒᆞ야 泰然히 此를 受ᄒᆞᄂ 大勇者로 吾人은 如斯히 堅ᄒᆞ 根氣, 固ᄒᆞ 精力으로 心을 輕動치아니ᄒᆞ리라ᄒᆞ이 是라」 吾人이 若以上의 覺悟가 有ᄒᆞ면 良心이 限ᄒᆞ 範圍內에 如何ᄒᆞ 事業이라도 建築ᄒᆞᆷ을 可得ᄒᆞ지며 從ᄒᆞ야 其覺悟의 應用은 現少ᄒᆞ 分抄의 間에도 事實로 表顯ᄒᆞ리라 卽生活上如何ᄒᆞ 些事일지라도 其眞理의 光明이 照치안ᄂ 處ㅣ無ᄒᆞ리니 譬컨티 太陽은 白頭山의 絕頂에 照ᄒᆞᆷ과 同時에 路傍의 落葉에도 美麗ᄒᆞ 光線을 與ᄒᆞᆷ과 如히 眞理의 光은 如何ᄒᆞ 此些事에도 無私의 間涉이 有ᄒᆞᄂ 故로 吾人은 吾人의 職業이 如何히 卑賤ᄒᆞᆯ지라도, 執ᄒᆞᆯ만ᄒᆞ 業務ᄂ 如何히 無趣味ᄒᆞ며 且煩雜할지라도, 是等의 点에 頓着치勿ᄒᆞ고 卽히 其를 天職으로 認ᄒᆞ야全力으로 奮鬪ᄒᆞᆷ에셔처음으로 修養이 有ᄒᆞ 活動이라ᄒᆞᆯ지라.

近來半島靑年界에 文明의 新風氣를 呼吸ᄒᆞ야ㅣ稍稍

活動과 努力의 必要를 感ᄒᆞᄂ 者ㅣ不無ᄒᆞ나 惜哉修養의 觀念이 缺乏ᄒᆞ야 活動은 太半ㅣ臨時에 終ᄒᆞ고 努力은 動輒姑息에 止ᄒᆞᆯ뿐이며 設或堅忍의 像이 有ᄒᆞᆷ과 如ᄒᆞ者라도 其實을 遡求ᄒᆞ면 全然境遇의 鞭撻에 不過ᄒᆞ은 엇지他 故가 有ᄒᆞ리오 畢竟ㅣ心卽精神의 獨立的 修養이 無ᄒᆞ에서出ᄒᆞ바로다 其結果ㅣ精神의 變動이 無常ᄒᆞ야 虛慾的 幸運을 望ᄒᆞ다가 究竟自繩自縛의 不幸에 陷ᄒᆞᄂ니 斯輩ᄂ自助卽天助의 眞諦를 沒覺ᄒᆞ고 動輒他人ᄲ幸福이 有ᄒᆞ고 我의 企ᄒᆞᄂ 事業은 何事를勿論ᄒᆞ고 失敗ᄒᆞ者로 自藥ᄒᆞ야 不撓의 信仰不墜의 忍耐, 不弛의 熱心, 不屈의 誠力, 眞摯의 勇氣ᄂ 正히 成功의 秘訣임을 了解치못ᄒᆞᄂ도다

盖幸運이란者ᄂ 是等의 成功秘訣을 日常準備ᄒᆞ면셔 執ᄒᆞ바業務에 精神을 集注ᄒᆞ야 此에 信威를 加ᄒᆞ되雖顯 著치아니ᄒᆞ 才能精力根氣일지라도 能히 此를 活用ᄒᆞ야

써大特權이將次負擔될時에此에當홀만혼預意를不怠호엿다가好機會에應호야此를捉得혼結果이어늘彼ㅣ精神의獨立的修養이無혼者는世態의無常과共히浮沉호야外物의奴隷를作호면서不意의富貴가突然히懷中에入호리라夢호는間에機會는默默히來호엿다가默默히去호도다玆에彼等은失望호고落膽호야自己의一生을醉生夢死의間에埋送호느니是ㅣ實로今日의靑年을爲호야甚히慨惜홀者로다

元來修養의方法은廣義의意味에셔或ㅣ宗敎에依賴호며或ㅣ哲學에求호도無妨호며特히靑年修養에至호야는或은偉人을模範호도可호며良書를讀호도可호며或은意志를鍛鍊호도可호도然이나是는皆末葉에屬혼事이니吾人은어듸서지든지修養의要旨는個性의中心되는精神卽心의獨立이라호노니吾人이若ㅣ精神의獨立을得호야心의妙法을把得應用홈에至호면身은雖紅塵萬丈인熱鬧혼世界에處호얏슬지라도我의腔子裡에는恒常白雲紅樹、靑山綠水、天風海濤、松風溪聲의悠然自適혼氣槪가有홈에至호야처음으로心의修養이有혼者라홀지라是的氣槪로써脚을社會에出호야生存競爭을試호면殺活自在、與奪縱橫호야五湖烟月이盡히寸裏에歸호며千古英雄이摠히掌握에入호리라余는是로써活動코저호는靑年의게寄호노라

同情바들必要잇는者ㅣ되지말라

崔南善

世界는 힘잇는이의 것이오 勇氣잇는이의 것이오 부즈런혼이의 것이오 애쓰는이의 것이니 能히 그러고 그러치 못혼것이 得失의 갈리는바요 榮辱의 난호이는바요 起蹶의 定호는바요 究竟에는 存亡과

死活석지 이로 써 判斷되ᄂᆞᆫ것이라 얼는 생각ᄒᆞ기에 이 대단치 아니훈 理致가 實로 쇠털가튼 事變파 깁을가튼 經緯의 실녀잇ᄂᆞᆫ 古今歷史를 一以貫之훈 大經大法이라 크게ᄂᆞᆫ 國家社會도 그러ᄒᆞ며 적재ᄂᆞᆫ 個人의 一生도 이러ᄒᆞᆯ 써름이니 이로 써 現在를 徵驗홀것이오 이로 써 驚惕홀것이오 이로 써 將來를 占卜홀지니라

能히 홀만ᄒᆞ며 能히 ᄒᆞ야서 能히 이루며 이룬것을 能히 늘리고 불리ᄂᆞᆫ이를 强者라ᄒᆞ며 그러처 못훈이를 弱者라ᄒᆞᄂᆞ니 强者란것은 모든것을가젓단 말이오 弱者란것은 아모것도 업단말이라 弱者에게야 世界가 잇스랴 日月이 잇스랴 발내여놀 一弓地와 몸 둘 一掬土ᄂᆞᆫ 잇슬싸보나 다 업는 究竟은 自己自身쎄지 업는것이니 대개 남에게 쌀틴 自己ᄂᆞᆫ 잇슬법ᄒᆞ되 제가 가음아ᄂᆞᆫ 自己ᄂᆞᆫ 업슴일새니라 허리굽호리고 小人小人ᄒᆞᄂᆞᆫ 自己ᄂᆞᆫ 잇슬법ᄒᆞ되 고개 쳐들고 에헴에헴ᄒᆞᆯ 自己ᄂᆞᆫ 업슴일새니라 남의 必要에 應ᄒᆞᄂᆞᆫ 自己ᄂᆞᆫ 잇슬법ᄒᆞ되 내 滋味를 맛보ᄂᆞᆫ 自己ᄂᆞᆫ 업슴일새니라

힘업ᄂᆞᆫ이 게으른이——그 結果로 弱者된이ᄂᆞᆫ 온갓 抑鬱과 災禍의 淵叢될것을 豫期홀지니 公義正理와 吉運福數ᄂᆞᆫ 獨占權이 본대 强者에게 잇ᄂᆞᆫ바ー라 무슨 餘裕가 잇서 弱者에게까지 霑及ᄒᆞ랴 弱者에게ᄂᆞᆫ 아름다운 곳이 업스며 잘ᄒᆞᆫ 일이 업스며 울타ᄒᆞᄂᆞᆫ것이 업나니 무엇으로든지 强者에게 嘲弄되며 嗤笑바드며 숙지람드르며 驅迫당ᄒᆞᄂᆞᆫ것이 定理ー라 弱者인이ᄂᆞᆫ 이를 寃痛타ᄒᆞ리라 이를 不法이오 沒理라ᄒᆞ리라 이를 太甚ᄒᆞ다ᄒᆞ리라 그러나 이ᄂᆞᆫ 弱者편의 事理요 倫理요 論理일싸름이니 强者의 是認을 어드며 服從을 살수잇슬것 아니ᄒᆞ리라 强

同情바들 必要 잇ᄂᆞᆫ 者ー되지말라

者에게는 强者의 獨特한 事理、倫理、論理가 別有自在한니 一言으로 蔽한면 世界는 强者의 것이어늘 나는 强者로세 함이라 强者의 말은 俗是非를 超越한눈것이며 新道理를 創造한는것이니 누가 弱者를 爲한야 冤痛히한랴 누가 强者다려 專橫한다한랴 人類의 心的現象가운데 가장 藝術的美姿와 溫味를 가진것은 同情이니 倫理學은 同情의 美德임을 極口稱說한는도다 그러나 同情의 權利는 본대 强者의 專有物이니 强者로서 弱者에게 特施한는 恩典이라 施與한는 强者는 이로써 더욱 그 美德을 發揮한재되리라 그러나 그 美德을 더욱 發揮한야주는 對象인 弱者는 이쌔문에 더욱 弱者인 醜怪와 罪惡파 恥辱을 露出한며 刻印한며 廣告한게되지 아니한나뇨 人間에 웃듬되는 美德도 弱者에게 잇서서는 도리여 醜惡을 취석한야주는 거리가 되나니 불

상한다 弱者여 사람의 못할노릇이 이것이 아니면 무엇이랴 손발이 잇서도 꼼짝한지 못한며 입이 잇서도 말을 못하며 늣김이 잇고 싱각이 잇서도 속잇는 표를 할수 업는것이 弱者—니 가려운들 긁을수가 잇나냐 앏흔들 알는소리를 할수잇나냐 弱者의 境遇— 實로 同情한만한지마는 强者—! 제스스로 同情을 한는것이지 弱者—! 감히 同情을 바랄것이 아니며 同情을 달게 녁일수 잇는것 아니어든 하믈며 强者— 同情을 한지 아니한다고 그를 不足한게 녁일것이랴 同情한야주지 아니한는 强者를 원망한며 뒤워할것이냐 재으로고 한지안코 애쓰지아니한 結果인 弱者— 본뒤부터 可憎한것이어니와 强者의 同情을 希期한며 責出한는 弱者처럼 世上天下에 可憎며惡한것이 다시 어듸 잇스랴 잘못한야 弱者된

것을 同情 바들 一資格이니 이는 強者의 思避하는 것이오 嫌惡하는 것이 것가치 絶憎之할 일이 쓰 무엇이 잇스랴 同情이 본오 斥遠하는 것일서 저절로 弱者의 차지가 되는것이 티부러 強者의 義務ㅣ 아니며 弱者의 權利ㅣ 아니라 홀동하는것이 強者의것이 되는 反面에는 피약한것 니라 을 바다가지고 설어하는 弱者ㅣ 업슬수 업나니

弱者의 陵遲와 強者의 豪強은 진실로 造化本然의 大法이라 天地ㅣ 본디 弱者의 存在를 必要라 아니하나니 이미 弱者인다음에야 다시 무엇을 足하다하며 不足하다하랴 弱者라하미 이미 權利世界의 敗退者를 意味하지 아니하나냐 이 冤抑하니라 이지 안코 누고다려 冤抑하라하며 弱者가 苦痛에 呻吟하고 悲慘에 哭泣하지 아니하면 누고다려 이 不牽울 當하랴 弱者自身이 생각하야도 自己의이를 바듬이 千當萬當할술을 的知할것 아니냐 한즉 敗倒와 落伍와 陷穽과 自滅은 弱者必然의 運命

러키째문에 弱者되는것이 설으며 섧기째문에 弱者가 아니되려하는것이며 弱者가 아니되려하미 發奮振作코 苦心戮力하야 生命의서 源泉을 疏鑿하며 生命力의서 躍動을 顯示하기를 쉬지아니하는것이며 人人國國이 이리하는 가운데 人世에는 文明이 갈스록 發展하고 大宇宙에는 造化가 그만콤식 圓滿하야지는것이니 弱者凌虐 強者豪強은 實로 嚴肅한 天則의 寓存한바ㅣ니라

다만 究竟의 弱者와 究竟의 強者ㅣ 世上에 本無한즉 昨日의 強者ㅣ 或 今日의 弱者ㅣ며 今日의 弱者ㅣ 或 來日의 強者ㅣ리니 强弱이 쌍을 밧고는

同情바들 必要잇는 者ㅣ 되지말라

날은 禍福이 坐한 임자를 밧고눈날이라 要ㅎ젼대 强者되게ㅎ여야ㅎ며 强者되고 말아야ㅎ며 强者로 살아야ㅎ눈것이오 弱者되게ㅎ지안ㅎ야ㅎ며 弱者될 노릇을 아니ㅎ여야ㅎ쎠름이니라 弱者눈 病身이니라 罪人이니라 社會의 粮蠹니라 文明의 蠹賊이니라 소리를 놉히ㅎ야 强者를 讚美ㅎ눈 一邊으로 弱者를 비우슬지니라 칭배들지니라 弱者로 남의 同情밧눈 거리가 되려눈 者의 얼골에 보기조케 진흙 칠ㅎ야 줄지니라 말을 世上의 弱者에게 부치노니 이 世上이 본대 弱者다려 살라눈 世上이 아니라 남의 소매에 매달리며 남의 顔色을 쳐다보면서 사눈 무리를 爲ㅎ야눈 하늘이 결단코 한알 쌀파 한목음 물을 準備ㅎ시지 아니ㅎ얏ㄴ니 남의 同情을 써뜻한 날개만 녁여 그 밋헤 들어서 살생각ㅎ지 말지어다 能히 奮勵ㅎ며 能히 努力홀진대 그 結果눈 그대도 坐한 强者요 强者의 享受를 모든것을 享受ㅎ게 될지니 웨 積極的으로 제 能力을 發揮하려하지 아니하고 구태 消極的으로 남의 同情을 힘닙으려하나뇨 ㅎ고ㅎ고 坐ㅎ야 世界의 主人翁되려ㅎ지 아니하고 움치리고 坐안저셔 엇더케 업서지눈지도 모르재 存在界裏에서 살아지려ㅎ나뇨 남만 못한 弱者ᆫ새 스스러운일도 만흐며 붓그러운일도 만흐며 열업순일도 만흘지라 남에게 嘲笑도 바들것이오 侮辱도 당할것이오 無情之責도 만히 드를것이로대 이눈 한쌔— 리니 勇氣로써 生存競爭壇上에 快히 나서볼지어다 그리ㅎ야 남으로 하야곰 마음껏 흉보고 欠談ㅎ게 ㅎ눈 一邊으로 그대의 地步를 그속에 다즈며 그대의 基礎를 그속에 노흐며 그대의 功程을 그속에쎠 하서 한分식 한寸식 尺만치 丈만치 弱을 變하야

強을 만들기를 애쓸진대 罵詈하는 소리가 가느러지는대로 嘆美와 頌祝이 漸漸 그대의 四方을 에워쌀지니라

웨 弱者가 되어서 남의 同情을 求하나뇨 精神을 가다듬어 애초에 同情바들 必要업는 强者되기를 힘쓰지 아니하나뇨 險難한 世海를 외로히 자맥질하는 어린 동무야 弱者됨의 설음을 아는만큼 强者될 工夫를 싸홀지어다 힘잇게 —— 勇氣 잇게 —— 부즈런히 —— 애써서。

修進

柳　瑾

食을 口에 灌하여야 身體가 肥하고 水를 根에 灌하여야 枝葉이 茂홈은 天地의 性이라 今에 學을 修하는 者ㅣ 其本을 修치아니하고 其末을 治코져 하야 或은 躐等을 是事하며 或은 僥倖을 是望하느니 此는 其根을 釋하고 其枝를 灌홈이라 엇지 其進就홈을 期望하리오 如彼훈 草木을 見훈라 藜藿의 生홈은 頓頓然 日로 數寸이 加훈되 可히써 棟樑을 作지못하고 豫樟의 生홈은 七年인然後에 其惰長홈이 知하되 可히써 棺槨를 作하느니 此는 何故오 其自養홈이 節에 中하며 節에 中치못홈에 在홈이라 엇지 躐等하는 者의 可及홀바이며 今에 鳥를 獵하는 者ㅣ 羅를 張하고 待하느니 然하나 鳥를 得하는 者는 羅의 一目이라 만일 羅의 他目은다 無用이라하야 다만 一目만 張하고 待하면 可히 鳥를 得홀가쏘 甲을 被홈은 矢丸의 透入홈을 備홈이라 然훈나 만일 人으로하야곰 矢丸의 中홀바를 知홀진댄 다시 一札만 懸하고 待홀지니 可히 其 矢丸을 備홀가 故로 事가 或 預規치 못홀者ㅣ 有하며 物이 或、 預慮치 못홀者ㅣ 有하야 猝然히 至하는 故로 聖人은 道를 畜하야써 時를 待하시나니 엇지 僥倖을 是望하리오 淮南子曰 割하다가 捨하

면莫耶又은利劒도能히肉을斷치못ᄒ고執ᄒ고釋지아니ᄒ면馬尾又은細氎도能히玉을截ᄒ다ᄒ니此는修進의效力을言ᄒ이라故로受ᄒ者ᅵ小ᄒ즉見ᄒ이淺ᄒ고受ᄒ者ᅵ大ᄒ즉照ᄒ이博ᄒᄂ니만일修養을務치아니ᄒ고進就를望ᄒ은是는釣를持ᄒ고山에上ᄒ며斧를揭ᄒ고淵에入ᄒ이라맛당히求ᄒ바를得지못ᄒ지니라

惟 心

李 光 鍾

堪輿가茫茫ᄒ고今古가忽忽ᄒᄃ데人이渺然七尺의身과倏爾百年의期로其間에出生ᄒ야可히數를三才에備ᄒ고可히知가萬物에周ᄒᄆ믄果然、엇지ᄒ야그러ᄒ고이에一物이有ᄒ야視ᄒ되形이無ᄒ고聽ᄒ되聲이無ᄒ며手로可히模치못ᄒ고足으로可히踏치못ᄒ며虛ᄒ야容치못ᄒ미無ᄒ고靈ᄒ야知치못ᄒ미無ᄒ고明ᄒ야燭지못ᄒ미無ᄒ며大ᄒ면可히十方을包ᄒ고小ᄒ면可히微塵을析ᄒ며出入이無常ᄒ야其向을莫知ᄒ는者는其惟心을謂ᄒ민져儒家는此를存ᄒ야儒가되고佛家는此를明ᄒ야佛이되고道家는此를修ᄒ야道가되ᄂ니진실노其養을得ᄒ야發榮而滋長ᄒ면聖도되고賢도되英雄도되고豪傑도되ᄂ니무릇史冊에載ᄒ大道德大功業이天地로더브러合ᄒ고日月로더브러合ᄒ고鬼神으로더브러合ᄒ야心心相傳ᄒ야愈出愈妙ᄒ者도다此心이오진실노其養을失ᄒ야摧折而散漫ᄒ면愚도되고不肖도되고小人도되고凶人도되야惡의極ᄒ者ᄂ史冊에著ᄒ야戒를垂ᄒ고그甚치아니ᄒ者ᄂ名이泯滅ᄒ고後에聞ᄒ미無ᄒ야統紀가無ᄒ者도實로其徒가多ᄒ니此도坏ᄒ心을謂ᄒ미라均是人也어ᄂ何者ᄂ聖賢英雄豪傑이되고何者ᄂ愚不肖小人凶人이되ᄂ고其用心程度의所到에就ᄒ야可히所鑑을知ᄒ지라然ᄒ면엇지ᄒ여야

可ᄒᆞ리오人이이믜三才에備ᄒᆞ얏슨즉人의取法이天地룰舍ᄒᆞ고奚以ᄒᆞ리오是故로聖人의心은必誠必敬ᄒᆞ야써天地의德을體ᄒᆞᄂᆞ니誠의意ᄂᆞᆫ곳心을實ᄒᆞ야物을體ᄒᆞ미니是ᄂᆞᆫ乾의德이오敬의義ᄂᆞᆫ곳心을虛ᄒᆞ야理룰順ᄒᆞ미니是ᄂᆞᆫ坤의德이라要컨ᄃᆡ誠ᄒᆞ고敬치아니ᄒᆞᄂᆞᆫ者ㅣ잇지아니ᄒᆞ고敬ᄒᆞ고誠치아니ᄒᆞᄂᆞᆫ者ㅣ잇지아니ᄒᆞᄂᆞ니乾坤이一德이오誠敬이一心이라聖人의써分言ᄒᆞᄂᆞᆫ바ᄂᆞᆫ乾陽은實을主ᄒᆞ고坤陰은虛룰主ᄒᆞᄂᆞ니새氣體ᄒᆞᆫ지라實이아니면能히實치못ᄒᆞᄂᆞ니天理가爲主ᄒᆞᆫ後에人欲이退聽ᄒᆞ고虛가아니면能히虛치못ᄒᆞᄂᆞ니人欲이屛息ᄒᆞᆫ後에天理가流行ᄒᆞᄂᆞᆫ지라其實者로自ᄒᆞ야言ᄒᆞ면曰誠이오其虛者로自ᄒᆞ야言ᄒᆞ면曰敬이니是皆、一心의德이오兩人의事가아니라만聖人에在ᄒᆞ야ᄂᆞᆫ純乎誠矣니其敬은自然의徵이오其次ᄂᆞᆫ敬을主ᄒᆞ야써誠에至ᄒᆞᄂᆞ니故로程子ㅣ曰「誠則無不敬。未能誠則必敬而後誠。而以乾坤分爲聖賢之學」이라ᄒᆞ미是라虛實이셔로其根이되고有無가항상乘除가되ᄂᆞ니無ᄂᆞᆫ一의始오一은萬의本이라朱晦庵의詩에「無不落空渾是有非滯物寂如無要知沖漠森然處三復濂溪太極圖」라ᄒᆞ니此詩룰觀ᄒᆞ면可히道體의本然을知ᄒᆞᆯ지니有無虛實을可히諷詠의間에徵見ᄒᆞᆯ지오又詩에「人欲波濤浩渺間淪胥溺著不知還回頭上岸低頭水認取沙頭第一關」이라ᄒᆞ니此詩ᄂᆞᆫ即天理人欲의大關捩가다만沙頭一低回의間을爭ᄒᆞ미니人은可히適從ᄒᆞᆯ바룰知ᄒᆞᆯ지니라思傳一部ᄂᆞᆫ誠을主ᄒᆞ고曾傳一部ᄂᆞᆫ敬을主ᄒᆞ니儒門學者가반드시曾傳을先ᄒᆞ고思傳을後ᄒᆞᄂᆞᆫ지라子思ㅣ曰「自誠明。謂之性。自明誠。謂之敎。誠則明矣。明則誠矣」라ᄒᆞ니自誠明이라홈은誠으로由ᄒᆞ야明ᄒᆞ미니曾傳의明德을天下에明코자ᄒᆞᄂᆞᆫ者ᄂᆞᆫ먼저其知룰致ᄒᆞᆫ다ᄒᆞ미是오自明誠이라홈은明으로由ᄒᆞ야誠ᄒᆞ미니曾

傳의 物格而後에 平天下에 至혼다혼 者ㅣ 是니 此는 佛書의 頓悟漸修 漸修頓悟로더 브러 文異意同혼 者라. 孟子ㅣ 曰「養心莫善於寡欲」이라혼니 寡는 無의 始라. 寡而又寡혼야 可히 寡혼 거시 無혼매 至호면 心虛而靈호야 靈의 照가 明이되고 明의 寶이 誠이되고 誠의 道가 中이되고 中의 發이 和가되느니 中和는 公의 父오 生의 母라. 肫肫乎호야 內가 無호고 浩浩乎호야 外가 無호니 有外는 小의 始라. 小而又小호야 形氣에 梏호면 有我를 知호되 有人을 知치못호고 有人을 知호되 有道를 知치못호야 物欲이 交蔽戕賊호면 衆欲을 寡코자호되 得지못호지니 허믈며 其無를 望호리오. 孟子立言의 志가 遠호도다.

며 品評을 죠아홈은 普通人情이라혼 것으니 其中에도 分類가 업지 못호야 或은 華麗혼 것으로 或은 情趣ㅣ로 或은 品格으로 거거도 酷愛와 寄情과 寓意가 質로 人人이 不同혼다호지로다. 所謂 牧丹花와 山櫻花갓은 것은 當節卽春 和景明이되면 南陌東園에 賞花호는 蹄輪이 交錯호야 軟塵飄蕩호며 비록 엇지 홀 슈 업시 彫落혼 後라도 戀目이 依依호야 綠窓綺戶에 夢蝶이 往來를 不勝혼은 江上에 美人을 相別홈과 風塵에 孤兒를 忽失홈과 彷彿호야 晨夕間에 割愛키 不能홈은 其人의 眞境과 深趣가 別로 含蓄호얏는지 不知로되 槪觀의 現相으로란 華麗혼 것만 愛惜호에 不外혼 것갓도다.

優曇鉢花再現於世

寓山頭陀

무릇 世間에셔 花이라호면 愛홀줄 知호며 養홀줄 知호며 …… 成陰호야 丹果碧實이 嘉好可食호게 됨으로 古人도 天下

桃李가 公門에 盡在ᄒᆞ얏다ᄂᆞᆫ 企羨言論을 두엇으며 合歡梧桐花 갓ᄒᆞᆫ 것은 西林에 日暮ᄒᆞ고 碧雲이 未合ᄒᆞᆯ 잇ᄯᅵ에 此花ᄂᆞᆫ 丰藥가 交帶ᄒᆞ며 嫩葉이 相抱ᄒᆞ얏다가 水榭에 鷄鳴ᄒᆞ고 朝旭이 晴和ᄒᆞ제되면 此花ᄂᆞᆫ 嫣然微開ᄒᆞ야 窈窕不淫ᄒᆞ 淑姿閒情은 能히 佳人韻士로ᄒᆞ여곰 可敬可愛를 不禁ᄒᆞ것으며 幽谷의 蘭花로言ᄒᆞ면 天情이 幽閒ᄒᆞ야 多少ᄒᆞ 壘涯와 十丈塵頭를 悠然히 逈脱ᄒᆞ고 寂寂寥寥ᄒᆞ 亂山叢石間에 倚風自笑ᄒᆞ야 芳香을 獨持ᄒᆞᄂᆞᆫ 故로 空山無人에 水流花開라ᄒᆞᄂᆞᆫ 幽情逸趣를 喚起ᄒᆞ제되얏도다 또ᄒᆞᆫ 孤開ᄒᆞ 梅花와 澹冲ᄒᆞ 菊花와 妙淨ᄒᆞ 蓮花ᄂᆞᆫ 品格이 모다 淸高ᄒᆞ으로 同好ᄒᆞᄂᆞᆫ 者ᅵ 希貴ᄒᆞ지라 孤山先生의 道山에 奄歸ᄒᆞ 日로부터 愛梅ᄒᆞᄂᆞᆫ 者ᅵ 幾人인고 雪後林園에 黃昏빗이 漸近ᄒᆞ건만은 暗香만 浮動ᄒᆞᆯᄯᅡ름이오 陶靖節의 三逕에ᄂᆞᆫ 主人은 未歸ᄒᆞ고 秋雨만 蕭蕭ᄒᆞ다 庭草不除의 周茂叔은 光霽襟懷를 暢開ᄒᆞ고 愛蓮說을 朗唫러니 虹橋一斷千載下에 衆草가 茸茸ᄒᆞ고 暮烟이 羃羃ᄒᆞ도다 大抵 梅花ᄂᆞᆫ 花中에 仙骨이오 菊花ᄂᆞᆫ 花中에 隱士ᅵ오 蓮花ᄂᆞᆫ 花中에 道人이라 비록 塵世에 托化ᄒᆞ얏으나 淸風高韻은 世人으로ᄒᆞ야곰 可望難親이라ᄒᆞ겟으니 참 世間花中에 逸品의 位를 占據ᄒᆞ얏도다 然이나 世間에 多種花를 品評ᄒᆞ다가 蓮花에 觀止ᄒᆞᆯ즉 行到水窮處ᄒᆞ야 坐看雲起時라ᄒᆞᄂᆞᆫ 詩境이 悠然現前ᄒᆞ지만은 此觀을 一回ᄒᆞ야 優曇鉢花에 轉入ᄒᆞ면 蓮花ᄂᆞᆫ 自是 世間花에 逸品이라 天淵不同의 勢와 相似ᄒᆞ리라 大概 優曇鉢花ᄂᆞᆫ 엇더ᄒᆞ 것인가 先히 此花의 名義와 出處를 證據ᄒᆞ고 次에 所表道理로 說明ᄒᆞ리라 優曇鉢羅花와 優曇鉢花라ᄒᆞᄂᆞᆫ 梵言이 近似ᄒᆞ나 其實은 不同ᄒᆞ니 優鉢羅ᄂᆞᆫ 此言에 靑蓮花라ᄒᆞᆷ이오 優曇鉢은 此言에 瑞應이라ᄒᆞ나니 靑蓮花ᄂᆞᆫ 此方에ᄂᆞᆫ 不見ᄒᆞ얏시나 印度地方에ᄂᆞᆫ 或有ᄒᆞ으로 芬多利即白蓮花로 作對ᄒᆞ야 經論中에 多出ᄒᆞ얏

니 그것은 蓮花 一種에 不過홈으로 思惟호겟거니와 優曇鉢花는 蓮花의 種類가 안이라 三千年間에 聖人이 出世홈면 其 靈瑞를 應호야 一度 開花호는 것이라 是故로 蓮花經에 世尊이 舍利弗에게 이르사디 如是호 妙法은 優曇鉢花가 時에 一現호이라 호시며 又는 南史에 云호디 優曇鉢花는 佛의 瑞應이니 三千年에 開花 一度호면 卽 金輪이 出世호다 호얏으니 然則 此花는 世間에 恒有치 안이호는 꼿이오 無量호 淸福을 樹호人이 안이면 能見치 못호는 꼿이能見치 못할쁜 안이라 쏘호 能聞치 못홀것갓도다 此花가 만일 聖人의 出世를 不應호고 世間에 恒有홀것이면 此花의 色相과 香嚴이 十不可說 佛刹微塵數 世界種을 安布호는 種種 光明藥香幢의 大運花와 相似홀지라도 世界海에 見聞者로 호야곰 다만 貪業의 大波만 漸增홀지니 世間에 凡花와 逈異호 價値가 一分도 無호리라

蓮花經에 世尊의 語意를 觀察호면 實相으로 此와 갓흔 꼿이 有호야 三千年 동안에 一度 開花홈이 希奇홈으로 當時 靈山會上에서 世尊이 眉間白毫相光을 放호샤 萬八千世界를 徧照호신 結果로 有學과 無學人에게 成佛을 授記호는 妙法을 顯示호신즉 曠劫萬에 一遇호기가 此花靈瑞에 比喻호심도 必要호지만은 此에 進호야 所表道理를 竊惟호건딘 此花는 卽 優曇鉢花가 안이언마는 是를 名호야 優曇鉢花라 호심이니 自己의 法身 卽 普光明地를 對衆題示치 안이호심인가 然則 世尊의 世尊 되신 것은 三十二相과 八十種의 殊特호 丈夫相이며 夫와 逈然 不同호으로 世尊과 又는 如來라 홈은 絶對的 不是라 金輪王位를 弊屣로 等視호시고 多年을 雪山에서 苦行호신 最後에 正覺山金剛座로부터 一切法의 最正覺을 成호신 그것이 眞世尊과 又는 如來라 홈이 無疑호즉 一切法의 最正覺을 簡言호면 卽 惟心이라 惟心의 顯示는 世尊已前 三千年 동안에 不見不聞호얏스니 그럼으로 惟心顯示가 卽 優曇鉢花가 時에

一現이라ᄒᆞᆸ심이안인가惟心卽此花의全體인故로世界도一花ㅣ며凡聖도一花ㅣ며乃至蜎飛昆虫과草木縷結이라도此花의現發안임이無ᄒᆞᆫ지라우리世尊이正法眼藏을大弟子에게密傳코져ᄒᆞ사人天百萬衆中에此花의一枝를擧示ᄒᆞ신ᄃᆡ金色頭陀가ᄒᆞᆯ을노破顔微笑ᄒᆞ앗도다奇哉奇哉라此花의一光을遇得ᄒᆞᄂᆞᆫ一時에눈劒樹와刀山이自然히吹滅ᄒᆞ고香臺와寶殿이隨處湧出ᄒᆞ앗더라然이나此花의一光이全世界에普及치못ᄒᆞ가念慮ᄒᆞ야ᄯᅩᄒᆞᆫ南天竺ㅣ菩提達摩께셔此花를深懷ᄒᆞ시고南溟을遠涉ᄒᆞ샤北魏嵩山少室峯下에九個星霜을銷受ᄒᆞ시다가神光大士를僅得ᄒᆞ야傳法偈言을說ᄒᆞ샤ᄃᆡ一花開五葉ᄒᆞ야結果自然成이라ᄒᆞ셧ᄂᆞ니此로부터此花ㅣ東土에셔光相을發ᄒᆞ재되야郁然히大千을偏覆ᄒᆞᆯ것갓트더니中世以來로衰刧을應ᄒᆞ야此花ᄂᆞᆫ漸漸隱藏不現ᄒᆞ고난ᄃᆡ업ᄂᆞᆫ泰天荆棘이四面八方에질어나셔乾坤이失色ᄒᆞ고日月이無光ᄒᆞ제되니실푸다仁人志士가다시間生ᄒᆞᆫ들此花의聲臭가漠然無聞ᄒᆞ앗으니天上人間에汗流馳求ᄒᆞᆯ지라도어ᄂᆡ곳에問津ᄒᆞ며어ᄂᆡ곳에拈香ᄒᆞᆯ가無賴ᄒᆞᆫ野花만楚荒汀에冒雨自開ᄒᆞ니翩翩ᄒᆞ黃蝶만飛去飛來ᄂᆞᆫ무삼일고千萬非非想天外에梅雨ᄂᆞᆫ己過ᄒᆞ고榴火ᄂᆞᆫ欲紅키놀漢陽城桂山下一草堂에惟心社라ᄒᆞᄂᆞᆫ靈瑞가忽然出現ᄒᆞ얏으니此惟心二字ᄂᆞᆫ우리에法身全體를分明披露ᄒᆞ야苦海에慈航을作ᄒᆞ며險道에橋梁을作ᄒᆞ며後夜에曙星을作ᄒᆞ며沉痼에良劑를作ᄒᆞ야世尊의法輪을羽翼ᄒᆞ며祖師의密印을代表ᄒᆞᄂᆞ니우리에法身全體가巖桂香風에春緣을不涉ᄒᆞ고日新月長ᄒᆞ고보면正覺山金剛座에셔一現ᄒᆞ얏든優曇鉢花가於是乎再現ᄒᆞ이라ᄒᆞ노라優曇鉢花再現ᄒᆞᆫ今日로부터此花ᄂᆞᆫ반ᄃᆞ시威神力이

不無호야大光明을放호며慈妙音을演호며無價香을蓺
호며無上味를釀호며勝妙境을現호며深廣無邊흔法門
을洞開호얏ᄂᆞ니役役逐臭호며滾滾濡首호ᄂᆞ此岸衆生은
將次香火因緣을攝取호야曇花影下에把臂入林호ᄃᆞ其
大光明을得遇호ᄂᆞ者ᄂᆞ空華亂墜호ᄃᆞ眼海가一時에淸
淨홀것이며其中慈妙音을傾聽호ᄂᆞ者ᄂᆞ叫苦煩聒호ᄃᆞ
耳朵가一時에澄靜홀것이며其中無價香을一聞호ᄂᆞ者
ᄂᆞ濁氣充塞호ᄃᆞ鼻孔이一時에圓通홀것이며其無上味
를嘗來호ᄂᆞ者ᄂᆞ辛酸雜沓호ᄃᆞ舌頭가一時에湛然홀것
이오其勝妙境을撞着호ᄂᆞ者ᄂᆞ沉重難擧호ᄃᆞ百骸가一
時에輕安홀것이오其一深廣法門을思惟호ᄂᆞ者ᄂᆞ交鬪
紛飛호ᄂᆞ意想이一時에深省홀것이니嗚呼라眉目을剔
起試看호면此優曇鉢花ᄂᆞ百草頭邊에發現홀明日이必
有홀것이라

止止休言호라惟心이라호면言文으로可及지못홀道

理니라그러치만은쓰흘言文을不拒호리라然則花耶아
非花耶아年年長有新條在호니惱亂春風卒未休로다

宗敎와 時勢

李能和

一 儒敎

儒라호ᄂᆞ者ᄂᆞ其叛傳의系統을言호면支那古代의帝
王卽堯舜禹湯文武成康、卿士卽皐夔稷离伊傳周召孔
孟程朱가有호고其學問의根本을言호면政治앤尙書、
文學앤詩傳、史學앤春秋、法制앤禮記、理學(哲學)
앤周易、修身앤論語孝經中庸大學等書가有호ᄃᆞ又此
를分호면六藝卽禮、樂、射、御、書、數四科卽德行、言語
文學、政事等이니此中에셔一科一藝만畢生修治호야
도能히國家에ᄂᆞ勳隆흔人、社會에ᄂᆞ名高흔者되기ᄂᆞ
不難호니此ᄂᆞ儒學의大欒斯와如호니라

朝鮮의儒敎는朱學輸入以前卽思想自由時代(羅麗)와朱學輸入以後卽思想束縛時代(李朝)와의二期에分홈이可호니라前期에在호야는儒者崔致遠、任强首、薛聰崔冲諸賢의文章과經學은純然히自由的思想으로부러出來호者인故로能히社會로호야곰悠然호逸韻을感興케호니라後期에在호야若干儒士는擧皆狹義的見解齷齪호言論에基호야所謂黨見、禮說과所謂理氣、辯論等은一言一句라도無非朱學을挾호束縛的思想으로부러出來호얏스니卽朱元晦의蓄音器、南宋儒의揚影板에不過호야其腐敗호空氣는今日西歐戰場에서使用케호니라今日에至호기ᄭ지도儒敎의宗師ᄀ되는人이經旨를宣講홈을聽호면惴惴焉懷慄焉으로호야朱子의章句註釋만誦傳홀ᄯ분이로다然則今日의社會를爲호야改良的儒敎를要홀지니卽儒冠을戴호者는舊思想은一齊打破호고新學說을參互호야時宜의調和的으로向上을圖치안이호면안이될지니라程朱以外에陸王의學說은何如호것인지、東人理學以外에西哲의格致는何如호것인지不知호고陳談陋說만如雲如雨히호들將且此를焉用고且儒라호는者는卽政治爲宗敎호는趣旨이니若干의章句를尋摘호야가지고其唯一의希望은仕宦榮選에寓호나니此는卽所謂「修身齊家治國平天下」라호는것이라今世와如히政治와宗敎와의途逕은判然顯殊홈을不知호고한갓經學萬能主義를固守不變호면其人은平生을誤了홈이안인가故로今者支那에서는儒는非宗敎오一個政治學이라고主唱호는者ㅣ多有호니라

二、佛敎

佛이라호는敎는其叛傳의系統을論호면釋迦牟尼로爲始호야禪宗엔迦葉、阿難以降의三十三祖師、其後의臨濟、曹洞、雲門、潙仰、法眼等의五家宗派와敎

門엔華嚴、天台、法相、眞言、淨土、戒律等의諸宗이有ᄒᆞ고其學說의骨子는華嚴、法華、楞嚴、圓覺、金剛、維摩、起信、智度等의諸大乘經論이有ᄒᆞ니若悟心ᄒᆞᆫ大師가有ᄒᆞ야此를開演ᄒᆞ면或時는人人個個로ᄒᆞ야금面前明月、脚下淸風卽本地風光의消息을領畧케ᄒᆞ며或時는無情ᄒᆞᆫ頑石이라도點頭케ᄒᆞ며淫祀의塑像이라도自墮케ᄒᆞᄂᆞ니라然而朝鮮의佛敎家는過去五百年間에各方面으로壓迫、侵凌을受ᄒᆞᆫ結果、敢히獅子吼의大乘法門을演說치못ᄒᆞ고但只方便的의小乘法門卽功德說、因果說等을講傳ᄒᆞᆷ에用力ᄒᆞᆷ이多ᄒᆞ니此는愚夫愚婦를化度ᄒᆞᆷ에는足ᄒᆞ지나所謂世智辯聰의人士卽中等程度以上의社會에對ᄒᆞ야는其感化의能力을發揮ᄒᆞᆷ은尙矣오返히彼等으로부러鄙陋淺近ᄒᆞ다는嘲笑와批評을受ᄒᆞᆯ써름이엿도다此는佛氏의長子되는僧侶의過失이라고責備ᄒᆞᆷ보다寧히其生存自衛上不得不

然ᄒᆞᆫ悲境에陷ᄒᆞ엿던것에對ᄒᆞ야同情을表ᄒᆞᆯ만ᄒᆞ도다雖然이나今日과如ᄒᆞᆫ競爭時代에在ᄒᆞ야는時勢를觀察ᄒᆞ야諸般의改善을圖치안이치못ᄒᆞᆯ지니假使富樓那로ᄒᆞ야금今世에生存ᄒᆞ얏스면其說敎의趣旨는必也今日의時勢를迎合ᄒᆞ얏을것이오舍利弗이今日에在ᄒᆞ얏스면其智慧는必也現下의時勢를調和ᄒᆞ얏을것이니然後에야生龍活虎라도能히擒縱ᄒᆞᄂᆞᆫ手段을具有ᄒᆞ며外道異端이라도能히屈伏ᄒᆞᄂᆞᆫ法力이自在ᄒᆞ지니라

三 基督敎

基督敎는舊派와新派와의二大別이有ᄒᆞ니舊派는卽羅馬캐톨릭派에屬ᄒᆞᆫ者이오新派는卽馬丁路得푸로테스탄트派에屬ᄒᆞᆫ者인디舊派는舊約을爲主ᄒᆞ고新派는新約을爲主ᄒᆞ야前者는專制에近ᄒᆞ고後者는自由에任ᄒᆞ니라그러ᄒᆞᆫ디基督敎는距今約二百餘年前부터캐톨派가朝鮮에最先輸入된者인디當時에丁若鏞李家煥李

承薰李德懋黃嗣永金健淳等第一流의名士는西學의新說에心醉身奉ᄒᆞ야嚴酷ᄒᆞᆫ禁令을不拘ᄒᆞ고信徒의數는決河의勢로日增月加ᄒᆞ얏스니旣는맛치酒糟를厭ᄒᆞᆫ者에게醍醐를與ᄒᆞᆷ과如ᄒᆞ니라

基督敎의푸로테스텐트派는最近三十餘年前부러朝鮮에始入ᄒᆞ니라此派의傳敎方法은天堂의福音을廣布ᄒᆞᄂᆞᆫ同時에學校、病院等의公益事業을兼行並施ᄒᆞ야新文明의空氣를朝鮮人頭腦에吹入ᄒᆞ니一般의社會는此를歡迎ᄒᆞᆫ所以로敎會의發展은舊派보담一層速度를示ᄒᆞ니라雖然이나末來에는一般의信者는其敎理를信服ᄒᆞᆷ보다勢力을더依賴ᄒᆞ야彼西敎士等은此機를利用ᄒᆞ야耶敎萬能主義를鼓吹ᄒᆞ니라傍觀的位置에在ᄒᆞᆫ者、冷靜ᄒᆞᆫ眼光으로써此를看破키容易ᄒᆞ얏나니ᄯᅡ그러나今日에至ᄒᆞ야는朝鮮人中에敎育을享受ᄒᆞᆫ者는宗敎요政治는自政治라二者가分離되야旨趣가異ᄒᆞᆷ을知ᄒᆞᄂᆞᆫ바이라斯와如ᄒᆞᆫ狀態에對ᄒᆞ야彼世事에經驗ᄒᆞ고競爭에老鍊ᄒᆞᆫ西敎士等은翻然히改圖ᄒᆞ야諸般의進就에關ᄒᆞ야ᄡᅥ모죠록時勢에合當ᄒᆞ도록做去ᄒᆞᄂᆞᆫ中이니라

四　於斯三者에서擇ᄒᆞ라

今也에吾人이安身立命을得ᄒᆞ랴ᄒᆞ면不可不此를宗敎에求ᄒᆞᆯ지라然則現今世界에儒耶佛三敎가鼎足의形을成ᄒᆞ야잇스니儒에不歸ᄒᆞ면耶에歸ᄒᆞ고耶에不歸ᄒᆞ면佛에歸ᄒᆞ리니不偏不倚ᄒᆞᆫ公平心으로써三敎의好處를擧ᄒᆞ면儒의好處는倫理에在ᄒᆞ나宗敎的習慣으로는多神即祖先神天地山海風雲雷等神을多崇敬ᄒᆞ니其結果는巫祝盲卜을信치안이ᄒᆞ면止치안이ᄒᆞ야民志의不定은儒의無宗敎思想에셔出ᄒᆞᆷ이니라

耶의好處는一神을崇拜ᄒᆞ야己靈을尊重ᄒᆞᆷ에도民智를開發ᄒᆞᆷ에도何方面이던지儒敎보담簡明直捷ᄒᆞ도다

雖然이나廣大無外最上正道로儒耶二者는佛에게一頭地를讓호지니라佛의好處는惟心을爲主호으로一理가齊平호며萬事가圓融호니라玆에一例를擧호면儒는異端을、耶는魔鬼를相對로호야此를排斥厭忌호는디佛은不然호야異端이나魔鬼나一切로慈悲호며儒는此天下에德化를普及호면其極則의目的을達호엿다호리며耶는彼天上에福樂을受用호면其無上의希望을副호얏다호리라佛은絶對的인디十方世界卽無邊호空間、三祇劫波卽無量호時間은皆吾心一念中物인故로一念에頓悟를得호면山河大地色空明暗이一時에消殞호고靈光이獨露호나니라玆道에有志者를爲호야古禪師의一機緣을紹介홈

昔에靈雲志勤禪師는潙山會下에在호야佛法을研究호다가一日은忽然히桃花를見호고道를悟호지라乃一偈를潙山大師에게呈似호야日三十年來尋劍客幾回落葉又抽枝自從一見桃花後直至如今更不疑

此에對호야韓龍雲禪師는曰호디世人은靈雲禪師가桃花를見호고覺悟호줄만皆知호고桃花가靈雲을見호고覺悟호것은不知라호더라

心論

金南泉

日에客이我室에來호야心理를言論호다가問曰古人이云心이最大라호니心의大를如何知得고子가禪林에久在하얏스니此意旨를詳示하야積久의疑情을打破하라하거늘予曰我가山中에久居하얏스니엇지心理를知하리오然이나古人의最大란言에疑情이發하얏다하니我의所見으로暫間言하지만은엇지毛頭許만큼이나本理에合當하리오古人이云大라함은不得已하야言함이

라心을學하는者ㅣ皆云心이身內에在하니心이곳我心이라局執하야心의德用이如何함을茫然不知하는故로此等人을對하야或最大라하얏스나萬若實로大하다하면心이곳形貌가有하야大小의別이不無할지로다古人이心을最大라함은心의德用이無量無邊하야可히比할바가無함으로强名ㅎ야大라할서언졍엇지大小의狀이有하리오思하야도思치못하며見하야도見치못하며覓하야도覓치못하며通處에通이아니오塞處에塞이아니오暗處에暗이아니오明處에明이아니라靈羊이角을掛함에踪跡이沒無함과如하나니라然이나其大綱을言하근대寂寥虛曠하며冲深包博하야萬有를總該하나니此를一心이라하겟스나體는有無가絶하고相은生滅이無하니其始를窮하지못할거니엇지中邊을擬하리오自古로心을敎授하시는諸聖八도受學하는因緣을隨하야說하사되此心이萬法의主라하시며萬法이다此心으로從

하야建立되엇다하며或空寂靈知라하시며或無住無念이라하시며或三界가唯心이라하시며或本覺이라淸淨이라元明이라元妙라妙法이라千가지로稱名하얏스나其實은一心을但指할而已오諸稱이不同함은敎學의因緣이殊함을隨함이라然則大라하는大에執着이無하면何疑가有하리오盖心이自主力이無하야心의位에住하지못하면色聲香味觸法六塵에攀緣되야妄起妄滅하는故로其圓滿의力이自然充擴치못하고此巍爾身中에寄在한듯하나니大塊에大風이起함에其風이一이나各穴을由出할時에皆其穴의風이라함과如히人人이皆曰我心이라하니自此而一心上에서自他가分함이라自他가分故로遠近이有하고遠近이有故로親疎가生하고親疎가生故로是非가起하나니是以로衆生界가無盡하야本來一心을永久迷忘일새先覺者ㅣ憐愍하샤世上에出現時에人人으로하야곰本心을覺悟케ㅎ기爲하야方便

을施設하니 衆生의 心念과 時處의 殊를 因하야 敎法이 亦是多端하나 其實은 一介心地를 反現함에 不過하나니라

反本還源

康道峯

心者는 萬法의 本이며 衆生의 源이라 惡乎然也오 호면 佛經云호되 「無邊虛空이 覺所現發이라」 호시며 又云호되 「空生大覺中이 如海一漚發이라」 호시니 覺은 卽衆生의 本具的一物이라 以思唯心으로 推測이라도 無形호 大者는 虛空也오 有形호 大者는 天地也라 旣是無形的虛空이 大覺中에셔 現發인들 況乎宇宙間에 有形的萬象森羅와 山河海瀆과 國土莊嚴과 其他種種事物과 萬般妙用이 從何而出고 以此觀之컨디 此心이 本되며 源되는 거슨 愚智를 勿論하고 心이라 稱치 아니치 못할지라 嗚呼라 一切衆生이 此心을 迷來久矣라 物欲의 所轉이 되야 失却本心하야 廣大無邊호 妙用을 受用치 못하고 恒常世間에 處호야 善惡是非와 冤親憎愛로 生活을 爲하야 互相矛盾호며 反復無際하야 四生에 出沒하며 三界에 葡蔔하니 靑山落日에 門外蕩子오 荒村暮雨에 路上孤兒라 生死海裏에 七顚八倒하며 人我山上에 東馳西走로다 蹁蹮孤露하야 未知何往하니 當此之時하야 皮下有血漢은 猛着精彩하야 慧劒을 一抽하야 前塵影事를 破擲하고 無盡劫波에 演若頭를 回轉하야 一步二步에 本分家鄕을 到達할지라 然則 終不退轉하야 目的地에 深入하나는 山是舊時山이오 水是前日水라 春風秋月과 夏雨冬雪은 四時之景이 森列호고 鶯啼燕語와 柳暗花明은 昔日之面이 彷彿이로다 滿塞松風은 聲聲實相이오 揷天靑嶂은 色色妙法이라 到這裏하야는 四海五湖豆 共爲一家로다 回憶前事하니 何取何舍오 寥寥天地에 獨立無伴하니 前日浪子가 撒手丈夫로다 奇哉妙哉라 伊誰之力고 棄本逐末하며 背源順流하난

斂君子는 一深思之호시오吾佛出世호신本旨ㅣ只令衆生으로了達根本케호시고此外에更無餘事호시니反本還源이意在斯焉이로다、咄還源猶是兒孫事라祖父從來不出門이니라會麼

家庭敎育은 敎育의 根本

徐 光 前

今日에後生少輩를對호야昌大門戶호기를希望호는君ㅣ必曰敎育이最急이라호고殖産興業호기를營爲호눈者ㅣ亦曰敎育을宜先이라호야萬口同聲호에不謀相合호니古今과東西를勿論호고何時이던지敎育이急先務가아니라오만은時代의變遷과習俗의汙隆을隨호야不得不損益호이有호지라夏商周三代에忠質文이異호은因時制宜호을不言可想호바이오孔子의尊周호과孟子의齊梁을勸호이其規가不一호은各其時代를因호야不同호이니敎育은習俗과人心을推測호고文野호程度를隨호야適宜히施與호이可호도다半島敎育界의靑年學徒를槪見호전되其活動奮發호이雖是可取이나其輕躁浮薄호이亦或可惜이니此는各其家庭間에敎育이完備치못호所以라貴流豪富는尙且門閥을依藉호고財力을誇特호야驕奢放縱호고道德을全昧호는聞見이流傳호고閭巷市井은謀利를是事호고自大傲人호는詐欺挾雜호고酒色冶遊호던風習을引繼호으로一般掩호바이라自家의父祖를尙且頑固이라指斥호고年高호丈老를亦或野蠻이라慢侮호야開明人이라自稱호고學問家라自誇호니雖曰頑固이나自口로指斥호은不可호고雖曰野蠻이나自身으로慢侮호은不敢호바이니眞正호開明人과眞正호學問家는如此淺妄호行爲가不有호줄思量호는바이로다

反本置源、 家庭敎育은敎育의根本

家庭敎育이란者는學校敎育의基礎이니伯魚의聞詩
聞禮ᄒᆞ고鄒孟氏의三遷至學ᄒᆞ야大儒를遂成ᄒᆞ고加富
爾의後日學譽와華盛敎의當年事功을皆其家庭敎育에
基因ᄒᆞ者이니人은賢父兄이有ᄒᆞ을樂ᄒᆞ바이라靈芝는
根이有ᄒᆞ고體泉은源이有ᄒᆞ니有爲의人物을養成코
쟈ᄒᆞ면必先兒童의個性을研究ᄒᆞ야其性質에適宜ᄒᆞ敎
育을施與ᄒᆞ며旣有ᄒᆞ感情을導誘ᄒᆞ야美情과愛情을發
達케ᄒᆞ여明瞭ᄒᆞ槪念을構成ᄒᆞ야堅强ᄒᆞ志意를作成케
ᄒᆞ지라敎育의目的은單히知識과技能을授與ᄒᆞ이不止
ᄒᆞ고道德과倫理를是要ᄒᆞᄂᆞ니兒童이小學校에入學ᄒᆞ
기以前에施ᄒᆞᄂᆞ敎育은專히家庭에在ᄒᆞ고其入學ᄒᆞᄂᆞ
中이라도學校以外에行ᄒᆞ敎育은卽家庭敎育이오中等
學校에入ᄒᆞ以後라도感情이猛烈ᄒᆞ靑年時節에ᄂᆞ思想
力이恒常堅固치못ᄒᆞ으로家庭敎育이可無치못ᄒᆞ지니
家庭敎育이란者는學校以外의敎育場이오將來社會敎

育의補助機關이라此關係를槪括ᄒᆞ야一般學員의父兄
되신諸氏에게告ᄒᆞᄂᆞ니其子弟에게對ᄒᆞ야家庭敎育을
十分完全케ᄒᆞ가로注意ᄒᆞ지어다

自己의 生活力

金 文 演

吾人이此世에生出ᄒᆞ의耳目口鼻와四肢百體가完全
ᄒᆞ고最靈最貴ᄒᆞ腦의組織이有ᄒᆞ야虛靈ᄒᆞ知覺을畢具
ᄒᆞ고一心으로衆理를密察ᄒᆞ고萬事를酬應ᄒᆞᄂᆞ能力이有
ᄒᆞ니凡百事爲를自己가自辦ᄒᆞ지라十指를使用ᄒᆞ야一
口를能飼ᄒᆞ바이오兩脚을行動ᄒᆞ야一身을能衣ᄒᆞ바이
어늘自己의生活ᄒᆞᄂᆞ方針을自己가辦得ᄒᆞ기不能ᄒᆞ고
他人을依賴ᄒᆞ은土偶木偶와如ᄒᆞ無機體ᄒᆞ物이니人은
最貴ᄒᆞ動物이라此最貴ᄒᆞ資格으로土偶木偶와如ᄒᆞ은
엇지慨歎ᄒᆞ고哀憐ᄒᆞ者가아니리오

朝鮮半島에既往縉紳士族이니貴遊子弟라稱ᄒᆞᄂᆞᆫ其人은父兄의勢力을是依ᄒᆞ고華族의門閥을是戀ᄒᆞ야驕奢放縱ᄒᆞᄂᆞᆫ惡慣習이流傳ᄒᆞ야其人이라到如今에忽然이此變遷ᄒᆞᄂᆞᆫ時代ᄅᆞᆯ當ᄒᆞ야士農工商에附着ᄒᆞᆯ處가無ᄒᆞ야生計가困難ᄒᆞ고世味가辛酸ᄒᆞ야窮途徘徊ᄒᆞᄂᆞᆫ夕陽이蒼茫ᄒᆞᆫ지라同病相憐으로相逢開話ᄒᆞᄂᆞᆫ姻婭族戚間에厚誼가無ᄒᆞᆷ을痛恨ᄒᆞ고知舊相愛地에友道가無ᄒᆞᆷ을嗟歎ᄒᆞ니黃金을山積ᄒᆞ고窮交貧族의飢寒을越視ᄒᆞᆷ은人情과天理에違反ᄒᆞᆫ바어니와貧者ᄅᆞᆯ救濟ᄒᆞᆷ은到底히繼續實行ᄒᆞ기難ᄒᆞᆫ者이라經濟가困難ᄒᆞᆫ此時期ᄅᆞᆯ當ᄒᆞ야桂玉의愁가稍無ᄒᆞ다ᄒᆞᄂᆞᆫ人이라도皆是勞勞役役ᄒᆞ야我躬不閱ᄒᆞᄂᆞᆫ境遇가有ᄒᆞ니他人을救恤ᄒᆞᆯ餘暇가豈有ᄒᆞ리오泰西列強의習俗을觀ᄒᆞ면四肢百體가強健ᄒᆞᆫ少年身分으로行乞ᄒᆞᄂᆞᆫ人은分文을肯與ᄒᆞᄂᆞᆫ者ㅣ無ᄒᆞ니此ᄂᆞᆫ其人의能力이衣食을足營ᄒᆞᆯ만ᄒᆞᆫ故이라遊衣遊食ᄒᆞ야他人의救濟를是望ᄒᆞᆷ은經濟上에不利益ᄒᆞᆫ影響이波及ᄒᆞᄂᆞᆫ바이오國民全體에對ᄒᆞ야損害가寧有ᄒᆞ니有髯男子가此世에在ᄒᆞᆫ의富貴功名과驚天動地ᄒᆞᄂᆞᆫ事業을擧皆自手自辦ᄒᆞᆯ지라他人의幇助ᄒᆞᆷ을豈俟ᄒᆞ리오姜太公이渭水에垂釣ᄒᆞᆷ과韓信이漂母에게寄食ᄒᆞᆷ은大志가別有ᄒᆞ야家人의生産作業ᄒᆞᆷ을不屑ᄒᆞᆫ所以어니와胸藏萬甲ᄒᆞᆫ此等의人物이資身ᄒᆞᆫ策을不能ᄒᆞᆫ理由가豈有ᄒᆞ리오范蠡가去越ᄒᆞ야五湖烟月에片舟가浮由ᄒᆞ야千金을三致ᄒᆞ얏고顧亭林이明末을丁ᄒᆞ야英雄이用武ᄒᆞᆯ地가小ᄒᆞᆷ으로其非常ᄒᆞᆫ才略을小規模로利用ᄒᆞ야墾田治圃ᄒᆞ야千金을屢致ᄒᆞ얏으니丈夫의事爲가本來如是ᄒᆞᆯ바이라엇지人의領下ᄅᆞᆯ是仰ᄒᆞ야苟且ᄒᆞᆫ生活을甘爲ᄒᆞ리오今日은同種族間에도亦是生存競爭ᄒᆞᄂᆞᆫ時代이라各其自辦自食ᄒᆞᆯ지니老少男女ᄅᆞᆯ勿論ᄒᆞ고自己의長技를擴充ᄒᆞ야生計를自營ᄒᆞᆯ지어다近日에至ᄒᆞ야既

往名士이라稱道ㅎ고卿宰이라托大ㅎ던其人이道路에
飢寒ㅎ야轉門流丐ㅎ눈景況을目擊心傷호바有홈으로
此를慨歎ㅎ고此를嗟惜ㅎ야一言을是陳ㅎ눈바이로라

學生의 衛生的夏期 自修法

桂東山人

△夏期中에學生의分類　七月中旬에第一學期試驗을
了ㅎ고　九月上旬第二學期授業이始ㅎ기까지約六十
日間은一年內가장더운氣候니　漢文的大誇張으로形
容ㅎ면「爍金鑠石山枯海焦」라눈것이라　그럼으로
各學校에셔도夏期休暇를定ㅎ야學生의身體를休養케
ㅎ눈々닭이니　그런즉、이休暇中은學生에게在ㅎ야
心身修養上重要한時라　우리눈過去實驗에徵ㅎ야學
生의夏期中엣狀態를分類ㅎ야

一、能히智德體의三育에注意ー卽休暇를利用ㅎ야
自己의未熟호學科를練習ㅎ면서　身體의健康法
도講究ㅎ고一邊으로精神修養에注意를加ㅎ야
第二學期의始業에至ㅎ야人物이一層上進호者。

二、學問에만專心ー卽平日에눈諸種學科에汨沒ㅎ야
未熟호學課를　마음되로修得ㅎ지못호것을　이
休暇時를利用ㅎ야　한번講究ㅎ겟다고徹夜的으
로勉勵ㅎ야九月始業頃에　學力은매우前進ㅎ얏
스나身體눈심히衰弱ㅎ게된者。

三、體育에만專力ー卽平日에學問으로腦力을傷ㅎ고
身體의練習은意와如히되지못ㅎ얏슨즉　인제이
休暇를利用ㅎ야皮膚筋骨을堅固케ㅎ겟다고或은
海水浴、或은柔術擊劒、或은登山棹舟가른것으
로　아침부터전역서지　그일에만熱中ㅎ고게다
가滋養物을取喫ㅎ면서大氣日光에接觸ㅎ눈고로

皮膚는鐵塊가치堅黑ᄒᆞ고筋骨은鐵杖가치剛强ᄒᆞ야不過五十餘日間에짠사ᄅᆞᆷ가치되얏스나學問의邊은多少退步ᄒᆞᆫ者。

四、學問에던지身體에던지注意ᄒᆞ지안이ᄒᆞ야即자고십흔쩍에자고닉러나고십흔쩍에닉러나서 工夫도ᄒᆞ여야ᄒᆞ겟다運動도ᄒᆞ여야ᄒᆞ겟다ᄒᆞ면서도 아모일도아니ᄒᆞ고 ᄯᅩ滋味스러운遊戱도업시時日을浪費ᄒᆞ야 九月始業頃에ᄂᆞᆫ心身이매우柔弱ᄒᆞ게된者。

五、父母에게서不少ᄒᆞᆫ金錢을어더가지고避暑地에前往ᄒᆞ야 惡友를追逐ᄒᆞ야 或은博奕으로歲月을보내던지 或은酒食으로일을삼던지 或은賤陋ᄒᆞᆫ小說이나보고 卑猥ᄒᆞᆫ歌曲이나익혀 九月始業頃에ᄂᆞᆫ人物이크게墮落ᄒᆞᆫ者。

와五種으로ᄒᆞ노라 그러나 (四)(五)와如한人은決코잇슬理가업지마는(二)(三)에傾ᄒᆞᄂᆞᆫ人은업다구홀수가업스니 그런즉우리ᄂᆞᆫ아모쪼록個人이나社會를爲ᄒᆞ야(一)과如ᄒᆞᆫ이가만히잇기를心祝ᄒᆞ야마지아니ᄒᆞ노라 그ᄯᅢᄒᆞ야우리가平日의성각ᄒᆞᆫ것을大略記ᄒᆞ노라。

△何時에起ᄒᆞ며何時에寐홀가、夏間에ᄂᆞᆫ午前四時에起ᄂᆞ것이가장適當ᄒᆞ니라 四時에ᄂᆞᆫ窓을開ᄒᆞ야도 아즉細微ᄒᆞᆫ文字ᄂᆞᆫ分揀ᄒᆞ기가어려운즉 視力을費홀일을ᄒᆞ지말고 그동안에冷水浴도ᄒᆞ고 쓰레질을ᄒᆞᆫ뒤에이슬에저즌ᄯᅳᆯᄯᅩᆺ을바라보면서深呼吸을ᄒᆞ면서讀書ᄒᆞ기에쏙조흔時間이되ᄂᆞᆫ것이오、就寢은 來日아침四時서지에七時間이나 八時間씀될가량ー卽午後八時부터九時어름에 모긔帳속으로드러가 누어서부치질을ᄒᆞ다가 부치가손에서제ᄯᅥ러질무렵에 世上萬事를夢中生活에부치ᄂᆞᆫ것이조흐니 만일夜凉을耽ᄒᆞ야 濕氣를바드면서눗도록안젓ᄂᆞᆫ것은衛生上에심

히不利ᄒᆞ니라。

▲午前은如何히經過ᄒᆞᆯ가　朝飯은六時부터七時어름에옷내고　ᄒᆞ三十分間食後休憩를ᄒᆞᆫ뒤에少不下三時間은專心으로工夫를ᄒᆞᆯ지니라。　筋骨을非常히勞働ᄒᆞ던사름이身體를一時에靜止ᄒᆞ야　一朔이나休息ᄒᆞ면筋骨이차차로衰弱ᄒᆞ야다시勞働에就ᄒᆞ는ᄲᅢ에는크게困難을感ᄒᆞᆷ과一般으로、爾來學校에셔五六時間의敎授를受ᄒᆞ고그外數時間의復習豫習을ᄒᆞ야腦力을損耗ᄒᆞᆫ學生들이、인제休暇를當ᄒᆞ얏다고　당초에工夫를ᄒᆞ지안이ᄒᆞ면腦力이차차로萎靡ᄒᆞ야　第二學期授業이始作될무렵에　다시工夫를ᄒᆞ랴고ᄒᆞ야도堪耐ᄒᆞ지못ᄒᆞᆯ재될지니　그럼으로　아모쪼록三時間乃至五時間은獨學自修ᄒᆞ지안이ᄒᆞ면안이되ᄂᆞ니라

▲午後는如何히經過ᄒᆞᆯ가　午正에点心을먹거던朝飯後와가치三十分乃至一時間의休憩를ᄒᆞᆫ뒤에　六時새지五時間은길거웁게놀고길거웁게運動ᄒᆞᄂᆞᆫ것이조ᄒᆞ니라　或은綠陰芳草上에셔唱歌吟詩도ᄒᆞ고　或은白沙青松間에셔逍遙散步도ᄒᆞ고　或은渺渺ᄒᆞᆫ海面에셔身을浴ᄒᆞ야萬里長風을呼吸ᄒᆞ고　或은清流에舟를棹ᄒᆞ며　그他青年男子의일로角戲、柔術、擊劍도ᄒᆞᆯ것이오ᄂᆞ른빌판에서野球도試ᄒᆞ야　온갓快樂을心神에供ᄒᆞ며　ᄯᅩ그外에實地見習으로動植物의採取가른半日의運動을兼ᄒᆞᆫ노리거리를一一히枚擧ᄒᆞᆯ수가업스니엇지病者와가치　ᄒᆞᆫ구통이에싀부리고누어　더워ᄒᆞ고애써부르지질餘暇가잇스리오。

△夏期에는如何ᄒᆞᆫ飲食이適當ᄒᆞᆫ가　대져靈妙ᄒᆞᆫ것은天地自然의現象이라　氷雪로써半歲를埋沒ᄒᆞᆫ寒帶地方에ᄂᆞᆫ食ᄒᆞ야溫氣를取ᄒᆞᆯ海獸海魚가到處에充滿ᄒᆞ고炎熱이生物을焦燒ᄒᆞᆯ듯ᄒᆞᆫ赤道直下에ᄂᆞᆫ食ᄒᆞ야心身을清凉ᄒᆞᆯ蔬菜果實이累累히成熟ᄒᆞ니　이自然의理를應

用ᄒᆞ야夏期에는아모쏘록脂肪性이富ᄒᆞᆫ肉物을避ᄒᆞ고淸凉劑가될만ᄒᆞᆫ蔬果等을取ᄒᆞᆯ지라 그러나果實은食後에곳먹으되 넘어貪食ᄒᆞ면도리여害가잇ᄂᆞᆫ것이오飮料는석운보리차, 쓰는쇠려식힌물은조혼것이로되 氷水가튼것은ᄒᆞᆷ부루 먹다가눈腸胃를傷ᄒᆞ기가쉬우니注意ᄒᆞᆯ지니라。

△工夫ᄒᆞᄂᆞᆫ方法 （何時라도그러ᄒᆞ나夏期에눈더옥左의規則을嚴守ᄒᆞ야工夫ᄒᆞ여야ᄒᆞᄂᆞ니라）

一、體樣을正直히ᄒᆞᆯ事

冬節이나春秋에는身樣이그대지紊亂ᄒᆞ지안이ᄒᆞ나夏期에눈炎熱로ᄒᆞ야倦怠ᄒᆞ기쉬운고로미양누어셔冊을본다던지ᄒᆞᄂᆞᆫ沒體面에陷ᄒᆞᄂᆞᆫ것이니冊床을對ᄒᆞ야正坐ᄒᆞ던지 交椅에거러안던지ᄒᆞᄂᆞᆫ것이조ᄒᆞ니라。

二、工夫時間에눈絶對的訪問者를謝絶ᄒᆞᆯ事

將來에有爲ᄒᆞᆫ人物의成否는이것을斷行ᄒᆞᆯ剛毅ᄒᆞ意志의有無에存ᄒᆞ다ᄒᆞ야도過言이안이라 夏期休暇에本家에歸ᄒᆞ면ᄯᅥ적은村人이나親舊가來訪ᄒᆞ야쓸데업눈談話로重要ᄒᆞᆫ時間을浪費식히눈것이니 이ᄶᅥ를當ᄒᆞ야意志가强ᄒᆞᆫ이눈「너가只今工夫時間이니 午後에다시만납시다」고拒絶ᄒᆞᆯ지라그리ᄒᆞ야만일그訪問者가有志ᄒᆞᆫ사람이면 참그러ᄒᆞ다고조꼼도慍色이업겟지마는 午前에눌러오거나ᄒᆞᄂᆞᆫ사람은되지分別이업눈사람인고로不快ᄒᆞ게도라가던지 그러치안이ᄒᆞ면「자네눌나운사람이네」ᄒᆞ고嘲弄을ᄒᆞ던지ᄒᆞᄂᆞᆫ 그러ᄒᆞᆫ째에눈大喝一聲으로ᄯᅳ저저보너도關係가업눈것이라 그러ᄒᆞᆫ人物과絶交ᄒᆞ기로무슨愛惜ᄒᆞᆫ것이잇스리오。

三、進ᄒᆞᆷ보담차라리退ᄒᆞᆷ을守ᄒᆞᆯ事

學校의 授業이 잇는쌔와 異하야　압다기여한자라

도더배우고한자라도더알랴고、함은不必要라

그럼으로十頁을涉獵하는것보담一頁을着念하야

練習할지니　이것이夏期休業中엣工夫의私訣이

니라。

四、騷擾한곳이라도山中으로알事

意志가薄弱한사람이나　工夫에熱心업는사람의

恒習으로開寂한곳이안이면工夫할수업다하야

夏期休暇가되면避暑兼하야景致조흔土地에가서

自修하기를經營하다가　만일그것이되지못하면

空然히工夫할수업다고不平한말을하는것이라

그러나　참으로工夫하는이는管絃絲竹의中에잇

서도그것을다　귀흘려듯고　狹窄한書齋를深山

窮谷으로알어　四面이騷擾할수록　더욱心力을

修養할材料가되는것이니　아모쪼록이러한習慣

을養成할지니라。

五、工夫時間이지내거던如何히興味가잇더래도곳

中止할事

工夫하기爲하야寢食을忘한다는語도有하니　그

篤學의志는感服할지나　大成을期하는者는一定

한工夫時間이지내면如何히興味가잇더래도곳中

止하고　쓰明日을期하야卷을掩함이必要하니라

△旅行의注意　우리는學生된者들이避暑地에往한다

함은絕對的不贊成이라　그럼으로以上의일은다家庭

에在할時의衛生法을述한것이나　夏期休暇約六十日

間에노竹杖芒鞋로名山勝地를尋訪하야所謂修學旅行

을흐는것가드면決코禁止안이흐노라　그러나修

學旅行에就흐야銘心흘일이잇스니　그大要를左에列

記하노라。

一、性味相合흔朋友數人이잇슬事　意外의災難을

當ᄒᆞ야도 서로 救助홀 수가 잇고 쏘 單獨보담 愉快홈일세라。

一、午前十一時後부터 午後二時세지 步行을 中止홀 事。

一、深山窮谷에 入ᄒᆞ랴면 반다시 그 土地에 嫺熟ᄒᆞᆫ 者를 雇ᄒᆞ야 引路케홀 事。

一、그 土地의 名産이라ᄒᆞ야 서루른 飮食物을 먹지 안이홀 事。

一、쏘 澗水를 飮치 안이홀 事。

一、步行中에ᄂᆫ 湯茶와 가튼 液體를 각금 마시어 汗源을 作할 事 그러치 안이ᄒᆞ면 日射病에 罹ᄒᆞ기 쉬우니라。

一、日射病에 罹ᄒᆞᆫ 者가 有ᄒᆞ거던 頭部와 身體에 冷水를 注홀 事。

一、日暮前에 宿所를 定ᄒᆞ고 十分 安眠홀 事。

一、就寢홀 쎄에ᄂ 아모쪼록 자리옷을 입어 뒤여나와도 感氣가 들져 안이ᄒᆞ도록 注意홀 事。

一、毯褥가튼 것을 褥우에 샬고 쓰이불깃을 [illegible]홀 事。

一、應急藥材를 携帶홀 事。

生의 實現 (一)

個人과 宇宙의 關係

印度哲學家 타쿠르

「都會堡壘」內에서 産[出]ᄒᆞ 古代希臘文明의 餘[波] …… ᄒᆞ 歐州의 近代文明은 다 [自然]와 人造石壁中에서 生育ᄒᆞ 겼이니라。 그리ᄒᆞ야 一堡[壘] 노힌 것이 지금에도 依然히 人類의 心中에 餘存ᄒᆞ얏 이 堡壘가 잇슴으로ᄒᆞ야 우리가 事物에 區別을 立ᄒᆞ게 되나니라。

숙에눈 이것이아주人心의習慣이되야 그럼으로 다시族長을戴ᄒᆞ고侵入ᄒᆞ야 他森林地에殖民ᄒᆞ기에

人은自己의所有를安全히ᄒᆞ고쟈ᄒᆞ야 自他에區別을 及ᄒᆞ야 森林은彼等으로ᄒᆞ야금特別ᄒᆞ自然의保護가

附ᄒᆞ야 自己의物만貴重히ᄒᆞᄂᆞ니 人類가國과國을 되고 ᄶᅳ多ᄒᆞ食物과水를與ᄒᆞ니라.

別ᄒᆞ고 知識上의分類를ᄒᆞ고 自然과人生을分ᄒᆞᆫ은 是와如히ᄒᆞ야印度文明의誕生은森林中에서始ᄒᆞᆺ

全히이堡壘의動作이니라. 스나 이原始와四圍의境遇ᄂᆞᆫ 一種特別ᄒᆞ資質을形成

이習慣이잇슴으로ᄒᆞ야 人類ᄂᆞᆫ自己가建設ᄒᆞᆫ堡壘 ᄒᆞ얏스나 그ᄂᆞᆫ自然의浩大ᄒᆞ生命에包ᄒᆞ야 大自然에

以外의事에ᄂᆞᆫ 곳 疑念을抱ᄒᆞ야 習慣以外의事가自 養育되고 大自然에哺乳되야 千變萬化無限ᄒᆞ大自然

己의認識에侵入ᄒᆞ고쟈ᄒᆞ면頑固ᄒᆞ抵抗을ᄒᆞ게되ᄂᆞ니 과密接ᄒᆞ야常時의交通을保ᄒᆞᆷ일쎄니라.

라. 이러ᄒᆞᆫ森林生活은 人智를鈍케ᄒᆞ고 進步를緩케ᄒᆞ

쳐음에아리안人種이印度에侵入ᄒᆞ던時에 印度ᄂᆞᆫ 야 마침내生存의地位를低케ᄒᆞᆯ줄로思ᄒᆞᆯ者도잇슬듯

欝蒼ᄒᆞ森林國이라 新侵入者ᄂᆞᆫ 곳 是等의森林을利 ᄒᆞ나 古代印度에서ᄂᆞᆫ 森林生活의各樣境遇가 人類

用ᄒᆞ얏스나 卽是等의森林은曝日酷炎의隱避場이되 의心意를屈伏ᄒᆞ지못ᄒᆞ야 人類勢力의急流를弱ᄒᆞ게

며 回歸線下의暴風雨가與ᄒᆞᄂᆞ大損害의防禦具가되 ᄒᆞ이업고 도리여人心에 그進就ᄒᆞᆫ特別方向을與ᄒᆞᆯᄲᅮᆫ

며 家畜에在ᄒᆞ야牧場이되며 다시薪炭의料를供ᄒᆞ 이라 항샹欝欝蒼蒼히漸次繁茂ᄒᆞᄂᆞᆫ自然의姿態에接

建築의材를給ᄒᆞ더니 그後에別種의아리안人一族이 着ᄒᆞ야 心智가自由로그領土를擴張ᄒᆞ게되얏스니 卽

當時 人人의 目的은 享受홈이안이오 自己의 意識을外 泰西人은 傲慢히 人은自然을征服홀수가잇는것으

的으로實現호야 內外가共히發展케훈것이라 彼等은 로思호나니 그는彼等이順例로되지못훈世界에生存

眞理는絶對無限이니 무릇絶對唯一의存在라는것은 호야무엇이던지所欲의物이잇셔도 如意호게되지못

그他에잇는것이안이오 眞理에達호는唯一의徑路는 호야 이것을勒取호지안이호면안이되줄로思

自己의生命人格이라는것을 온갓客觀物에表現호는 홈이니 이러훈感情은「都會堡壘」的習慣 訓鍊을享훈

것이라홈을感知호얏스니 이와如히人類의精神과世 心意의産物이라 何故오호면 都會生活의人은스사로

界의精神間의偉大훈調和를實現훈것이 古代印度의 自身의生活과事役에自己의心的幻想의凝集훈光을濺

森林生活을經營호뎐諸聖者의努力이니라。 호야 自己와 自己를托훈大自然間에人爲的差別을造

그後에 그러훈原始的森林이漸次開拓호야田地가 出홈일쌔니라。

되고 繁華훈都會가到處에勃興호얏스며 坐强大훈王 그러나 印度人은彼等과異호야 人類의心中에世界

國이多數히建設되야 世界萬有의大勢力과相接호야 를包含케호야 그것을一大眞理라호니 印度人은「만

物質的繁華의歡樂時代가되얏스되 印度人의心情은 일人類를包含훈自然物이全히人類와無關係인것이면

依然히力이汪溢훈自己實現의古代理想과 森林遁居 人은四圍의自然物과交通할수가업다고思하야 個人

의單純生活을回想호얏 渴仰을말지안이호야 그곳에 과宇宙間에잇는調和라는것을力說하나라。

淳滿훈智慧로부러流出호는最善의靈根에感觸호나라 人類는 自己의必要品은自己의勞力으로得하지안

이하면안이됨으로 하야自然에 對한大不平을 抱하는것 이印度人의自然觀이니라。

이라 그러나人의勞力이라 는것은決코空漠에 歸하지 印度人에在하야偉大한事實은 人類가自然과調和

안이하고 人은 그勞力에依하야每日成功이라는收獲 한다는것이니 人類가能히思索함은 人類의思想이自

이有하니 일로써見하면 人과自然의間에는合理的關 然의律呂와調和함일새 니라。

係가잇슴을知할지니 何者오하면 만일우리와全히眞 人類가自己를爲하야 能히自然力을利用함은 人類

關係가업는것이면 우리는아모것도所有로할수가업 의力이宇宙萬有의力과調和함이오 그리하고또人類

슴일쌔니라。 의目的과 自然界를通하야動作하는目的이永遠히齟

대져人生의行路는二方面으로見할수가잇스니 一 齬하지안이홈일서니라。

은吾人의要求하는目的物과吾人을分離하야 생각함이 泰西人의有力혼思想은 自然이라하면 다無生物

니 그러한方面으로進行하는時에는반다시두순障害 이나獸類로알고 人類의天性에至하얀 곳說明하지못

物을逢着하느니라。 호는窮境에陷하느니 그思想으로見하면 下等物만이

一은 人生의行路는 우리를 우리의目的物에引導 自然이오 知的이라던지 道德的이라던지 苟히完全

한다는것이니 이러한方面으로見하면 人生의行路그 혼性質을持혼것은 人類의天性이라하니 譬혼 면花와

亦是우리目的의 一部分이되는것이라 우리는人生의 蕾를二種類에區別하야 兩者가相異혼原理에基혼것

行路를進行하면서 有益혼物을得할수가잇스니 이것 이라고홈과同하니라。

그러나 印度人은 人類는 自然과 同族이라는 것을 認호야 自然과 人은 決코 齟齬호는 것이 안이라 홈에 何等의 踟躇가 無호니라。

그럼으로 宇宙草木的統一이라는 것이 印度人에 在호야 單히 一哲學的空論이 안이라 印度人은 彼等生活의 目的은 그 日常生活의 行爲며 氣魂에 이 偉大호 調和를 實現호고쟈 호니라。

그리호야 印度人은 冥想이나 靈拜에 依호야 整然히 生活을 紊亂호지 안이호고 森羅萬像의 靈的意義를 體驗호야 自己의 意識을 開拓호니라。 그리호야 地、水、光果類、花等의 온갓 物質이 印度人에 在호얀 다 人類에 對호야 意義를 有호야 生存호 것으로 信호니 卽 人類가 森羅萬像과 意識的關係를 結호야 物質的利慾에 拘泥호지 안이호고 歡喜와 平和에 伴호 偉大호 同情으로써 그것을 實現호지 안이호덜 안이된다 호니라。

一派의 科學者는 世界의 實在는 單히 우리의 感覺에 映호과 如호 것이 안이요 土이던지 水이던지 다만 土로써 水로써 그 形體를 表現호는 作用에 不過호 것이라 호얀 우리가 靈眼을 開호고 그 宇宙의 奧處를 見호면 土이던지 水이던지 永遠호 意志의 閃光이 一定호 時間 內에 그 力의 實相을 表現호다는 眞理를 心底에 會得호느니 그러케 되면 單히 科學의 知識이 안이오 靈에 依호야 靈을 認識호는 것이니 이 認識은 知識과 如호 勢力은 無호나 그곳에 同類密一의 結果로부터 湧起호는 歡喜가 잇느니라。

이 世界라는 것을 單히 科學的知識에만 拘泥호者는 그 以上에 더욱 深遠히 靈으로써 自然現象의 本質을 見出홀 수 잇슴을 알지 못호느니라 水는 다만 우리의 手足을 淨호게 홀쑨안이라 人의 靈에 觸호며 心神을 淸淨케 호고 地는 다만 우리 身體를 支홀쑨안이라 人과 接着호이

永久ᄒᆞ고로 心을 悅케ᄒᆞᄂᆞ니 이ᄂᆞᆫ 水이던지 地이던지 生ᄒᆞᆫ 實現임일ᄊᆡᆫ라。 人이만일 宇宙와 自己가 一脈中에 生ᄒᆞᄂᆞᆫ 것임을 알지못ᄒᆞ면 그ᄂᆞᆫ 狹少ᄒᆞᆫ 墻壁에 圍繞ᄒᆞ야 牢獄에 閉鎖되ᄂᆞᆫ 것이라。 人이만일 凡物ᄊᆡ 永遠無窮ᄒᆞ 靈을 感ᄒᆞ면 自己가 此世에 享生ᄒᆞᆫ 眞意義를 悟ᄒᆞ야 心이 宇宙에 向ᄒᆞ야 無限히 開放되ᄂᆞᆫ 것이니 그時가 至ᄒᆞ면 人은 完全ᄒᆞᆫ 眞理中에서 自己를 見出ᄒᆞ야 自己와 萬物의 調和가 一大 音樂의 律呂와 如히 感ᄒᆞ야지ᄂᆞ니라。 그러나 印度人은 彼等을 包ᄒᆞᆫ 四圍의 自然物은 다 眞理의 表現이라ᄒᆞ야 無限히 讚美ᄒᆞᄂᆞ니라。 그럼으로 印度人은 宇宙의 種種相이 各各 相異ᄒᆞᆫ 眞値를 持ᄒᆞ얏다ᄂᆞᆫ 것을 決코 無視ᄒᆞ지안이ᄒᆞ고 人이 萬物의 長이라ᄂᆞᆫ 것을 暫時忘却ᄒᆞ지안이ᄒᆞ나。 그러나 그것은ᄒᆞᆫ갓 人類가 他物을 所有ᄒᆞᆯ 力이잇다ᄂᆞᆫ ᄊᆞ틔이 안이오 萬物과 合一ᄒᆞᆯ 力을 有ᄒᆞᆷ일ᄉᆡ니 그럼으로 印度人은 崇嚴美의 存ᄒᆞᆫ 곳은 어ᄃᆡ던지 巡禮地로 定ᄒᆞ고 心이 狹溢ᄒᆞ 世界로부터 超脫ᄒᆞ야 無限中에 그 地를 實現ᄒᆞ얏스니 그럼으로 曾往에ᄂᆞᆫ 肉食ᄒᆞ던 印度人이 다 動物의 肉을 食ᄒᆞᆷ을 禁止ᄒᆞ고 人類歷史에 比倫이 無ᄒᆞᆫ 天地萬物의 生命에 對ᄒᆞ야 同情의 感을 養ᄒᆞ게되ᄂᆞ니라。 印度人은 人이 生理的이나 心理的의 障碍로 因ᄒᆞ야 自然이라ᄂᆞᆫ 無限ᄒᆞ 生命으로부터 離去ᄒᆞᆯ 時ㅣ 宇宙的 人이되지안이ᄒᆞ고 單히 個人으로되ᄂᆞᆫ 時에ᄂᆞᆫ 스사로 그 難題를 做出ᄒᆞ야 解決의 源泉을 離ᄒᆞ고 ᄒᆞᆫ갓 矛盾의 方法을 講究ᄒᆞ야 無限ᄒᆞᆫ 困難을 應出ᄒᆞᄂᆞᆫ 것을 知ᄒᆞ나 人으로셔 宇宙的 性質이 無ᄒᆞ고 自己의 生命中에 幽閉ᄒᆞ야 生活ᄒᆞ고자ᄒᆞᄂᆞᆫ 時에ᄂᆞᆫ 一平生 矛盾에 齟齬ᄒᆞ야 心을 惱ᄒᆞ지안이ᄒᆞ면 안이되ᄂᆞ니라。

그러나 이러호 矛盾中에 人類는 永久히 進行호지못 호는것이오 人은自己 存在의 全體를 實現호지안이호 면안이되며 無限中에 自己의 地位를 造成호지안이호 면안이되나니 蜜蜂이 아모리 努力호고 苦心호더라도 自己의 蜜房中에셔 蜜을 釀호지못호는 것이라 壁壘를 出호야 外界에 入호면 自己의 生命을 養홀 糧食이 無盡 藏存在홀지니 이와 如히 人도 宇宙의 底로부터 滾滾히 湧出호는 生氣를 離호면 瞬息間에 自己의 地位로부터 轉落호야 自身을 支保홀 事에 汲汲호야 마침내 自己의 身體를 破壞호게되느니라。

그럼으로 이러호 人에 在호야는 自己表現이라 는것 은 自己의 醜態를 暴露호는 것이니 그 不自然과 極端의 技巧로 호야 美術에 는 創造호고자호나 陳腐호야 永遠 히 新眞理를 失호며 文學에 는 單純호야 偉大完全호人 生觀을 失호야 호갓 心理模寫의 問題가되고 情熱의 表

示가될뿐이니라。 人의 意識이 自己의 卑近호 一時的 範圍에만 檢束되는 時에는 人의 深遠호 性根이 無限호 世界에 延蔓호지못 호고 그리호야 人의 靈은 항상 飢餓에 迫호느니 이러 케되면 人은 內部의 源泉을 失호야 無限호 生외 本體로 부러 離호지오 그리호야 崇高하고 永遠히 合奏한 創造 의 律呂的 舞蹈ー完全호 安息에 生하지못하느니라。

印度에 來한 最初의 歐人軍은 歐洲의 殖民軍이 亞米 利加에 侵入함과 마침同時라 亞米利加에 侵入한 者도 亦是 原始的 森林과 土에 對하야 激烈호 格鬪를 挑함 계되얏스나 이 人과 人間의 戰爭 人과 自然間의 戰爭이 最後의 勝負쎄지 繼續하야 마침내 兩者의 調和를 得하 지못한지라 印度에서는 野蠻人의 住家인 森林이 聖者 等의 聖殿이 되얏스나 亞米利加에서는 이러한 偉大한 自然의 大伽藍이 人間이 在하야 深遠한 意義를 發見하지못하니라。 鬱蒼한 森林이며 老樹巨木이 亞米利加人에 對하야 富와 勢力을 與하고 그리하야 間或 그 美를 愛하야 孤獨한 詩人의 玩賞함은 잇스나 그 大自然이 亞米利加人의 心情에 神聖한 觀念을 與하지안이하야 森林은 人의 靈과 世界의 靈을 接觸케하는 언의 偉大한 靈的 調和의 處所임을 彼等이 悟하지못하니라。

予는 曾前부터 世上의 萬般이 그 面目을 誤한줄로 思하노라 만일 世界의 歷史가 再三、同樣으로 反覆될 機會가 잇스면 그는 진실로 無益한 일이라 異國의 人이 各各 그 異한 産物을 人性의 市場에 提供하야 精神的으로 交換하야 不足을 補하고 必要를 需함에 至하야 비로쇼 그 意義가 잇는 것이니 予는 印度가 그 歷史初에 受한 特別한 境遇를 失하지안이함에 그面目을 感하노라 印度는 그 受한 境遇를 대로 思想하고 考索하고 努力하고

苦心하야 實在의 奧處에 徹入하야 무슨 物을 成就하는것 스니 그는 他國民과 異한 一種의 進化를 促한 價値가 잇눈 것이라 人이 完全한 生長을 成就하고자한진덴 그 複雜한 生命을 構成함을만한 온갓 要素를 要하나니 그럼으로 이에채울 食物은 異한 土地에 耕作된 異한 種子로부러 得하지안이하면 안이되나니라。 文明은 一種의 模型이라 世界各國이 그 最善한 理想에 從하야 男女를 一定한 模型에 印成하고자하니 온갓 學校、立法部、褒賞處罰의 標準、意識的 無意識的의 敎育은 그 理想의 目的에 引導하는것이니라。 西洋의 近代文明은 그 組織的 努力에 依하야 生理的 智的、道德的의 各方面에 就하야 完全한 人을 作成하고자하니 各國의 絶大한 精力은 人類의 勢力을 外界에 擴張하기爲하야 費用이 되는 것이라 人은온갓 能力을 合하고 力을 盡하야 自己의 手中에 攫取할만한것을 攫

取ᄒᆞ고 利用ᄒᆞᆯ만ᄒᆞᆫ것을 利用ᄒᆞ고쟈ᄒᆞ야 征服의途에 橫溢ᄒᆞᆫ온갓困難을 踏破ᄒᆞ기에 念이他에及ᄒᆞ지못ᄒᆞᄂᆞ라 항상 自然과異人種을對手ᄒᆞ야 戰鬪를訓鍊에腐心ᄒᆞ야 彼等의武器ᄂᆞᆫ 더욱精銳ᄒᆞ고 彼等의軍備ᄂᆞᆫ날도堅實ᄒᆞ야 그器械 設備 組織의進步ᄂᆞᆫ 참、破天荒의進步라 驚歎ᄒᆞᆯ밧게업도다 이것은 人類가 그困難、妨害를介意ᄒᆞ지안이ᄒᆞᄂᆞᆫ征服力、主權力의奇異ᄒᆞᆫ表現이니 그目的은 人類가萬物에超越ᄒᆞᆷ을示ᄒᆞᆷ이니라。

印度의古代文明은 全히이와異ᄒᆞ야 一種特得의完全ᄒᆞᆫ理想을抱ᄒᆞ고 그곳에向ᄒᆞ야 努力前進ᄒᆞ니라。 印度人의目的ᄒᆞᄂᆞᆫ바ᄂᆞᆫ 勢力을得ᄒᆞᆷ이안이오 能力을極端에開拓ᄒᆞᆷ이안이오 防禦的、攻勢的으로各人을組織ᄒᆞᆷ이안이오 富를得코쟈ᄒᆞᄂᆞᆫ協力、軍畧的政治的의優勢를造ᄒᆞ고쟈ᄒᆞ도안이라 印度人이實現ᄒᆞ고쟈ᄒᆞᄂᆞᆫ理想은 가쟝優越ᄒᆞᆫ人을 孤寂ᄒᆞᆫ冥想生活에 引導ᄒᆞᆷ이니 그러ᄒᆞ야 印度가實在의神秘에深入ᄒᆞ야 人類를爲ᄒᆞ야 得來ᄒᆞᆫ寶ᄂᆞᆫ 俗的成功의世界上에 燦爛히光輝를放ᄒᆞ얏스니 이것이곳 莊嚴ᄒᆞᆫ進步ㅣ際限이업는人類熱望의崇高ᄒᆞᆫ表現이라 그리ᄒᆞ야 그無限ᄒᆞᆫ實現以外에何等의目的이無ᄒᆞ니라。

印度에ᄂᆞᆫ多數ᄒᆞᆫ學者도잇고 賢者도잇고 勇者도잇고 政治家、國王、皇帝도잇섯스나 印度人이崇拜ᄒᆞ고ㅆ代表的人物로推選ᄒᆞᆫ이ᄂᆞᆫ 그中의何人이뇨。 그ᄂᆞᆫ哲人이니라 哲人은何를指ᄒᆞᆷ이뇨。 宇宙의本體인靈에接觸ᄒᆞ야 智慧에充滿되야 自己의靈과合致ᄒᆞ야 自覺을得ᄒᆞ고 그리ᄒᆞ야內的自我의圓滿完全ᄒᆞᆫ調和를保ᄒᆞ야 온갓放恣ᄒᆞᆫ慾望으로부터解放된者ㅣ人類自然의온갓方面으로부터神에達ᄒᆞ야 心의平和를得ᄒᆞ야 宇宙의生

命에 徹호者를哲人이라謂호노니라。

悟！

菊 如

一

四面의山들이 풀은옷을 버셔버리고 次次 누른옷을 가라입게되니 써를 마쳐 오는비는 쌀쌀훈 北國의바름을 싸라 우수수호눈 落葉樹의 벌벌떨고잇눈 적은가지를 싯치고눈 텹을 상굿호고 숨혼듯이 울고잇눈 山서의머리를 싸리고 지너여 가눈티 지바론 참나무와 상술이나무들은 벌셔 제몸의落葉을 다 쩔어치고 민몸동아리가 되야 불이낫케 過冬의 準備를호다。

이즈막은 節候의關係로 써셔 치운날이 여러날을 繼續호눈일이잇셔 호눔 쩌러지고 두눔 쩌러지눈 나무의닙서가 山門안에 그득히 쌀니여 아모리 암만 쓰러도 좀체로 업셔지지 안이호다。재다가 엇더훈 아춤에눈 셔리싸지 와셔 불을 살으고 쬐이지 안이호면 到底히 견티기 어려온써도 잇셧다。요서 日課로눈 다만 山門안의 落葉을 쓸어 버리눈것이라 闔山의大衆은 모다 이에 忙殺호얏다。

「아이고！落葉이 만키도호다。암만 쓰러도 업셔지지를 안이호네。」호며 훈老僧이 손에 비를 들고 말을훈다。「히마다 秋末冬初되면 이것이 우리의 훈목 일이야。」호고 갓치 손에 비를 든 달은훈중이 덩을 라 말을 훈다。

「落葉을 쓰눈것도 우리 義務야。그러치만 우리에게눈 人天을 化導호눈 다시 더큰 義務가 잇슴을 이것서눈 안되양으며 諸衆生이 말을 호다。

「人天을 化導ᄒᆞ자면 우리들은 먼저 우리自身브터 먼저 젼져가지 안이ᄒᆞ면 안되야。」ᄒᆞ며 第넷지중이 意見을 말을ᄒᆞᆫ다。

「그러치만 오날갓치 이러케 치워셔는 人天을 化導커냥 비질도 못ᄒᆞ겟다。」

「그런말 ᄒᆞ면 空然히 스님씌 어더 맛는다!。」

「그리두 치운것은 치웁다고 말을밧게……。」

「짜정 그런걸。비 든 손이 어러 ᄲᅡ질듯 ᄒᆞ이。」

潙山會中의 大衆들은 境內를 비질을 ᄒᆞ면셔 주거니 밧거니 여러가지 弄談을 ᄒᆞ며 잇다.

「무엇 치워?。치웁지 안이ᄒᆞᆫ法을 가라쳐 주셔。」

「現在 치운것을 쳡져를 안케 엇더케 히!。못싱긴 소리 작작히라。」

「이 ᄉᆞ름보게!이티두 치운가……。」

ᄒᆞᆫ중이 불이 낫케 주머니에셔 부시 돌을 쇠으너여 불을 붓쳐셔 듬북 모와노ᄒᆞᆫ 落葉에다가 불을 질넛다。不時에 흰烟氣가 무럭무럭 올ᄂᆞ오더니 紅蓮갓흔 불길이 활활 이리저리 붓는다。모다들 一時에 와ᄒᆞ고 움으렷든손을 너민다。

「그러텻다!。불을 살으면 훈훈 ᄒᆞ러이지。」

二

「여보게 거긔잇는 落葉을 좀 이리로 그러오게。」

「올치。」

「무어 달은것 쓰 살을것 업ᄂᆞ。」

「不淨ᄒᆞᆫ것을 살러셔는 안되여。」

「누구야 바람부는듸 방귀 쮠여셕이。어이 구린너!。」

앗가브터 화루불을 질너놋코잇던 大衆들은 如前히 주거니 밧거니 弄談들을 ᄒᆞ고잇다.

「인졔 살을것이 업셔져 가는구ᄂᆞ 얼마 안이잇스

면 쓰 칩다—」

글어모혼 落葉도 只수은 다 살으고 漸漸 업서져 간다。

『여보게들 어듸가셔 무엇 살을것좀 어더오게。』

다 쓰으져 가눈불을 섭섭히 역이눈 호즁이 이러케 소리친다。

그러느 인졔눈 더살을것도 업다。치운 北風은 응—웅—허고 옷깃을 싯치고 지너여 간다。

『웨들 그리우 그러케 칩단말이오? 그러면 내 只수 조흔나무를 가져 오리다。』허며 호즁이 불숙 달아들어 말을흔다。이즁은 이섯것 이화두불름에 들지안코 흔便에셔 혼ㅊ 부즈런이 落葉을 쓸고 잇섯다。

일홈을 智開이라흐고 百丈會下에셔 굴너온즁인듸 오릿동안 以前브터 여러 소름에게 얼골은 알느고 잇섯다。이즁은 제 求흐는 道에 專念을 쓰기셔문에 늘—大衆과 서로 써러져 져눈 져의 努力으로 生命을 삼고잇섯다。學은 右수을 通흐야 갓금 스승에 對흐야 흐눈 質問應答은 남이 아라들을수업눈 機緣의 句語가 折半이엿다。同輩서리도 이즁의 學識잇눈듸 畏敬을 흐야 좀 쯰리엿다。그러느 이즁의 自身으로 말을흐면 아즉 悟境에 못일으럿다。이즁의 가슴가온듸에눈 검고 묵어온 납덩어리갓혼것이 그득 찻다。이즁은 이것이 숨헛다。이즁의 머리에눈 늘—眞理의 光明만 쓰이고 잇섯다。

『智開스님도 오서눈 좀 달느가더라!。」

이즁의 일홈이니 後에 有名흔 香嚴禪師라。그소듸가 조금 嘲弄흐눈 語調를 씌엿다。香嚴이 이소듸에

『그러키를 일너! 우리가 人生을 말거나 들여다
불쌔에 우리가 달ㄴ가저를 안이ᄒ고 잇더케히!
달ㄴ가저를 안는것은 흐르눈 生命이 꼿친것이
지!」ᄒ고 對答ᄒ얏다。

『如前히 그런말을 ᄒ겟다。좀 弄談갓흔것이라도
히여보제ㄴ그려。弄談이란 生命에 對ᄒᆫ 休息이
라고 우리눈 解釋ᄒ는걸。休息이 亦是生命을 길
으눈 必要ᄒᆫ 滋養分이라ᄒ면 갓금 가다가 붓도
쐬히고 弄談갓흔것도 ᄒ여보와야 ᄒᆫ는法이야。」
ᄒ며 詭辯을 쓰눈者가 잇다。또 ᄒᆫ즁은
『얼는 그나무ㄴ 갓다주엇스면 우리게눈 고맙겟
눈듸……。」
ᄒ며 비쇠운다。

香嚴은 핑—ᄒᆫ달음에 庫잇눈便으로 간다。
화루불은 쇠지려고 붉은烟氣만 모라모닥 올ㄴ온
다。여러줌은 이쓰지려 눈불에 둘녀 안저 香嚴의 가
눈곳을 보고잇다。개인하날에 눈 찬거운이 도눈 灰
色구름이 오락가락ᄒᆫ다。

三

『어! 이스름! 그게 經안인가。」
화루불을 에워싸고 안젓던 여러줌의 ᄒᆫ스름이
香嚴을 보고 이러케 말을ᄒᆫ다。이 스름의 눈에는
놀ㄴ 눈빗이 번듸인다。同時에 여러줌들도 눈을 크
게뜬다。香嚴은 좀 묵어을듯ᄒᆫ 큰經櫃를 지고와셔
그것을 불압해 덜컥놋눈다。
『올에 이건 經일세。그듸 오날 너에게 對ᄒᆞ는 아
모權威도 업네。그듸 오날 여긔셔 살녀버리려ᄒ
내나눈 잇섯것 學問으로 一切것을 알려ᄒ엿네。
그러ㄴ 그것이 失敗엿네。나눈 달은길노 나아갈
수밧게업네。오날날싯지 멧힌를 勉學ᄒ얏눈지를

몰오겟네만은 一向 뵈히는것이 업녀그려。 그것이 그럴터이지 내修行이 不足ᄒ넛가。안이야 지금삭지 다근學問이 現在 나를 煩悶케만 ᄒ엿서 나는 그를痛恨히 알고。나는 나의不明에 對ᄒ야 붓그러워……。』

香嚴의眉字에는 큰 무슨決心ᄒᆫ빗이 낫하는다。ᄒ고 櫃뚜셰를 열더니 막 멧卷經冊을 집어너히여 불속으로 던진다。불씻은 다시 火勢를 엇어 牡丹갓혼 불길이 활활 샛친당。여러중들은 하도 어이가 업서 香嚴의 ᄒ는것만 보고잇다。香嚴은 맛치 밋천사름갓치 제 心血을 笑은經卷을 저를 믿들고잇다。그리며 그 가슴에눈 感慨無量ᄒᆫ것이 잇는듯ᄒ다。눈물은 철철 샘으로 흘은다。

『이것 무엇들을 ᄒ눈。』

ᄒ며 香嚴의 뒤에서 소티치는者가 잇다。그중은 仰山이라고 潙山에게 印可를 엇은 會中의 上足이엿다。그눈境內를 보살히며 도라단이다가 와서본즉 여러大衆이 화두불을 피여놋고 잇다。그리 몬저 이를 보고 놀낫다。그리다가 그中에 하나히 異常ᄒ 擧動을 ᄒ고잇다。仔細히 본즉 이눈 참 놀나겟다。着實ᄒ다는 香嚴이다。그리 意外로 생각ᄒ얏다。그리고 말ᄒ얏다。

『웬일이야 智閑아 그게 經안이냐……。』

혼즉 香嚴이 가만히 몸을 돌이키며 對答ᄒᆫ다。

『예 經은 經이올시다。그러나 이經은 제게 對히서는 아모所用도 업슴니다。도리혀 이쩨문에 얼마큼 障碍가 되얏눈ᅀᅵ 몰으겟슴니다。저눈 제서길을 찻기爲ᄒ야 爲先 제過去의 障碍브러 세르려 버림니다。그第一步로 오날 이思想의 쩝풀을 살녀 벌림이눈것이올시다。』

ㅎ는 香嚴의 말은 實노 眞理를 求ㅎ는 全生命 그겻의 表現이엿다。거긔에는 犯치못흘 尊嚴이 잇섯다。힘세힌 宗敎의 第一閃이 번적ㅎ얏다。仰山은 香嚴의 意中을 삷히고 그대로 잠잠코 도라갓다。

四

『그러면 가는것이 좃타。心眼을 열려ㅎ면 非凡흔 修行이 드는졋이니 이졋은 決코 남이 엇더케 흘수업눈것이닛가…… 時期가 되면 自然 山의눈도 녹는것이지……。』

方丈의 潙山이 ᄯᅡ듯흔말노 말흔다。그자리에ㄴ 香嚴이 마즈막 下直次로 안저잇다。『老스님ㅡ오릿동안 慈悲ㅎ신 敎訓을 밧아왓슴니다만은 아즉도 제 機緣이 의지를 못ㅎ얏셔요。저ㄴ 그것이 엇더케 寃痛ㅎ온지를 몰으겟슴니다。그러ㅎ오ㄴ 그보다 덕슙흔것은 스님의 膝下를 써ㄴ 여긔를 나아가야 ㅎㄴ것이올시다。저ㄴ 全心으로 獨坐ㅎ야 제努力으로 제길을 열자ㅎ옵니다。이것을 許諾ㅎ야 주십시오。그리고 제ᄆᆞ음을 불상히 역이여 쥬십시오。』

香嚴은 어제 第一經冊을 살ᄂᆞ 버리ᄌᆞ 菩提를 求ㅎ는 香嚴은 한ᄆᆞ음이 살갓치 自己의몸을 일어 스게ㅎ얏다。香嚴은 一刻도 참지를 못ㅎ얏다、香嚴은 종용흔 深山幽谷으로 들어가셔 坐禪三昧에 行住ㅎㄴ것이 只今 自己에 對ㅎ야ㄴ 第一 조흔 方法이라 생각ㅎ얏다。그리 그일을 그 老師 潙山에게서지 말홈이엿다。潙山은 快히 이를 許諾ㅎ고 今後의 取ᄒᆞᆯ 方道를 諄諄히 일너주엇다。香嚴의 눈에ㄴ 어느덧 쓰거온 눈물이 그득이 괴엿다。

(未完)

修養叢話

菩提心은 利釼과 如ᄒᆞ니 一切煩惱의 樹를 斷ᄒᆞᄂᆞ는 故ㅣ라 菩提心은 兵仗과 如ᄒᆞ니 一切苦難을 防禦ᄒᆞᄂᆞ는 故ㅣ라 【華嚴經】

人이 百歲를 壽ᄒᆞ야 山林火神에 祭ᄒᆞ야도 須臾間에 身을 觀ᄒᆞ고 行을 積ᄒᆞ만 갓지 못ᄒᆞ니라 【法集要頌經】

一忍으로써 百勇을 勝ᄒᆞ고 一靜으로써 百動을 制ᄒᆞᄂᆞ니라 【篠老泉】

一門이 禮義를 知ᄒᆞ야 釁隙이 無ᄒᆞ면 是가 一樂이라 【陸象山】

一의 快樂은 千의 苦痛을 伴ᄒᆞᄂᆞ니라 【英國諺】

一寸의 舌로 五尺의 身을 損ᄒᆞᄂᆞ니라 【古諺】

一丈을 說ᄒᆞᆷ보다 一尺을 悟ᄒᆞ라 【西諺】

陰德이 有ᄒᆞ면 陽報가 有ᄒᆞ니라 【賈誼新書】

伯夷叔齊ᄂᆫ 昔의 餓夫로대 今에 其人으로써 比ᄒᆞ면 人이 다 깃버ᄒᆞ고 桀紂幽厲ᄂᆫ 昔의 人主로대 今에 其人으로써 比ᄒᆞ면 人이 다 怒ᄒᆞᄂᆞ니라 【契嵩禪師】

一日에 一事를 學ᄒᆞ야도 一年이면 三百六十餘 【俚諺】

一年의 快樂은 百年의 後悔를 遺ᄒᆞᄂᆞ니라 【俚諺】

茅屋에 往往 英雄을 出ᄒᆞᄂᆞ니라 【西諺】

褒讚을 밧ᄂᆞ서보다 誹謗을 밧지 말지라 【쉑스피야】

飽食煖衣ᄒᆞ야 逸居ᄒᆞ고 敎가 無ᄒᆞ면 禽獸에 近ᄒᆞ니라 【孟子】

朋友가 만일 眞의 朋友면 是가 金이니라 【란도루후】

工夫ᄂᆫ 幸福의 母니라 【西諺】

勉學은成功의材料니라 【쓴기됴】

一의微笑는十의澁面보다優하다 【西諺】

偉人의計量하는바는德行이니그成功에在치아니하니라 【西諺】

一時의詐欺奸譎에依한利益은마침내多大한損失에終하믈知할지라 【西諺】

盜心은身을殺하는心이니라 【俚諺】

自己의홀일은自己의樂으로思할지라 【호와이도레】

壁에耳가有하고天에口가有하니라 【호와이도레】

艱難은最善의良師니라 【古諺】

果斷은勇氣의上乘이라 【古諺】

幸福은仁愛에서生하다 【西諺】

鏡은容貌를뵈고酒는心裡를뵌다 【格言】

渴하야도盜泉의水를飮치말지라

道德의存한바엔비록匹夫라도窮하미아니오道德의存치아니한바엔비록天下에王하야도通하미아니라 【契嵩禪師】

身은乾薪과如하고瞋恚는火와如하니能히他를燒치못하고먼저自身을焦하느니라 【大日經】

有德의人은珍香과如하니此를碎하고燒할時는殊馨이有하니라 【쎄곤】

危懼의念을抱하면影도其形보다크게뵈느니라 【몬네스기】

實行은最良의師라 【西諺】

信用은現金보다優하다 【獨逸格言】

正直은堅實이오不正直은空虛라 【西諺】

人生의失敗하는原因을見하면그多數는職業의選擇을誤하미라 【마介】

正直한商賈는成功한商賈라 【호와이도레】

賢者는 衆事를 包識ㅎ야 萬機에 不惑ㅎᄂ니라 【出曜經】

善ㅎᆫ朋友와善ㅎᆫ談話는道德의根源이라 【라우스】

存亡禍福은다己에在ㅎ니라 【孔子】

汝의任務를盡ㅎ라모든榮譽는此에存ㅎ니라 【섇썩】

汝의善에圭角을有ㅎ면其効가薄ㅎ니라 【에마一손】

君子는德을懷ㅎ고小人은土를懷ㅎᄂ니라 【孔子】

惟心分賣所

京城 鍾路 通
廣益書館

鍾路 二丁目 八六番地
東洋書院

京城慶雲洞九六番地
張文社書店

京城黃金町二丁目二十一番地
新文舘

懸賞文藝

一、普通文　一行二十四字四十行　內外(鮮漢文體)

一、短篇小說　一行二十四字一百行　內外(漢字아간셕근時文體)

一、新體時歌　(長短格調隨意)

一、漢詩(即景即事)

入選賞金五十錢으로三圓씨지

入選賞金五十錢으로一圓씨지

惟心懸賞應募(1)

一、應募文藝는每月一日內로接受ᄒᆞ야當選호者는그次月號에發表ᄒᆞᆷ

一、懸賞應募는本誌讀者에限ᄒᆞ니本誌의「惟心懸賞應募證」을割取ᄒᆞ야原稿에添付홀事
　　但一人一證으로兩件以上의應募도得ᄒᆞᆷ

一、原稿는精書ᄒᆞ고住所氏名을明記ᄒᆞ며封皮에「惟心懸賞文藝」라特書홀事

一、賞金은入選文藝發表號發行後十日內로發送ᄒᆞᆷ

豈余心之有私
哀衆芳之蕪穢

購讀家의 注意

一、本誌代金은 先金을 要홈

一、送金은 振替貯金法을 利用ᄒᆞ시오(本社振替口座는 五六六五番)

一、本誌를 請求ᄒᆞ실 時는 住所氏名을 精記ᄒᆞ시고 購覽中에 住所를 變更ᄒᆞ실 時는 卽時 通知ᄒᆞ시오

一、本誌에 關ᄒᆞᆫ 事로 回答을 要ᄒᆞᄂᆞᆫ 書信에는 返信郵票를 添送ᄒᆞ시오

定價表

冊數	先金	郵稅	合計
一冊	十八錢	五厘	十八錢五里
六冊(半年分)	一圓○三錢	三錢	一圓六錢
十二冊(一年分)	二圓○六錢	六錢	二圓十二錢

廣告料

等級	特等	一等	二等	三等
半頁	八圓	六圓五十錢	五圓五十錢	
一頁	二十圓	十五圓	十二圓	十圓

大正七年八月二十九日印刷
大正七年九月一日發行

京城府桂洞四三番地
編輯兼發行者　韓龍雲

京城府黃金町二丁目二十一番地
印刷人　崔誠愚

印刷所　新文館
全

不許轉載

發行所　惟心社
京城桂洞四三番地
振替京城五六六五番

大正七年八月二十八日（第三種郵便物認可）
大正七年九月一日發行（毎月一回一日發行）

大正七年八月二十八日（第三種郵便物認可）
大正七年十月二十日發行（毎月一回一日發行）

惟心

第二號

京城　惟心社發行

惟心 第二號 目次

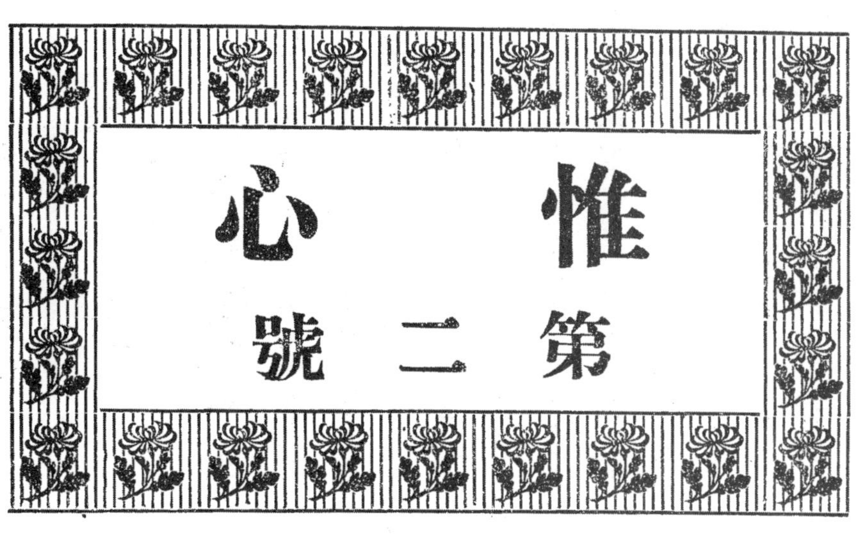

一莖草의 生命

江上數峰의 푸른빗 너머로　白牧丹花가든　한쯩

각 구르미 오른다

무엇보다도　敏速한 나의 腦가 무어슬 늣기랴다가

미처 늣기지못한 그 刹那 구르믄 벌써 솜뭉치가

치 픠여셔 한편 하느를 더퍼온다

仙娥야 그 솜뭉치 좀 빌여라 가벼운 치위를 견

듸지못호는 보드러운 싸글 싸주자

仙娥는 沈默이다 그러나 넘칠듯호 愛嬌 나를 向

호야 同情을 드러붓는 듯호다

어늬겨를에 그리 晴明호든 蒼空 水墨色의 帳幕을

편듯호다

벽개위에 오라는 낫 조르를 쓰눈 沛然호 소리

大旱의 野에 活水가 낫도다

아아 나의 感謝를表호는 視線 새삼스럽게 벌써

개인 江上의 數峰에 대인다

제 아모리 惡魔라도 엇지 마그라 焦土의 中에셔

도 金石을 뚜를듯호 眞生命을 가졋든 그 풀의 物

然을

사랑스럽다 鬼의 斧로도 魔의 牙로도 엇져지못을

一莖草의 生命

京城　惟心社　發行

魔는 自造物이라

何事에라도 자못 魔를 말하지 아니한 處는 無하도다 佛敎에는 天魔를 말하고 耶穌敎에는 魔鬼를 말하고 一切의 事業에는 魔障을 말하야 「好事多魔」라 「道高魔勝」이라 하는 말은 一般 事業界의 話頭가 되얏도다 그러면 魔라 하는 거슨 自體의 生命이 有하야 能히 온갓 일의 前進을 沮害할 만한 魔力을 가진 獨立物인가 그러치 아니하면 사람의 幻想錯覺으로 조쳐 어러나는 空中華나 第二月과 가치 無中에셔 有를 生하민가 만일 魔其物의 自體를 確認치 못하고 徒然히 魔에 對한 疑懼의 觀念을 抱하야 退縮하면 이는녀 무 自殺的으로 自我의 弱點을 表現하미 아닌가 假令 魔는 實在라 하지라도 魔를 征服하고 自己의 뜻과 일울이 딴 者는 자못 其例를 擧하기에 指를 勝屈치 못하리니 宗敎家나 政治家나 學術家나 實業家나 何種의 事業을 勿論하고 前道의 魔障을 會遇치 아니하얏는 人은 無하지라 그 會遇하는 魔障을 排除하고 成功의 彼岸에 達한 者는 모다 魔軍을 征服한 勇將이라 그러고 보면 魔라 하는 거슨 그리 恐怖할 것도 아니라 하며 魔는 天에셔 下降한 것도 아니오 地에셔 湧出한 것도 아니오 鬼의 惡崇도 아니오 敵의 間諜도 아니라 다만 自心의 妄覺에셔 出하는 幻影일 ᄲᅮᆫ이리오 故로 「心體가 光明하면 暗室의 中에도 靑天이 有하고 心頭가 暗昧하면 白日의 下에도 屬鬼가 有하다」 하니라 그러면 靑天의 光明은 곳 自心의 光明이오 屬鬼의 幽暗은 곳 自心의 幽暗이니 疑懼의 反面에는 弓影이 足히 蛇도 되고 白石이 또한 虎도 되는지라 魔라 하면 自己의 心魔를 指하미니 心魔를 除한 外에 別로 다른 魔를 發見코자 하면 是는 形을 隱하고 影을 尋하과 如하리니 엇지 可히 得하리오

世에는 魔의 形狀은 보지도못하고 魔라는 말만듯고셔 恐怖의 念을 起호야 스사로 退敗호는 者도 多호며 前進의 道에셔 魔軍을 逢호야 그를 擊退호기에 多大훈 心力을 傾注호는 者도 有호도다 魔라는 말맙듯고 自敗호는 者는 그 劣弱을 말홀것도업고 魔軍을 擊退호기爲호야 勇猛스럽게 奮鬪호는 者는 그 勇往不敵의 魂膽을 歎賞호기에 蹦躇치아니호리라 그러나 萬魔의 源泉되는 自心의 幻覺을 除호면 魔라는 問題가 根本的으로 消滅될지라 千派萬流의 濁水를 排除호기에 心力을 費홈보다 源頭活水의 一脈을 澄淸호미 何如호리오 狂人의 眼에는 奇怪훈 鬼形이 顯호느니 그 鬼形은 實物이아니오 精神의 異狀으로브러 幻發되는 錯覺의 對象이라 그러므로 良醫는 그 鬼形을 驅除호기에 意를 注치아니호고 精神의 原狀을 回復호기에 力을 致호느니 精神의 原狀을 回復호면 幻發의 錯覺이 止息호고 幻發의 錯覺이 止息호면 本無훈 錯覺의 對象即奇怪훈 鬼形이 自退호느니 天下의 魔는 모다 狂人의 眼前에 映호는 鬼形의 類니라 그러면 魔를 擊退호야 勝利를 得호고 成功의 壇에 立훈 者는 곳 自信의 力을 增長호야 奮鬪努力호미 自己가 最初에 色眼鏡的으로 看호야 擊退호기 困難호다고 誤認호얏든 非魔의 魔가 自然히 消滅호미니 換言호면 自己 最初의 翳眼을 無色透明의 淸淨眼으로 光復홀셔름이니라 恐魔病에 罹호야 縮首縮尾호는 退敗의 天民이여 魔도 自心이오 佛도 自心이니라 自心을 信호는 者의 前에는 魔도 無호고 敵도 無호느니라 立호라 進호라 自信에 軍에

航空器發達小史

原始時代의 人類는 穴居木巢호다가 漸漸智識의 發展을 從호야 陸上에 安居호고 行路에 杖屨車馬를 用호며 陸上의 生活을 超호야 水上의 生活을 企호미 船舶을 造호야 水界를 征服호야 今에는 天水相接의 航路를 開호고 環球

到處에船舶이輻輳ㅎ야少毫도交通의不便이無ㅎ도다 그러나有無兩界의自然을遺漏업시征服코자ㅎ는雄心勃勃의人類는그前道遼遠의企圖가陸上과海上에止홀뿐이아닌즉步를進ㅎ야心力을空界征服에致홈도必至의勢로다 挽近에는航空의術이크게進步되야空中에도또한半面의生活을現出ㅎ니 만일航空術이理想的으로進步되면海陸生活의人類가空中生活의人類가될는지도知치못ㅎ리로다

第一章　空氣球

一、空氣球의發達

航空器의濫觴은空氣球로브러비롯ㅎ얏ㄴ니라 空氣球는原名뻘룬이라稱ㅎㄴ니此는곳圓鳥의意라 그最初의形은球와如ㅎ고空中을飛翔ㅎ는故로此名이有ㅎ얏스나 其後에使用의便利에依ㅎ야或은長圓形或은葉捲形으로臨意製作ㅎ고 又其昇降에用ㅎ는瓦斯와如홈도最初에는熱空氣를使用ㅎ다가水素를發見ㅎ後로는一般이此를用ㅎㄴ니라 此氣球의發達史로言ㅎ면西洋紀元前四世紀의時에아ー시라쓰라稱ㅎ는一哲學者가木鳩을作ㅎ야空中에飛翔ㅎ얏다는記錄이有ㅎ니 만일此記錄을事實이라ㅎ면此木鳩이空氣球의鼻祖卽航空器의發端이될지오 其後一千六百九十四年에佛國宣敎師의著ㅎ書籍에依ㅎ면一千三百六年、支那皇帝戴冠式의際에北京에셔一個의氣球를作ㅎ야飛揚ㅎ얏다는記事가有ㅎ 然ㅎ면氣球의發源은支那가되리로다 또其後一千七百七十年頃에伊太利에서石鹼泡에水素를充ㅎ야高揚ㅎ얏다는事가傳ㅎ고 또其後一千七百八十三年에佛蘭西의」몬드콜후야」兄弟가一萬三千立方尺의大紙囊을作ㅎ야熱空氣를充ㅎ야飛揚ㅎ미 그紙囊은非常ㅎ勢로昇騰ㅎ얏스나熱空氣

의 冷却을 隨ᄒ야 約十分以內에 下降ᄒ눈 事가 有ᄒ야 其時에 飛揚ᄒ든 紙囊의 模型은 今에 佛國에셔 保存ᄒ다 ᄒ니 嚴密ᄒ 事實로 言ᄒ면 空氣球의 元祖눈 實로 此兄弟의 紙囊이라ᄒ리로다

最初에 水素를 使用ᄒ야 氣球를 飛揚ᄒ 者눈 ᄯ한 佛國 巴里大學의 敎授「ᄶᆞ르쓰」外三人이라 同年八月二十七日에 飛揚을 行ᄒ니 그 氣球눈 直經十三呎이라 絹布에 고무를 付ᄒ니 重量이 二十셩도라 此에 水素를 充ᄒ야 飛揚ᄒ야 約三千呎의 高空에 達ᄒ얏다가 氣壓에 破裂되야 約四十五分間에 十五哩의 外에 下落ᄒ니 此時에 民衆은 怪物이 下ᄒ얏다ᄒ야 極力破壞ᄒ얏다ᄒ느니라

二、氣球乘의 元祖

몬트콜휘야 兄弟눈 其後에 不絕의 硏究를 加ᄒ야 麻布로 大囊을 製ᄒ야 其下에 貼紙의 駕籠을 附ᄒ고 其中에 羊鷄鸞各一首를 入ᄒ야 千七百八十三年九月十日에 巴里에셔 放揚ᄒ니 그 氣球눈 僅僅八分間에 下落ᄒ지라 羊과 鸞은 平常과 가치 健康ᄒ고 鷄눈 크게 疲勞ᄒ얏스니 鷄눈 他의 動物 卽 羊鸞에 재窘迫되얏다고 推斷ᄒ니라

佛國의「로—씨아」라눈 冒險家가 氣球를 乘ᄒ얏든 動物의 生命이 無恙ᄒ믈 見ᄒ고 興奮ᄒ야 同年十月十五日에 同兄弟의 製作ᄒ 氣球를 乘ᄒ고 昇揚ᄒ야 겨우四分間에 落下ᄒ얏스나 로—씨아氏눈 實로 世界最先氣球乘客의 成功者니라 同年十一月二十一日에 同氏눈 工夫를 加ᄒ야 自由氣球라눈 거슬 乘ᄒ고 巴里에셔 飛揚ᄒ야 五百呎의 高所에 達ᄒ얏다가 二十分間에 五哩의 外에 無事히 下降ᄒ니라

是로브터 六七日後에 米國費府의 理學院保護의 下에 同市의 科學者二人의 計畫으로 水素氣球에 動物을 乘ᄒ고 飛揚ᄒ야 成功ᄒ민 다서 工人을 乘ᄒ고 飛揚ᄒ니 此눈 美國水素氣球의 嚆矢니라

其後에佛國人옛쓰及로써드의二人은巴里로브터二十七里를飛行ㅎ니其時의高空은二千呎에至ㅎ지라無事下降ㅎ미로써드는다시單獨으로氣球를再乘ㅎ고一萬尺의高空에至ㅎ미空氣가稀薄ㅎ고寒氣가酷烈ㅎ야困迫을受ㅎ얏다ㅎ니氣球의直經은二十七呎이오船形의駕籠을懸ㅎ니長은八呎重은三十빵도오上下의平均을保ㅎ기爲ㅎ야는써라로를携ㅎ고高를測ㅎ며는晴雨計를用ㅎ얏다ㅎ느니라

三, 空氣球의軍用

空氣球는漸漸實用品이되야軍事와氣象觀測에用ㅎ재되얏는대軍事에는最初브터關係가有ㅎ다ㅎ지라空氣球의開祖되는몬트콜후야兄弟는實로佛西聯合軍의實用을爲ㅎ야氣球를發明ㅎ며其後佛國革命의時에는이미規則的으로陸軍中에氣球硏究隊를組織ㅎ고那破崙이墺國과戰ㅎ時에도氣球를使用ㅎ야戰功을助ㅎ고阿弗利加征伐에도功勞가有ㅎ얏스나不幸히那破崙의戴冠式을行ㅎ際에飛揚ㅎ든氣球가「테로」의記念像에衝突ㅎ야破壞된故로以來人人에게歡迎을밧지못ㅎ얏다ㅎ느니라

米國에셔는南北戰爭의時브러兩軍이共히使用ㅎ고米西戰爭의時에는米國의氣球가사ㅣ베라쓰艦隊를發見ㅎ야奇功을奏ㅎ고普佛戰爭의中即一千八百七十年에敵의重圍에陷ㅎ야垓心의困에在ㅎ時에巴里市로브러七十三個의郵信氣球를放ㅎ야全國에向ㅎ야그苦境의事實을通信ㅎ을서氣球의中에返信用의傳書鳩를搭乘ㅎ야그多數는返信을帶ㅎ고回翔ㅎ야通信의目的을達ㅎ느니라

四, 空氣球의別錄

空氣球搭乘의記錄에依ㅎ면西曆一千八百五十九年에米國의「와이쓰」氏는聖路易으로브러紐育의헤니써

손새지約九百五十哩를九十時間에乘行ᄒ고後四十年을經ᄒ야一千九百年에佛國人쎄울及쎄뉴롤의二伯은佛國베니쎈누로브러露國고로쓰데이우세지千三十九哩의長距離롤三十五時間四十五分에達ᄒ니以上은最長距離의飛行이오長時의飛行으로言ᄒ면瑞西의空中俱樂部員스지약구中佐는最近一千九百九年에伯林으로브러飛揚ᄒ야七十二時間을空中에셔經過ᄒ後那諾의海邊에下降ᄒ고其最高飛揚은一千八百六十二年에쌔레샤及코쑤쓰우엘의兩氏가無慮三萬六千九十呎의高空에達ᄒ얏으나近來의實驗에依ᄒ면空氣中의酸素가二萬九千五百二十呎의高以上에는無ᄒ다ᄒ니右의事實은信ᄒ기難ᄒ고其後獨逸쎄손及쑤롯스의二敎授는一千八百九十四年에二萬八千七百五十呎의高에達ᄒ얏다云ᄒ고쏘쎄손氏와스틘쑤氏는一千九百一年에酸素槽롤帶ᄒ고確實히三萬五千四百呎의高空에上ᄒ고最近一千九百八年에白耳義國의앗쑤루測候所에셔放揚ᄒ氣球는九萬四千二百七十五呎卽十八哩餘의高所에達ᄒ얏스나此氣球에는人은搭乘치아니ᄒ고오즉自計器롤裝置ᄒ야그昇騰의高度롤自計ᄒ미니라

第二章 航空船

航空船은即航進氣球니球形의氣球는空中을進揚ᄒ기不便ᄒ故로船形쓰는葉捲形으로改良ᄒ야最初에는帆을用ᄒ얏스나後에는原動力의器械롤用ᄒ얏도다그러나航空船은그裝置가困難ᄒ야아즉完全ᄒ構造가發明되지못ᄒ니라空氣中에飛揚ᄒ랴면空氣보다非常ᄒ輕量을要求ᄒ지라水素가如何히輕ᄒ다ᄒ되空氣十四分의一强에不過ᄒ니假令直經十呎의球形에空氣의重量이七十六색도라ᄒ면水素는六색도가될지라差高七十색도가浮力이될지니그構造體의重量은此의範圍롤

超過치못호지라非常호輕質에强靱을兼호物이아니면構造體의材料되기不能호지오쏘한水素보다如何히輕호氣體即重量이絕無호氣體를發見호다호야도直經十呎의球形積에對호야水素의輕量보다六百도의減殺를超過치못호지오水素를用호야도長四百四十三呎直經四十二呎의氣球에充호는水素는二千圓의費用을要求호느니엇지容易호事業이라호리오

一、 航空船의發達

航空船의最初成功者는一千八百五十二年에試揚호佛國세후아쏘氏의空船이라靜和호日에는一時間最速力七哩半의航進을逐호고一千八百七十年에佛國人로무가二葉의推進器를附호空船을試호니此推進器는乘員八人의腕力으로運轉호얏스나오히려微風의時에는一時間二十六哩의速力을現호고千八百八十四年에佛人례쓰쌴례아外二人의空船은一馬力半의電氣發動機를備호야直經九呎의二葉推進器를運轉호야橫斷曲乘을試호고一千九百一年에伯西爾의一靑年은長百八呎直經二十呎에十六馬力의瓦斯倫發動機를備호空船을乘호고巴里에셔約三十分間에九哩의距離를飛揚호故로賞金三萬圓을獲호고佛人루샏-세이兄弟는千九百三年에長百八十五呎直經三十二呎의航空船을造호야四十馬力의瓦斯倫發動機를用호야一時間二十四哩의速力을出호고英國에셔最初成功호者는스벤사博士及其他二博士의製造호者ㅣ니그最後에造호者는長百七十呎直經四十呎에五十馬力의瓦斯倫機關二個를附호얏느니라

二、 航空船의別錄

最近各國의陸軍에셔用호는航空船은英의쎄피佛의리쌔-세及루푸퓨리ㅅ우獨逸의쿠로쓰及쎄세피알等이가장有名호지라就中英의쎄피는小形으로速力이겨우

七哩에不過ᄒᆞ나種種의曲乘에便利ᄒᆞ고佛의리쎄一세及쎄세과알의二空船은元來露國의委托에依ᄒᆞ야造ᄒᆞᆫ거시오最後에造ᄒᆞᆫ者는長百八十呎直經三十三呎이오容積十八萬立方呎이니其構造가精巧를極ᄒᆞᆫ지라二回의試乘에共히五時間餘를空間에留ᄒᆞ고獨逸의쿠로쓰型은容積二十七萬立方呎에發動機二個를備ᄒᆞ야七十五馬力을有ᄒᆞ고日本의軍用空船은日露戰役의際旅順包圍의中에山田猪三郎의設計로長百十呎에五十馬力의瓩斯倫發動機를備ᄒᆞᆫ一小空船이有ᄒᆞ얏고一時世間의注目을受ᄒᆞᆫ者는우에루만의北極深險用의航空船아메리가號는長八十四呎直經五十二呎容積二十五萬八千五百立方呎에推進器二個를備ᄒᆞ야總計七十五馬力을有ᄒᆞ고別로八十馬力의預備機關을裝置ᄒᆞ야周到ᄒᆞᆫ用意를極ᄒᆞ고坐巨額을費ᄒᆞ야年年幾回씩北極을向ᄒᆞ고航空ᄒᆞ야北極을去ᄒᆞ기三十哩의空點ᄭᅥ지接近ᄒᆞ얏느니라

現代에가장有名ᄒᆞᆫ航空船은獨逸의伯爵쓰에쩨린氏의創作에係ᄒᆞᆫ쓰에쩨린型이니同氏는世界的航空家이므로今日航空船의成敗는同伯의雙肩에在ᄒᆞ다ᄒᆞ느니라同氏의主義는空氣의抵抗을少케ᄒᆞ기爲ᄒᆞ야氣球를細長케ᄒᆞ고자ᄒᆞ나實行의困難ᄒᆞᆫ點은即氣球가細長ᄒᆞ면中折ᄒᆞ기易ᄒᆞ고球形보다破壞의端을招ᄒᆞ기比較的多ᄒᆞ지라故로十七個의氣球를一連ᄒᆞ야細長形을作ᄒᆞ고舵를附ᄒᆞ야上下左右의運動을起케ᄒᆞ며十九世紀의末葉으로브터큰쓰단쓰湖畔에셔長五百呎廣八十呎高七十呎의空船收納庫를設ᄒᆞ야船과如히水上에浮케ᄒᆞ야風吹의方向대로行止ᄒᆞ는故로空船을出入ᄒᆞ메極히便利ᄒᆞ게裝置ᄒᆞ며最近에長四百四十六呎速力一時間二十五哩乃至三十哩의空船을造ᄒᆞ니同伯은航空船에對ᄒᆞᆫ功勞로獨逸政府로브터保護金을受ᄒᆞ느니라

第二章　飛行機

一、飛行機의發達

航空器中氣球及空船은瓦斯의力으로昇降ᄒᆞᄂ者이나飛行機ᄂ自力으로昇揚ᄒᆞᄂ니라飛行機에對ᄒᆞ야硏究ᄒᆞᄂ者가不絕ᄒᆞ얏스나다失敗에歸ᄒᆞ고最初의成功者라稱ᄒᆞᆯ者ᄂ썩이젠氏의皷翼飛行機라氏ᄂ去今約百年前에二個의傘을幷合ᄒᆞᆫ것과如ᄒᆞᆫ飛行機ᄅᆯ造ᄒᆞ야自乘ᄒᆞ고五十四呎의高空에昇ᄒᆞ니其傘의總面積은百四十六平方呎이라그러나그內面에氣球ᄅᆯ用ᄒᆞᆫ故로飛行機의成功者中에數ᄅᆯ加치안ᄂᆫ者도有ᄒᆞ니라一千八百八十三年에濠洲人하우레프ᄂ前後十八箇의皷翼飛行機ᄅᆯ作ᄒᆞ얏스나八의腕力으로皷翼치못ᄒᆞᆯ줄을覺悟ᄒᆞ고機械力을試ᄒᆞ야千八百九十六年에三百四十三呎을飛行ᄒᆞ고ᄯᅩ一時間十七哩의速力을示ᄒᆞ니是와如히苦心發明의結果、雙葉飛行機의先祖가되니라

伊太利人ᄇ인씨라ᄒᆞᄂ者ᄂ螺旋推進器ᄅᆯ備ᄒᆞ야螺旋式飛行機ᄅᆯ造ᄒᆞ얏스나失敗에歸ᄒᆞ고後에佛人의手에移ᄒᆞ야此主義로玩具의飛行機ᄅᆯ造ᄒᆞ얏스나實用에ᄂ至치못ᄒᆞ고千九百八年에싹레우엣도螺旋式飛行機ᄂ最高十五呎을昇ᄒᆞᆫ지라螺旋式은空葉式과相似ᄒᆞᆫ故로今에ᄂ此兩者ᄅᆯ調和ᄒᆞ야螺旋空葉式이라ᄂ新案을提出ᄒᆞ야硏究ᄒᆞᄂ中이니라

空葉式飛行機ᄂ飛行機의主位에在ᄒᆞ니今人이飛行機라稱ᄒᆞ면大盖空葉式을指ᄒᆞ미라空葉式飛行機ᄂ構造가簡易ᄒᆞ야經費가低廉ᄒᆞ고昇騰力과航進의速度에至ᄒᆞ야도自由로加減ᄒᆞ며飛行의練習도容易ᄒᆞᆫ지라此空葉式의中에ᄂ單葉式雙葉式重雙葉式三葉式多葉式等의多種이有ᄒᆞ니라此式의最初成功者ᄂ쿠레멘드아씨라彼ᄂ歐洲電話事業의先鞭者라一千八百九十一年에

長五十四呎의 蝙蝠型飛行機를造ᄒᆞ니 重量은千百쑹도
오三十馬力의 蒸汽機關과四葉의 推進器二個를裝置ᄒᆞ
니其經費는 無慮二十四萬圓을費ᄒᆞ얏스나 其結果가良
好ᄒᆞ야千六十四呎의 距離를飛行ᄒᆞ고空葉式元祖의名
譽를得ᄒᆞ니라、次에루이、푸레리오는二千九百八年에最
小型、最小馬力、最速力의 空葉式飛行機를造ᄒᆞ야自乘
ᄒᆞ고英蘭海峽을橫斷ᄒᆞ므로雄名을天下에擅ᄒᆞ니라又
씨뉴一로는 滑走飛行機를試ᄒᆞᆫ事가二千回의多에至ᄒᆞ
얏다傳ᄒᆞ고其最後의造에屬ᄒᆞᆫ鳥翼類의 飛行機는特許
를得ᄒᆞ니라、近代의有名ᄒᆞᆫ飛行家라이르兄弟는最初
에數百種의 紙鳶을試ᄒᆞ고次에各種의人力滑走機를造
ᄒᆞ야鍊習을試ᄒᆞ고後에自動推進機를裝置ᄒᆞ야所謂라
이드式의 空葉式飛行機를創造ᄒᆞ니라一千九百八年에
兄은米國에셔弟는佛國에셔各히飛行을試演ᄒᆞ새그飛
行距離와飛行時間에對ᄒᆞ야前代를凌駕ᄒᆞᆫ故로一時의

雄名을轟ᄒᆞ고其後에三名의 墜死者를生ᄒᆞ야名價가稍
減ᄒᆞ니라、其外에二種의 研究의苦心을歷ᄒᆞ야飛行
機에對ᄒᆞᆫ多大의 供獻을致ᄒᆞᆫ者가一二에止치안ᄂᆞ니라

二、飛行機의製材

飛行機의 體材는少ᄒᆞ야도四의必要條件을要ᄒᆞᆯ지니
(一)重量의 極輕ᄒᆞᆫ事 (二)强靭ᄒᆞ야 支持力에富ᄒᆞᆫ事
(三)細工의 雕刻에適ᄒᆞᆫ事 (四)耐久力의 壽命을保ᄒᆞᆫ事
라天下의材料가實로寥寥ᄒᆞᆫ지라從來로用ᄒᆞᆫ者는比較的
適合ᄒᆞᆫ者는實로森羅萬像이라ᄒᆞᆯ겟스나各標準에
一二의標準에適合ᄒᆞᆫ材料를擇ᄒᆞ미니林檎樹、秦皮樹、
赤楊、楡、楓樹、白楊、樅、柳等이니林檎樹、秦皮樹、赤
楊、楡等은强靭ᄒᆞ야支持力에富ᄒᆞ고楓樹、樅은輕量을
取ᄒᆞ고白楊、柳는强靭과輕量을兼ᄒᆞ니라
金屬은多少의 鐵絲와板鐵를用ᄒᆞ나니其質은合金鋼
이最良ᄒᆞᆫ지라合金鋼은近年의 發明에係ᄒᆞᆫ合金이니

素와 鐵에 他의 少量의 金屬을 混合한 者니 其他에 도 綿布塗漆等을 用하나 此는 記錄할 價値가 無하니라

三、飛行機의 發動機

飛行機發動機의 選擇標準은 第一은 重量이 最少한 事 第二는 容易히 故障이 生치안는 事 第三은 動搖에 堪耐하는 事 第四는 放置하야도 長時間의 運轉을 繼續할 事 等이라 現今普通으로 用하는 거슨 瓦斯倫發動機니 重量이 最少한 故라 特別히 飛行用으로 造하는 者는 一馬力에 對하야 一쌍도半 乃至 二쌍도이니라 蒸汽發動機는 飛行機에 도 用하고 自働車에 도 用하나 重量이 稍重하니 一千八百九十二年에 하우레브氏의 造한 者는 一馬力에 對하야 約六쌍도라하느니라 電氣發動機는 運轉上에 便利한 點이 多하나 重量이 特重하야 一馬力에 對하야 約十五쌍도라 하며 此外에 도 空氣或液體等을 鋼의 汽筒中에 貯하야 發動力을 生하나 아즉完美한 効能을 得지 못하얏느니 研究에 硏究를 加하고 經驗에 經驗을 積하면 完成의 運에 至하을 預測하리로다

第四章 航空器의 効用

各種의 航空器는 아즉 進步中에 在한즉 確實히 其効用을 論斷하기 難하나 圓滿히 發達하면 其効用은 奇警廣大하야 想像以上에 至하리라 現今에는 軍用에 對하야 多少의 効力을 收하느니 軍容探偵爆烈彈投下、軍事通信에 用하며 郵便輸送、新聞紙分傳에 도 用하나 아즉 普及지 못하얏도다 發明에 發明을 加하야 理想的의 發達에 至하면 各國에 陸軍海軍과 가치 空軍部를 設하야 空軍大臣이 出現할는지도 知치못하고 一般人의 自由飛行을 得하는 運에 至하면 人界와 天國의 中間에 空國이 建設될는지도 知치못할지니 此等의 推測이 滑稽에 近한듯하나 事實의 實現은 實로 龜毛兎角의 類가 아닐지라 存在한 問題는 時間쌘이리라

第五章 航空事業에對한 各國의 獎勵

佛國 政府의補助는一千九百八年度에四萬七千七百磅을支撥호고別로陸軍大臣이五千法을出호고同年度의民間支出은八十二萬七千五百法에至호고其他各種氣球俱樂部、佛國航行協會、佛國航空俱樂部、籠城航空俱樂部等이各各保護獎勵의任에當호니라

獨逸 皇帝는쓰에린伯에게百萬馬克의富籤發行權을與호고政府로브러同伯에對호야每年十萬七千五百磅을補助호고別로氣球隊를爲호야年年二萬六千二百三十磅을補助호고一千九百十年度의民間支出은二十六萬五千磅이오又쓰에伯의災害義捐金으로百萬弗을醵出호고其他各種氣球俱樂部、帝國國立航空俱樂部、獨逸氣球聯合協會、伯林氣球俱樂部等이有호야各各、保護獎勵의任에當호니라

英國 政府의補助는一千九百八年度에五千二百七十磅이오別로議會에셔七十八萬磅支出의案을可決호고英國飛行協會에셔約十五萬磅을出호고모닌구、호스로新聞社에셔大誘導氣球一箇의製作費를提供호니라

露國 皇帝는一千九百七年에飛行機製作에充홀特別資金義捐金募集을裁可호고其他各種氣球俱樂部、露國航空俱樂部、오쎗사航空俱樂部等이有호야保護獎勵의任에當호니라

米國 은아메리가航空俱樂部、航空協會、萬國航空學校及各種俱樂部가有호야保護獎勵에努力호느니라

伊太利國 은政府의補助金六萬法으로리쌀든及쿠로쓰兩大尉의發明호誘導氣球의發明權을買上호고其他各種氣球俱樂部、伊太利航空協會等이有호야保

護獎勵의任에當ᄒᆞᄂᆞ라

白耳義 皇帝ᄂᆞᆫ航空器發明獎勵賞金一千磅을下賜ᄒᆞ고白耳義航空俱樂部及各種氣球俱樂部에셔保護勵獎中이니라

墺國 政府ᄂᆞᆫ一千九百九年度에三十五萬磅을補助ᄒᆞ고其他各種氣球俱樂部、上部墺國航空協會、軍用航空學校等이有ᄒᆞ야保護獎勵의任에當ᄒᆞᄂᆞ라

以上의外에一千八百九十六年에巴里에셔萬國航空研究委員會ᄅᆞᆯ組織ᄒᆞ야會長은獨逸人아셰제루博士ᄅᆞᆯ推薦ᄒᆞ고又巴里에常置萬國委員會가有ᄒᆞ야三十名의委員을置ᄒᆞ니陸海軍軍人、博士、技術家等으로成ᄒᆞᄂᆞ라

附航空家의趣味

航空의事業은實로尋常ᄒᆞᆫ人이堪任ᄒᆞᆯ배아니라一落萬仞의高空을航行ᄒᆞ랴면萬慮의外에過誤ᄅᆞᆯ生ᄒᆞᆯ기易ᄒᆞ고一念의錯에危殆에瀕ᄒᆞ기易ᄒᆞᆯ지니엇지小膽劣腦漢의堪任ᄒᆞᆯ事ᄅᆡ오그러나渺然ᄒᆞᆫ一機ᄅᆞᆯ操縱ᄒᆞ면셔海潤天長의蒼空에셔高鳥歸雲을伴ᄒᆞ야下界의塵寰을俯視ᄒᆞ고星界의攀登을擬ᄒᆞ야縱橫自在ᄒᆞ면그豪膽、遠想、爽然、壯快、天下에다시何事가有ᄒᆞ야此에過ᄒᆞ리오朝鮮의靑年感想이何如

科學의淵源

一記者

一、黃金의王冠

距今二千二百年希臘古談에잇는히로라ᄂᆞᆫ王이 언의째에金匠을命하야 黃金의冠을만들녓더니 조금疑點이잇서 當時希臘의第一數學者아르키메데쓰에게「이冠이과연純金으로만든것인지 匠色이혹、朕을속여 金에다銀을석지나안이한지 그것을알道理가

업슬가」 하고　물으시니　아르키메데쓰가　삼가히　다」는 그것이니라。

勅令을뵈옵고　宮廷을退出하얏스나　엇더케하야서　넘어簡單한말이라고하야　좀더仔細한說明을要求

그것을알어낼가하고　晝夜로생각하되神通한생각이　할것가트면　여게一尺立方의돌이잇다고假定하고

나지안이하니라　그돌을물에다녀흐면　돌이물보담무거운것가　가려

하루는아르키메데쓰가　沐浴집에를가서沐浴桶으　안기는가려안지마는　물에다녀코돌을들어보면　매

로톰방들어가던瞬間에　소리를버럭지르며「올치알　우輕한듯하니라　안이라　實際로輕하야지는것이니

엇다　이러케하면된다」하고　그대로沐浴桶에서뛰　그러면얼마나輕하야지는가　아르키메데쓰가沐浴桶

여나와　衣服도입지안이하고　발가버슨채로洞里가　으로톰방들어가던瞬間에　그것을直覺하고　집으로

온대를　빌다름질쳐　집으로도라오니　그이는沐浴　도라와셔實驗을하야본즉　파연自己의생각한대로되

桶안에서　무슨일을생각하얏는가　二千餘年後의우　니　即一尺方의돌일것가트면　역여시　그돌과가튼

리들이　中學校物理學敎科書中에서發見하는「아르　萬큼의容積一尺立方의물무게만큼　그돌이輕하야지

키메데쓰의原理」라는것이　이러케沐浴집沐浴桶안　는것이니라。

에서發見된것이라　여러분도아시는바와가치「아르　黃金의冠을물에다녀허서다는째에　얼마쯤무게가

키메데쓰의原理」라는것을簡單한말로하면「物體로　輕하야지는지그것을알것가트면　黃金한돈重의容積

부러排除된液體의重量만큼物體의무게가輕하야진　이얼마나되는지를　쳐음부터알터인고로　곳、計筭

하야 金얼마重으로冠을만들엇는지 그것이령락업시 나오는것이니 地球上에人類가滅亡하지안이는동안에는希臘人아르키메데쓰의일홈이 그發見한「아르키메데쓰의原理」와가치 永遠히이저버리지못하게되나니라。

이時代에발서 언의一派의天文學者로부러地球는 둥군것이다 팽이가치 빙빙도는것이라는學說이唱道되얏스나 그네들이 그證據를들지못하고「졍말둥군것이오、 도는것이라」는것만밋고잇스되 여러學者들은地球가그러케 둥군것이라고는밋지안이하고 더욱이 빙빙돈다는것은 좀쳐럼생각이가지못하야 다、한바탈로、地球는平方한것이어라 한옷가면필경바다가되는것이라고밋고 太陽의周圍를一年을걸려一週한다는것은 꿈에도생각하지안이한지라 그리하야우리가 住居하는地球는 어듸써지런지宇宙의中心이오 日月星辰은地球와人類의繁榮을축슈하기爲하야存在한것이라 天主는우리를爲하야 이러케創造한것이라고 깁히밋으니라。

이러한思想이十六世紀末葉써지 綿綿히連續하더니 一千六百年代의初에伊太利피사人샬릴레오가 코페르니쿠쓰의學說에依하야「地動說」을唱道하야그 不朽의名著「宇宙의組織」이 一千六百三十二年에出版되던卽時、「羅馬法王알반八世가「放恣한놈」이라하야 샬릴레오를폴로랜쓰에서羅馬로잡어다가 牢獄에가두니라。

二、 선슐집의요한

距今三百三十年前 瑞西國境위르덴쏙르흐의窮僻한시골에 그아버니를助力하야 선슐집중놈이노릇을하던요한이라는몸은쳠약하고血色이죠치못한아희가잇서 昨年써지本洞學校에단이다가 陸軍士官으

로 잇던 그 아버니가 엇질 수 업는 事情으로 親舊의 빗에 保證을 선 것이 破家의 張本이 되야 남의 빗을 써 안고 이런 일 저런 일로 軍隊도 내노코 畢竟 선술집을 始作하야 다른 사람을 두지 안이하고 父子 세리 들어서 죠금만한 가가를 버리니라。

아버니는 軍人退物、 요한은 생먹은 꿈의 상판 가든 부침성 업는 아희인즉 가가가 興旺할 理가 업서 그럭저럭 三年쯤 하다가 이 첨약한 아희가 寺院의 學校로 가게 되니 술집에는 適當하지 못하야도 元來 感覺이 빠르고 窮理를 조화하는 요한이 十八歲 되도록 써지 寺院生活을 하다가 마침내 아모 거침업시 듀빙겐大學에 入學하야 數學을 專門하나니라 그리하야 이 大學에셔 쳐음으로 有名한 코페르니쿠쓰의 太陽系에 關한 學說을 듯고 그 銳敏한 感覺이 이 地動說에 接觸되는 即時에 寺院生活을 하야 敬虔의 念이 深篤한 그의 마음에 一大革命이 起하야 아쥬썬 사람이 되다십히 하니라。

이 요한이라는 靑年이야말로 아는 사람은 아는 十六世紀間에 코페르니쿠쓰의 地動說上에 다시 一步를 前進한 獨逸의 大天文學者 요한 케플레르라 三百年後의 우리들이 地球의 軌道는 橢圓形이오 太陽은 그 燒點의 一인 것을 아모 의심업시、 서로 이역이하게 된 것은 모도 케플레르의 恩德이라 그 以前의 天文學者는 코페르니쿠쓰나、 쌀릴레오 가든 이들도 惑星의 軌道가 圓周라고 밋엇더니 케플레르가 이 法則과 다른 二法則、 即 一體로 「케플레르의 法則」이라는 惑星運行의 發見의 三法則을 發見함에 當時 「天文學者의 巨擘」으로 見稱하던 丁抹 치코브라헤先生에게 적지 안이한 恩惠를 바덧스니 치코브라헤先生이 여러해 동안 苦心한 結果로 蒐集한 天體觀測上의 數字를 롱히 들어 케플레르의 보는 대로 내막겨 치코브라헤의 眼力과 케플

플레르의 頭腦가 이千古不磨의 眞理를 發見하나라。 가령磁石의力가든것을 諸星의우에 動作시키는것이

무슨새닭인지 天才者에는 疾病잇는이가만하니 남안인가하고 想像하얏스니 永遠히 그일홈을 抹殺할수

도아는바와가치 쓰윈은 病苦와싸우면서 그만한事업는늬우론의萬有引力發見은 이러한先覺者가잇서

業을하얏고 늬우론도 어렷슬째부터 弱質이엿스나서現出함이듯하도다。

케플레르로말하면 더욱甚하야 疾病의몸으로營養

三、後園의一隅

이不良하고 제다가眼力이부실하고 그리하야貧窮、 羅馬法王알반八世에게잡혀 갓가지로獄中生活의

그러고도능히 火星의運行을十餘年硏究하야 그軌辛酸을맛본쌀릴레오가 一年을남어지내여、다시世

道가圓周가안이오 楕圓인것을明確히하얏스니 그上구경을하게된뒤로는플로렌쓰의아세르리에閒居하

것을發見하던時에 그이의나히 발서四十에갓가우야 그晩年을보냇스나 그동안에는別로보암직한일

니라。 도업고 一千六百四十二年에 七十八歲를一期로하

또한가지놀라운일은 地球며火星、그他太陽系에야이世上을하직하니 그이가죽던그해聖誕祭日은 英

屬한惑星이이와가치 楕圓의軌道를前進하야 連續國린컨州의울쓰솝農民의집에서 아이삭늬우론이出

不絕、太陽의周圍를運行함에는 이러한惑星과太陽生하던날이라 쌀릴레오가죽던해에 늬우론이出生

사이에 무슨서로牽引하는힘이잇서야할줄로생각하함은奇緣이라할지로다。

고 그리하야、그이는、畢竟、太陽이혹무슨不斷의力늬우론은 出生하면서부터 父母의緣이적은사람

이라 그아버니는 그가나키前에죽고 그어머니는 그가두살먹던해에 이를버리고 他處로改嫁하야 엇먹을때부터祖母의手에서生長하니라 그리하야 十三歲까지學校에단이다가 農民의집일인즉 오래學校에만단일수가업서 그해부터田事를하게되얏스나 몸이워악첨약하야 누가보던지 세찬農夫노릇을할가십호지안이하야 그집에서도 엇절수업시斷念하고 여러가지로變通하야 다시學校를보내기로하야 그뒤부텀은 學校生活을하더니 十九歲에켐브릿지大學의免費生이되야 그뒤六年동안에는 이왕人類가한發見中에서 가장 雄渾하고永遠한生命을有한幾多의大發見의基礎를立하니라。

一千六百六十五年은 英全國內를通하야 傳染病의大流行이잇던해라 켐브릿지大學에서는 疾病이屛息하도록써지 寄宿舍를閉鎖하고 授業도休憩하게되니라。

太陽과惑星의關係에就하야 오랫동안 懊惱하던二十一歲의늬우론은 이太陽系全體를支配할中心力은 엇더한것인고 케플레르의研究에因하야 明確하게된 火星의軌道와 運行의速度는 아모리하야도 太陽에서무슨힘이 나지안이하면 안이될것이오 그뿐안이라 木星이라던지 地球를中心삼어 運行하는달이라던지 무슨힘이中心이되야 이런것을牽引함이안인가 換言하면 太陽系全體가 一個의物로서 훌륭하게調和合이안인가하고 이일에思念을沈潛하면서 울쏩本家로도라오너라。

開寂한 그이의故鄕은 研究하기에 아주適當한곳이라 뒤원果木밧헤로가서 항상勞心하는太陽系의問題에就하야 생각하더니 첫가을언의날夕陽에 더펄더펄한떠리를 뒤로느리고 양녈은검은帽子를쓰고쏘

그 果木밧헤 와서 거게 노인 交椅에 거러안저 如前히 專心을 그 問題에 沈潛하기 始作한 째에 뚝하고 林檎이 그 깃헤 써러지는지라 그이는 그만 소리를 버럭 지르던 瞬間에 禪家悟道의 妙諦와 가치 그이의 疑團이 풀리니라。

그이가 이 刹那의 破惑은 오직 太陽系에 限한 小小한 것이 안이오 宇宙의 宏大로부터 分子의 微細써지 엇제든 物質이라는 物質은 그이가 發見한 萬有引力의 支配를 밧지 안이하는 것이 업는지라 그이는 數學的으로 이것을 證明하야 「프린스피어」라는 科學者의 聖書가 出版되얏스니 이 出版에는 할늬彗星으로 有名한 베드몬드할늬가 적지 안이한 힘을 썻스니 元來할늬는 늬우톤의 惟一한 良友로 財産이 富裕한 고로 自己가 돈을 내여 늬우톤의 「프린스피어」를 出版한 것이라 늬우톤의 三大發見(萬有引力、光線分析、微積分學)의 一은 이러케하야 된 것이니라

四、可驚할 一封書

항상 消化不良으로 괴로히 지내는 셔윈도 一千八百三十七年에는 二十八歲의 靑年이 되나라 그이가 六年이라는 永久한 동안을 南洋航海에 月給업시 博物學者로 探檢船에 搭載하야 大西洋의 南部、亞米利加의 沿岸 等地 生物을 硏究하고 觀察하고 摸寫하야 그 結果로 어든 무슨 놀라운 思想을 胸中에 深藏하고 歡天喜地하야 本國으로 도라와 六七月 盛暑에 故鄉 슐스버리 僻村에서 航海中의 抄錄을 整理하고 附近을 散步함에는 自己의 偉大한 무슨 目的으로 하야 한눈도 팔지 안이하고 觀察思索을 繼續하나라。

그뒤 二十年間은 장가도 들고 아달도 나허 家庭上의 變化는 잇섯스되 그他에는 아모 다른 일도 업시 經過하나라 그리하야 이 長久한 동안、그이의 生活은 몽히

이 偉大한 思想을 具體的으로 實現하기 爲하야 허비되니 그 書齋에는 各色의 材料와 筆記帳이 山과 가치싸혓스되 오히려 이 한가지 研究에 向하야 努力을 부리지안이하고 그리하야 四十九歲가 되던해에 하로는 馬來半島에서 四年쯤 熱帶植物을 研究하얏다는 一靑年學者 알프레드、럿셀、월레쓰에게서 一論文을 添附하야 진片紙가 到達하니라。

써윈이 그 論文을본즉 自己가 二十餘年間 그일에만 精力을 集中한 가튼 問題가 記載한지라 처음에는 놀래여 다시 그 論文을 다 닑은뒤에 沈思默量하다가 自己의 研究는 爲先 그대로 世間에 發表하지말고 如前히 研究를 더 하기로하고 이 無名한 一靑年의 研究를 社會에 發表하랴고 決心하얏더니 그째 마침 親舊가 來訪하야 自初至終과 그이의 決心을듯고「그것은안될말이네、자네가 그러케 오래동안 研究도하고 觀察도하야 훌륭한 大論文의 材料가 다 되야 잇는데 그것을 發表하지안이하고 이 靑年의 것만 發表한다는 것이 우습지안이한가 내가 자네의 親舊로 默過할수가업스니 상관할것업시 자네것을 몬저 發表하게」하고 정다우히 勸하는지라 그러면 두가지를 가치發表하겟다하고 월레쓰의 承諾을어더 그年內로 倫敦「린네學會」에서 두가지 論文을 同時에 發表함은 一千八百五十八年의 일이니라。

이것은 有名한이약이로 누구던지 모로는이가업스나 써윈을생각할쎄마당 우리의 念頭에 몬저이러나는 것은 그째 그이의 態度니 써윈은 그째 四十九歲라 겨우 四年동안을 研究觀察한 結果로 急히 作成한 三十五歲된 월레쓰의 論文에 敬意를 表하야 自己가 二十餘年 研究에 研究한 大論文과 同時에 發表케한것은 그 德義에 感服하지안이할수업슴이라 十九世紀中葉以後의

思想界、學術界를 根本부러 震撼식힌「進化論」은이러

케하야 이世上에 現出한것이니라。

科學界의 大天才써윈은 그後二十四年을지내며 諸

多의硏究와 著書와 自己를繼跡할만한 四人의아달을

이世上에서치고 웨스트민스러寺院에잇는 늬우톤의

墳墓엽헤 장사하고 쏘 윌레쓰는 四年前섯달에九十

歲의高齡으로 이世上을써나니라。

人格修養의初步

林　圭

新時代에는 新人物을要하고 新人物에는新修養을

要하느니 古聖先賢의言行이 그精髓는傳하야足히써

今人을啓發할지라도 時가異함으로因하야用이스사

로異하고 境이不同함으로由하야 事가쏘한不同하니

一竿風月로 江湖에 放遊하야 그閒寂을 樂하던古人

胸懷는 措하야 今人을 導하지못할지오 脫然히塵表에

立하야一世를傲視하고 獨自高尙하던古人의氣宇는

가령欽慕할價値가 有하더래도 世間과沒交涉함에至

하야는 學하야써今人의法을삼지못할지라 一簞食一

瓢飮으로 陋巷에處하야 그樂을不改함은生活問題가

困難하지안이하던 古昔에는 可히稱揚하얏슬지라도

生存競爭이激甚한 今日에在하야 누가이陋巷의君子

를顧하리오 今으로써遽히古를笑하지못함과 如히쏘

한古로써 直히今을律하지못할지니라。

剛毅果斷、 事에臨하야屈하지안이하는勇者의精神

은今人의勉學할바이로되 그殺伐粗暴、身命을視함을

草芥와如히하는血氣에至하야는 決코避하지안이처

못할지오 敬虔의念이火焰과如하야 熱烈의信이能히

人을感動하는聖者의事業은 今人의模範이될만한것

이多하되　그 迷妄의固着은蹈함에踟躇하지안이치못는靜의外에動이有하고儉의外에勤이有하며　더욱그할지라　要는當世에處하야有用의材가되야　新時代의修養하는바는人格全般에亘합으로　그目的은心田耕新要求에應하야　新手腕을試할素質을養得함에在하耘이라는一面에만存하지안이하고　別로히身體馴鍊니　如何히하야그 素質을養得할가 이, 우리가諸子와의一面에在하노라。共히攻究하고쟈하는主要問題니라。　대개精神과身體는共히全圓의內外라　內로부터見하修養이라는語는그 意義가不一하야　普通의意로解면凹합과如하고外로부터見하면凸합과如하되　그는釋하면 英語의컬튜어라함은耕耘의意니 心田을耕耘觀者의立脚이不同합이오　圓그물건에二가有합이안하야그收穫을得한다함이오　獨語의셀딩이라함은作이라　主觀的으로心이라呼하고客觀的으로身이라名成搆造의意니　人物을作成하야品性을搆造한다함이함이니　身心에엇지二元이有하리오　精神은身體에影라　諸葛孔明이靜以修身, 儉以養德이라는語가有하響하고身體는精神에影響하노니　精色이憔悴하고形야 이二字를明確히하얏스니　修養의語意는本來이와容이枯槁한者에게는厭世의悲調를聞할지오　生氣가如하니　新時代의新修養은쏘新意味로써能釋하지안潑溂하고身體가强健한者에게는恒時의奮鬪를見할지이치못할지라 우리는다만靜以修身, 儉以養德으로써라　身에病이有하면心이沮하고　心에憂가有하면身도足하게역이지안이하고　一步를進하야動以處世, 勤쏘한健하지못하느니　二者가마침내相離치못한다하以行道케하고쟈하노니 이럼으로 우리의所謂修養에면　古來로苦行修道, 禁慾斷食, 그身體를惡視하야精

神의 慰安을 求하고자하는 修養은　아모 功效도 無한邪道가안인가　人의眼은高히天을望하나그足은地를離하지못함과 如히　靈은進하야神에接近할지라도　肉은依然히獸됨을免하지못하느니　獸가된다한들　무엇을慨歎하리오　修養의第一步는도리여善獸됨에存하지안이한가。

무엇을善獸라하느뇨　自然의壓迫을遭하야도一毫도屈하지안이하고　能히그境遇에順應하야　自己의生存을保全하고　子孫을蕃殖하야　天然의命을終함에在하니라。

聞하건댄動物의壽命은　그發育年限에四倍나五倍를한다하니　馬의發育年限은五年임으로　生存年限이二十年乃至二十五年、　猫의發育年限은十八個月임으로　生存年限이九年乃至十年이라　이原則으로하야금錯誤가無하다하면　二十年이나二十五年으로써　發育年限이되는人類는百年乃至百二十五年의壽命을　保全하지못하면　善獸됨도得하지못할지라　人生七十古來稀라함은　往昔蒙昧한時代에在하야는모로되　進化論衛生學이發達하야　天然의壽를保得할今日에는　實로人類의恥辱이라　體力의修鍊이未成하고　무엇으로써善獸됨을得하리오　허믈며　剛健한氣象이剛健한身體에存함은　身心不二의原則으로부터　生하는當然한歸結이니　우리는身體를放過하고　修養을論하기不可能임을信하노라。

그러나　人은獸와異하지안이치못할지라　人의人된所以는獸에離하지안이하는肉이안이오　神에進向할靈에在하니　修養의第一步는獸에離하지안이하는身體에置하나修養의根抵는神에進向할精神에置하지안이치못할지니　修身의本이、이에立하고　養德의源이、이에發하느니라。

世上에奇異한것은心이니 靈妙하야捕捉하기不易한지라 그趨向하는바를見하야 三方面으로分함으로써通則을삼으니、가론智、가론情、가론意라 智의求하는바는眞이오 趨하는바는理에在하며 情의求하는바는美오 趨하는바는愛에在하며 意의求하는바는善이오 趨하는바는行에在하니 三者가그趨向하는바는異하나 그本은一이라 智의趨하는바에情意가伴하고 情意의行하는바에 智도쏘한隨하느니 三者가相爭하는時에는 心內에煩悶이絶하지안이하고 思慮가紛雜을免하지못하나 渾然融和하야 各、그趨할바에趨하고 行할바에行하야 相侵하지안이하기에至하야바로소心內가安靜하고 思慮가明晰함을得하야 修養의功을成하는것이라。

그러나 人은다偏하는바이有하니 或은智에偏하고 情을解하지못하고 다만實用의重함만知하고 趣味의 愛할것을知하지못하며 或은理智에昧하고 單히情에馳함으로因하야 明快한決斷이無하고 沈重한思慮가缺하며 或은義理와人情을思하지안이하고 專히自己의欲하는바를行하고자하야 頑迷에傾함을顧하지안이하니 三者는 다 그中을失함이라 그偏함을矯하고 枉함을直하야 理智에明하고 人情에厚하고 그리하야 正을踏하야 懼하지안이하고 事에臨하야撓하지안이하는人이되게함은 專히修養의力에在하니라。

우리의所謂修養은 人格의全面에亘함으로 他의修養을談하는者가 情意의一面을擧하야 理智를遺하고 精神의方面만論述하야 身體를默過하는蔽을 效하지안이하며 쏘古人의說한바 靜以修身、儉以養德으로써足하게역이지안이하고 勤以處世、勤以行道를目的으로함으로 그修養에도動이有하고 靜이有하야 靜은個人的이니 修身을旨로하고 動은社會的이니 處

世를要로하느니라。

更히그要를細分하면身體의修養에在하야 衛生을重히하야健康을保함은 個人的方面의靜的修養이오 眠勉力行하야刻苦히業을獎함은 그動的修養이며 禮貌를正히하고 儀容을整히함은 社會的方面의靜的修養이오 言語를明快하고 擧動을嫻雅히함은 그動的修養이며 智의修養에도沈思熟慮하야 自己의知得하는바를整理함은 個人的方面의靜的修養이오 그智能을啓發함은 그動的修養이며 世態에通曉하고人情을知悉함은 社會的方面의靜的修養이오 그知得하는바를應用하야社會的職務에服事함은動的修養이며 情의修養에도 坯한 이二方面이有하니 自己의趣味를墮落하지안이하야 貧에處하야도改하지안이함은 個人的의靜的修養이오 그向上을圖하야文藝에心을寄하고宗敎에信을繫함은動的修養이며 社會的으로發하야寬容의德이됨은靜的修養이오 出하야慈悲가되고同情이됨은動的修養이며 意의修養에는氣力의蘊蓄이되고 克己의修鍊이되고 堅忍의精神이되고 不撓의努力이되야 身心이相依하고 動靜이相須하야人格을完成하느니라。

이것은누구던지想及할修養의各方面에就하야 論述한것이오 그詳細에至하야는 更히愼重한思量을要하는것이有하나 아즉範圍를이에定하야써 新時代의新要求에應하야新天地에新運動을試할素質을養成하는方法에及하고쟈하노라。

우리가論하는修養의範圍는 이와如함으로 修養의語를坯廣義엣敎育으로解釋하야도妨碍롭지안이하니 廣義의敎育에는修養의意를寓하고 廣義의修養에는敎育의意를含하얏스나 强히그異한바를擧할진댄敎育은他動的이오 修修은自動的이라 他動

育者와 被敎育者의 別이 有하나　敎育의 定義에 至하야는 各國의 學者가 그 見하는바를 異히하나 임의 敎育이라 하는 以上에는 敎育者가 被敎育者에 對한 具軆的作業이니 人과 人의 間에 行하는 것이나 修養은 스사로 敎育하는 義니 自動的임으로 반다시 敎育者와 被敎育者의 對立을 要하지 안이하는 것이오　가령 敎育을 受하는 일이 有하더래도 一定한 人에게 具案的으로 受하는 것이 안이라 見聞하는 바의 各人이 모도 敎育者가 되야　我의 眼前에 現하야　그 取捨는 專히 自己의 意思에 任하고 쏘 自己를 敎育하는 것도 오즉 人에만 限하는 것이 안이오 花紅柳綠、山高水長이　다 自己를 修發하는 材料가 되며　天空에 燦爛한 星斗、地上에 開하는 一朶의 花도 修養의 資가 되지 안이함이 無하나라 임의 敎育者의 制限이 無하고 그 方法도 쏘한 具案的으로 他에게 受함이 안인고로 敎育은 終了의 期가 有하되 修養에는 終了의 期가 無하니　小學으로부터 中學、中學으로부터 大學、大學을 出한 後라도 오히려 他에게 敎育을 受하는 일이 有하나 終身토록 他에 賴함은 少하나라 그러나 修養은 校舍에 關하지 안이하고 敎師에 賴하지 안이하고 一平生이 다 修養의 期니 修養에는 終了의 期가 無하되 그 始初를 言하면 敎育은 他에 賴하는 고로 쳐음 呱呱의 聲을 揭함으로부터 안이 母胎中에 在한 時라도 開始함을 得하나 修養은 스사로 敎하는 것인 고로 自我의 存在를 自覺할 年齡에 達하지 안이하면 始作하지 못하는 것이니 二者가 이 點에 在하야 그 意趣를 異케 하는 것이라 그 意趣는 異한 것이 有하나 그 人格의 完成을 期하야 當世에 處하야 有用의 材가 되게 함에 至하야는 一이니 그럼으로 廣義의 修養에는 敎育의 義를 合하고　廣義의 敎育에는 修養의 義를 有하다 謂할지나라。

惟心은 卽金剛山 이안인가

朴　漢　永

風柯月渚ᄂᆞᆫ스사로風柯月渚ㅣ언만은무엇을因ᄒᆞ야엇더ᄒᆞᆫ上人은眞心이披露ㅣᄒᆞᆫ것으로觀ᄒᆞ며翠竹黃花ᄂᆞᆫ스사로翠竹黃花ㅣ언만은무엇을因ᄒᆞ야엇더ᄒᆞᆫ上人은妙法이宣明ᄒᆞᆫ것으로觀ᄒᆞᄂᆞᆫ고其에셔欠一著인지濶一步ㅣ인줄은不知로되ᄯᅩᄒᆞᆫ熱山氷海와劒樹鑊湯은스사로個個本然ᄒᆞ건만은무삼을因ᄒᆞ야엇더ᄒᆞᆫ豪傑士ᄂᆞᆫ苦相이一變ᄒᆞ야樂園으로ᄯᅩᄒᆞᆫ逍遙然ᄒᆞ며快活如ᄒᆞ야所謂苦樂二相을不識不知ᄒᆞ게되엿ᄂᆞᆫ가其에對ᄒᆞᆫ所以然을的的히解說코져ᄒᆞᆯ진댄그려ᄒᆞᆫ廣長舌로그려ᄒᆞᆫ五色毫로도能이盡明치못ᄒᆞ려니와假使ㅣ說得形喩ᄒᆞᆯ지라도盲人에게赤日을强說ᄒᆞᆷ과無舌者에게珍味를誇張ᄒᆞᆷ과相似ᄒᆞ리라愚ᄂᆞᆫ다만朝鮮에在ᄒᆞᆫ金剛山을借ᄒᆞ야唯心의道理랄一時妄說코져ᄒᆞ노라

「紅日 動朝鮮、金剛 出海天」이라ᄒᆞᄂᆞᆫ詩句로見ᄒᆞ지라도金剛山은朝鮮東海上에幄幕簇立ᄒᆞᆫ一ㅣ石确山이分明ᄒᆞ도다然이나山인즉一이어ᄂᆞᆯ古今天下에探勝ᄒᆞᄂᆞᆫ者ㅣ千萬으로써計數ᄒᆞ건ᄃᆡ其山에對ᄒᆞᆫ感懷와風情이人面不同의公案을移照ᄒᆞ게되엿더라大槪ㅣ中流以上의觀感으로分類階級이生ᄒᆞᆯ지라佛者ᄂᆞᆫ曰此山은大般若經ㅣ常啼菩薩求法品에在ᄒᆞ며大華嚴經、菩薩住處品에入ᄒᆞᆫ즉崗巒과洞天은모다佛菩薩의徽號가안이면道場法會의嘉名이라ᄒᆞ며道士ᄂᆞᆫ曰此山은始皇本紀에太史公이已言ᄒᆞ얏다東海中蓬萊山이浮沉自在ᄒᆞᄂᆞᆫᄃᆡ黃金樓屋과白銀宮殿이香雲間에隱映ᄒᆞᆷ의煉丹服氣法을成就ᄒᆞ면到飇風引去ᄒᆞ리라ᄒᆞ며儒子ᄂᆞᆫ曰書

經에道心과人心의根本的學問으로修省혼結果로此山에對호야悠然히傳誦홀만혼名作은「山與雲俱白、雲山不辨容、雲歸山獨立、一萬二千峰」이라호며、詩人으로言호면峻拔혼想華와飄逸혼淸音을殘什短句에吐露혼것도甚多호며科學으로言호면所謂ㅣ地文地理와礦物植物의實地研究上! 滔滔漫漫혼學說이紛飛層生홀것이며畵師는多言을不須호고天然的海山萬疊圖로觀察호리로다

坐혼景致로만觀光者에聽得호면客踈ㅣ支離호야或者는千佛洞과萬物草가第一奇絕호드라호며或者는九龍淵과八潭이가장壯觀이드라호며或者는鉢淵寺의斷虹橋를건너가聯珠沛와桂樹臺가第一이라호며或者는楡岾寺ㅣ山映樓上休憩後에五十三佛게拜罷호고曉雲洞으로入호야隱仙臺十二瀑沛가第一이라호며或者는萬瀑洞眞珠潭에濯足호고寶德窟危樓에獨上호야「如何是佛西來意、獨上危樓看落暉」라朗誦홈이第一이라하며或者는靈源洞과百塔洞을次例로본ㅣ然後에다시兜率庵과望軍臺에攀藤直上혼이第一絕勝호다호며或者는正陽寺歇惺樓에徙倚호야玲瓏혼夕陽楓雲을帶호고森森矗矗혼衆香城을望見호는것이絕勝호드라호며或者는摩訶衍에서早發程호야所謂ㅣ銀셔들과金셔들에百種危險을蹦過호야毘盧峰頂에高坐호니東外에更無東혼天池를俯瞰홀서落日紅光이葉葉泛來호는布帆峭檣上에亭亭照曜호는것도奇觀이지만은半夜中峯에風饗露宿호고碧寥寥冥海際에扶桑三丈日을遲待호는景況이더욱絕勝호드라호며或者는楓岳萬疊을寸心으로領畧호고萬灰庵에歸來혼즉蕭蕭落葉이羈旅의秋衣를冷拍혼다遠山의暮鍾을聽罷호고香燈影裡에內喘外緣을暫息호야惺惺孤坐호뎐浮由人間에若雌若黃은昨日夢으로消歸호고初地山川이爽然히眼簾에現前

惟心은卽金剛山이안인가

홈이더욱絶勝호드라호며―別說이잇다아서라險絶怪絶호盡日山景은我도厭觀호얏노라驢背에載酒호고過橋涉川호야三日浦四仙亭上에셔簫客琴朋으로더부러大白을一浮호면셔三十六峰의秋氣崢嶸을周顧호다가夢泉庵에午鍾이忽起키놀다시海金剛을차저가셔返而登舟호야沙鳰의開眠을驚打호는것이더욱勝觀이더라호야各各所見을張皇호게되니以上諸客으로만일一座上에討論會를開호얏으면是눈孫仲謀席間에群儒의舌戰을復見호며涅槃經會上에衆盲이摸象을各說호과彷彿호리라雖然이나紛紜호諸說이모다ㅣ金剛山의全體眞面目을見耶아未見耶아北林寒雨疎燈光에蘇子瞻의佳句로된「不識廬山眞面目、只緣身在此山中」이라호을自唫호는것만不如호도다

惟心이라호는것은其ㅣ一河源을尋討호면我佛世尊이悟道當日에唱言호신三界가다ㅣ惟心所造라호이니라大抵ㅣ一切衆生이心性은是一이라호면種種差別의見은엇지된새닭이며種種호見을隨호야種種호業을造호며種種호業을隨호야千態萬相이不可稱不可思에至호제됨은쏘호엇지된새닭인가於是乎ㅣ其에對호學理와論說이時代를짜러ㅣ愈益蝟集호얏음으로보기도許多호야眼彙이生홀듯호며듯기도無量호야耳膜을破홀듯호도다平心思惟호면有數한宗敎家와有數한哲學家와有數호科學家ㅣ드리形以上과形以下로方面을標準호야모다ㅣ機輪을競轉호며手眼을互逞호야枝枝談柄이宛轉透迤호야腐心호도有故호며緩頰호도成理ㅣ라호겟지만은우리갓튼風波生이야大光明三昧海中에同道把臂者ㅣ가안이라그러호지聽接不暇호게된影響的言論에投目濡首호제ㅣ其日이不淺호지만은아주도上方鍾을둘듯고春夢을撞破호드시滿塘西風에倚호야紅蓮이自笑호드시其와如호淸淨歡喜地에는實노未達未見호

앗음으로 所謂ㅣ 先輩의 口頭禪은 空然히 咀嚼홀수록 棒 眼이 如日을 未省호겟스며 新進의 迂僻道는 展轉ㅣ 穿過호슈록 歧路의 亡羊을 暗嗟호겟도다 是는 맛치ㅣ 隴西山에 捿遲호는 鸚鵡눈 人語를 能效호야 歌唄와 啼哭을 一口에 出혼 듯호나 眞人의 意懷는 纖毫도 不通혼다 호며 玄奘法師는 西天으로 求法호러 갈제ㅣ 嶮峻혼 葱嶺과 曠漠혼 恒河를 徒步越涉호는 境遇에 橫出魔撓가 日로 愈甚홈과 相似치 안이홀가 雨雪空山에 獨坐無聊호야 坐혼번 妄想으로 自惟호니 宇宙間에 種種혼 學說이 모다 不然호면 人語라 부질업시 被瞞被惱호얏도다

鵬과 鶯鳩는 其딕로 自樂이 颺颺혼 것인즉 古今人도 大小의 道理로구나 鯨鯢와 鯤蟹는 其딕로 自樂이 潑潑혼 故로 智愚는 無論호고 其樂을 自樂호얏슬뿐이라 我도 眞我를 차저ㅣ 其樂을 自樂에 止홈이 엇더홀가 然이나 天壤을 環호며 今昔을 匝호도록 方冊에 布在호며 口嘴에 喃喃호야온 그것도 唯心的의 一理ㅣ 밧긔라 謂홀슈 不得홈이라 그럼으로 唯心은 卽 金剛山이 안인가 호도 어늬 方面으로 던지 一理가 不無홀것이라 호노라

앗가 金剛山 毘盧峰頂에 曉坐호야 扶桑 三丈 日을 遙觀혼 時에 前人의 絶唱이 잇더라 「玉宇迢迢月落東、滄波萬里忽翻紅、蜿蜒百怪皆含火、奉出金輪黃道中」이로다 其人은 詩觀的의 으로만 日出을 觀破호얏지만은 거긔셔 唯心觀이 바야으로 져러호을 感悟홀만 호도다 俯仰호니 乾坤도 無호고 指顧호니 端倪도 無혼 져ㅣ 곳에셔 엇던 한 光相이 顯顯호 一物이 虛空中에 湧現호얏구나 저ㅣ 얼마나 한 一物을 對호야 所見이 不同호얏는고 山居者는 山東에셔 日出혼다 홀것이오 海居者는 海東에셔 日出혼다 할것이며 野居者눈 野東에셔 日出혼다 할것이라 然하나 日이 엇지 偏向偏照가 有호리오 住者와 行者의 範圍와 方向을 超越치 못호고 局促혼 自見에 自縛혼 所以로 됨이니

라 엇지하야 山居者海居者와 乃至ㅣ東渡者西歸者를 모다ㅣ 毘盧峰頂에 會坐하야져ㅣ 一物이 虛空中에 湧現함을 同觀하야 前日의 偏見積疑를 一笑而破하야 볼가 嗚呼라 惟心觀은 金剛山 毘盧峰頂에셔 日出觀으로써 觀止하앗도다

坐한 餘波餘響으로 龍眼居士ㅣ 金剛山圖에 入하야 一章을 欲終하리라 무릇 金剛山을 白描하는 者ㅣ 其中樞되는 毘盧峰頂만 突然單提하면 此를 眞畵師로 公許하기 不足하며 坐한 金剛山의 全體眞面目을 何로 從하야 稱道할 價値가 有하리오 是故로 逸品의 大家는 舐筆以前에 如彼히 蒼曠無際한 東北溟海와 嵯巖崩岏한 萬千峰巒이 安閒한 胸襟中에 闇然히 汪瀚突兀하야 宛爾한 蒼白海山이 具體的包納無外하게 될 時를 亦稱畵家三昧라 龍眼居士는 落花晴窓에 安詳而起하야 輕輕拈筆호ᄃ 縹緲有無間에셔 施하고 衆山初境에 等閒起手하얏고 其次는 瀰漫한 白雲과

澹抹한 晴嵐으로 深遠한 局勢를 槪定하얏다 其外에 碧空과 一際한 瀛渤의 長風怒濤를 若干遙應케한 後에 漸近한 佳境으로 方入하야 蟲盧한 岧嶂과 亭亭한 香臺로 對峙를 標準하고 噴雪한 激湍과 映碧한 寶殿으로 間架를 裝點하야 輕輳磅礴한 重重位置를 舖列하게 된즉 이러한 壯觀奇景을 歷歷描眞하는 其人의 腕下에는 淸風이 颯颯하야 逍然히 蜉蝣塵寰을 逈脫하고 莊嚴한 彌勒樓閣中에 引入함과 如한 一境을 坐하 超越하야 躊躇踟躇하다가 萬古雲霄에 特立登翠한 毘盧峰이 披露顯出하게 하고 放筆而立하야 莞爾四顧하니 其峰이야말노 令人으로 景仰할사록 高迴莫攀하야 可望은 할지언뎡 可卽은 不能이라 하겟고 坐한 四海群峰이 모다 下風에 齊落하야 或은 培塿로 或은 有無로 俯瞰하게 되얏더라 如斯한 眞景을 白描하는 者라야 龍眼居士라 稱하기 不愧하고 自此로 더욱 朝鮮의 金剛山은 世界名山中에 高一着하야 宇內에 獨步擅勝하리라

惟心觀에入ᄒᆞᄂᆞᆫ順序도金剛山圖起手ᄒᆞᄂᆞᆫ것과相似ᄒᆞ다ᄒᆞ겟지만은即今에朝鮮에新出現ᄒᆞᆫ惟心文도亦復如是ᄒᆞᆫ지라아즉도善思惟三昧에起ᄒᆞ야伽陵仙音을演唱ᄒᆞᄂᆞᆫ初聲이라맛처ー梵音으로ᄒᆞ면虛達品이오羽調로ᄒᆞ면다슈리라佳境眞景은드러갈슈록開眼淸襟ᄒᆞ지니以上金剛山圖에比ᄒᆞ면幾疊의衆山初境을지너여白雲晴嵐으로深遠ᄒᆞᆫ局勢를槪定ᄒᆞᄂᆞᆫ中이니其안의龍眠居士ᄂᆞᆫ누구신가華嚴經에云ᄒᆞ디心如工畵師能畵諸世間이라ᄒᆞ엿거놀今에ᄂᆞᆫ不然ᄒᆞ야惟心을畵出ᄒᆞᆫ다ᄒᆞ니心即畵ㅣ오畵即心ㅣ어ᄂᆞ아서라區區ᄒᆞᆫ心與畵ᄂᆞᆫ다ー무엇신가淸風北窓下에銅瓶을傾ᄒᆞ야淸茶나맛으리라

善養良心

李光鍾

人之心에有道心有人心ᄒᆞ고更有稱良心ᄒᆞ니良心이是道心歟아良心之良은世所稱良知良能이是歟아不曰賢心聖心而曰良心則是人人皆有之心歟아良心이吾人心中에如何히存在ᄒᆞᆫ問題에就ᄒᆞ야諸說이不同ᄒᆞ니或은上天이人類에게稟賦ᄒᆞᆫ能力이라ᄒᆞ며或은吾人이生來에自有ᄒᆞᆫ本性이라ᄒᆞ며或은經驗上較計上學而得之ᄒᆞ作用이라ᄒᆞ야何說이眞正됨을確認키難ᄒᆞ도다

第一說은浩茫에濱ᄒᆞ야摸捉키不能인즉如此ᄒᆞᆫ學說이聽從에快足키不能이오第二說은許多ᄒᆞᆫ心理論에尙히歸一치못ᄒᆞᄂᆞ니라今에良心으로自有ᄒᆞᆫ本性이라ᄒᆞ면是ᄂᆞᆫ性善、性惡、善惡混、無善無惡等滿世間通古今ᄒᆞ야各宗敎의主能이不一ᄒᆞ며第三說은眞理에近似ᄒᆞ되不

學而能之者ㅣ一種有之ᄒᆞ니更히矛盾掣肘ᄒᆞ者ㅣ不無ᄒᆞ도다

然이나吾人이有時良心이發生ᄒᆞᆷ은吾人이生來로부터良心될性能이具有ᄒᆞᆷ을覺知ᄒᆞᄂᆞ니若性能에具有이無ᄒᆞ면何處에發生ᄒᆞᆷ을見ᄒᆞ리오由此觀之ᄒᆞ면但히經驗上較計上學而得之ᄒᆞᆷ은作用이안이로ᄃᆡ性能이具有ᄒᆞ지라도經驗에因ᄒᆞ야此ᄂᆞᆫ養成ᄒᆞᆷ이안이면良心은終乃其發生됨을見키難ᄒᆞᆯ지라然則此ᄅᆞᆯ譬컨ᄃᆡ各植物이種子中에其蘊包潛伏ᄒᆞᆫ胚珠ᄂᆞᆫ固有ᄒᆞ나光線의熱과水分의潤이相當치안이ᄒᆞ면其發芽를見치못ᄒᆞᆷ과如ᄒᆞᆫ지라言이此에至ᄒᆞ야良心이라ᄒᆞᆷ은吾人生來에自有ᄒᆞᆫ本性이有ᄒᆞ고發生使用ᄒᆞᆷ에對ᄒᆞᄂᆞᆫ卽經驗에得ᄒᆞᆷ이안이라ᄒᆞ리로다

盖學說을推逆ᄒᆞ야良心은吾人이生來에固有ᄒᆞᆫ資性으로探究ᄒᆞᆯ진ᄃᆡ進化論이能히此를說明ᄒᆞᆷ을得ᄒᆞᆯ지라自然界生存競爭은一般生物의免치못ᄒᆞᄂᆞᆫ바인ᄃᆡ吾人도亦此渦內에生活ᄒᆞᄂᆞᆫ一物이라生存競爭의結果ᄂᆞᆫ身體의構造와精神의作用이如何ᄒᆞᆷ을不問ᄒᆞ고生存上必要ᄒᆞᆫ機關은此를發達케ᄒᆞ며不必要ᄒᆞᆫ機關은此를消滅케ᄒᆞᄂᆞ니此卽進化의元理라今에良心에就ᄒᆞ야思惟ᄒᆞ건ᄃᆡ原來人類ᄂᆞᆫ孤立生活을經營ᄒᆞᆷ은到底不可能의事이라故로衆人이相聚ᄒᆞ야社會를組織ᄒᆞ고國家를成立ᄒᆞ야共同的生活을經營ᄒᆞᆷ에至ᄒᆞᄂᆞ니共同生活을經營ᄒᆞᄂᆞᆫ以上에ᄂᆞᆫ各自所好를從ᄒᆞ야傍若無人의擧動을成ᄒᆞᆷ은不許ᄒᆞ고必相讓相助ᄒᆞ야終乃退步를免치못ᄒᆞᆯ지不然則生存競爭裡에立ᄒᆞ야互相間發達을期圖ᄒᆞᆯ지오此에基因ᄒᆞ야비로소人類의同情이라ᄒᆞᄂᆞᆫ것이有ᄒᆞ니同情은卽良心이發現ᄒᆞᄂᆞᆫ端緖라ᄒᆞ노라

良心의發現은上述ᄒᆞᆷ과如ᄒᆞᆯ지오且遺傳에因ᄒᆞ야祖先오로부터子子孫孫에相傳ᄒᆞ야生得의資性이될ᄯᅳᆫ안이

라歲月을經過ᄒᆞ야次第進化ᄒᆞᆷ이라謂ᄒᆞ겟도다吾人의精神作用이千差萬殊ᄒᆞ나此를大別ᄒᆞ면智情意三種에不過ᄒᆞ야一切作用을其中에類屬케ᄒᆞᆷ을可得ᄒᆞ나然則所謂良心은智、情、意三種의作用中其如何에屬ᄒᆞ얏ᄂᆞᆫ뇨若夫智、情、意如何에屬ᄒᆞᆯ이無ᄒᆞ다云ᄒᆞ면是特殊獨立의性質을具有ᄒᆞᆫ物인가古來로良心은人性의先天的具有特殊ᄒᆞᆫ能力이라論ᄒᆞᄂᆞᆫ學者가有ᄒᆞ얏스나今日에至ᄒᆞ야ᄂᆞᆫ謬見된事現明ᄒᆞ니智、情、意로써精神作用을擧皆包含ᄒᆞᆷ이라ᄒᆞᆫ以上에ᄂᆞᆫ此外에特殊ᄒᆞᆫ性質을具有ᄒᆞ리오然則良心은智、情、意如何에屬ᄒᆞ얏ᄂᆞᆫ가ᄒᆞᆷ에對ᄒᆞ야或은智力이라ᄒᆞ며或은感情이라ᄒᆞ며或은意志라ᄒᆞ나稱히廣博ᄒᆞᆫ意味로解釋ᄒᆞ야智、情、意如何에成分이라도擧皆包含으로認定ᄒᆞᆷ이穩當ᄒᆞᆯ지니今夫吾人이事爲를成코자ᄒᆞᆷ에其可爲와不

正ᄒᆞᆫ以上에善과正을實行ᄒᆞ게命令ᄒᆞ고惡과邪을禁止ᄒᆞᆫ은良心의意的作用이오實行ᄒᆞ기前에可爲와不可爲를感ᄒᆞ야實行ᄒᆞᆫ後에善을滿足키感ᄒᆞ고惡은不快를感ᄒᆞᆷ은良心의情的作用이라ᄒᆞ니라如此히良心은善事는必行ᄒᆞ고惡事는必行치못ᄒᆞ게命令ᄒᆞᆫ故로吾人은正邪善惡의歧路를當ᄒᆞᆯ時마다良心에質稟ᄒᆞ야指揮ᄒᆞᄂᆞᆫ處에從ᄒᆞ야判定ᄒᆞᆷ은當然의事이라ᄒᆞ노라經驗上較計上學而得之에依ᄒᆞ야良心을發達케ᄒᆞᆷ은志想이아즉堅固치못ᄒᆞᆫ靑年에게가장必要ᄒᆞ니善을愛ᄒᆞ고惡을憎ᄒᆞᄂᆞᆫ情이有ᄒᆞᆯ지라도何가善이며何가惡임을認ᄒᆞᄂᆞᆫ智의作用이欠缺ᄒᆞ젼디善惡이相違되ᄂᆞᆫ行動이或有ᄒᆞᆯ지니況時代進步에從ᄒᆞ야人事의複雜ᄒᆞᆫ事가愈甚ᄒᆞᆫ時를當ᄒᆞ야ᄂᆞᆫ如此ᄒᆞᆫ點에一層注意ᄒᆞᆯ지라世間에道心이有ᄒᆞᆷ은卽人에게良心이有ᄒᆞᆷ을因ᄒᆞᆷ이니此良心

은實로道心의基本이오源泉이라然則吾人이最高地位를占호야最大令名은享호은物質的文化에만止호이안이오其基本과 源泉이되눈良心을 善養호에 在호다호노라

破笑論

白　龍　城

夢與甲乙로會遇觀水堂白鼎之室호야論古今修心養性之說이러니乙이正色跪坐而云人有大腦小腦호니所謂腦者눈神之機關也라神之所在에唯靈唯神호야無所不由也며無所不通也니聖人之所謂心也性也者를豈可參究乎아　甲云據汝所說컨딕神經之位눈在於腦호니若然者컨딕譬如有人이以頭로觸于柱호고以足으로亦觸于石이면頭有覺觸호고足應無知로다又頭足兩覺이라호면汝之一身에自成二人호리라　乙云神經者눈如電之機關호야應用迅速호나니人之神經이普應全身도亦復如是호니라　甲云電者눈但以氣로使用者也라自體無情호야沒有知覺이어니와汝之所謂者눈靈然不昧호야與氣有殊써여　若汝之神이觸處即現이라호면汝以足指觸石覺痛之時에汝之神이從腦而發호야自上至足히一一領略過得호딕那個눈是骨髓며那個눈是筋轉脈搖며那個눈是皮肉骨節이어늘而今不然은何也오乙云神之明覺者눈實無去來호야如月在天에光含萬像호며如風無形호야動處即應인달호야人之神經도亦復如是호니라　甲云然則神之在腦가如在天之月이普腦無方호야光含萬像인딕汝今에三百六十骨節과八萬四千毛孔과五臟六腑內外身相을一一透看了否아汝所謂神經者눈有形而光耶아無形而光耶아汝觀一切事物之理호라或有一이나無形코而能發光者也否아以余論之

컨듸皆因月因日因火因電等而發光者也니若有形而光者ㅣ듸汝之神이作甚麼形이며又若神之無形이如風ㅎ야勤處卽應者ㅣ듸何指大腦小腦리오觸處現前者ㅣ皆汝之神也리라汝之所謂神者는汝之腦가卽神가汝神之所腦가卽神之所舍耶아若汝之腦가卽神인듸如人이死時에腦完不壞ㅎ듸何故로沒有知覺乎아若腦가汝神之所居之處ㅣ라ㅎ면腦는卽汝之舍也라汝之生也에汝之神이從何處轉何處ㅎ야入此腦中이며汝之死也에移何處轉何處而去也오不應無從而自有去來리라 乙云神之來也에如電擊長空ㅎ고神之去也에如波澄大海니라 甲云波無離水之波ㅎ고震無離空之電ㅎ니汝之神은無從而忽有耶아 乙云氣聚則生ㅎ고氣散則死ㅎㄴ니不足致詰이니라 甲云天下事物이無因이면不會ㅎㄴ니汝之神은無因而能生死乎아又氣聚則生이라ㅎㄴ니氣有知覺乎아氣無知覺乎아若氣有知覺인듸空氣電氣等이皆有知覺ㅎ야而能分別諸法相ㅎ리며乃至森羅萬像이皆有知覺ㅎ야與人無殊ㅎ리라若氣無知覺인듸不應但以氣로生ㅎ고但以氣로死也니라又覺是氣中之覺耶아氣是覺中之氣耶아覺이因氣而現耶아氣因覺而現耶아又汝之父母未生前에汝之神이作何形狀이며汝之神이在甚麼處오又汝眼이見時에因何有見고離明暗色空ㅎ고那個是汝之見精明體며汝離却四大身ㅎ고那個是汝之覺靈之體也오咄、行道에莫行山下路ㅎ라果聞猿叫斷腸聲이로다

心의 性

金 南 泉

一心이라 一念이라ㅎ은本末을分ㅎ야言ㅎ이요無心이라無念이라ㅎ은性體를擧ㅎ야言ㅎ이라心의本은念이

오念의本은心이니本과末이殊할지언졍其理난不二로
니此心이本位를忘却호고物境을隨逐호면心과物의間
다彼天은蒼蒼히高호고茫茫히廣호나只一空氣而已라
에淨智의變호이情識이되야妄動호난形容을妄念이라
別로天의心이無호고此地난堅實重厚호며生成住持할
云호나니此妄은旣是本心을忘却호지라物欲에累가되
而已라別로地의心이無호고天地의間에遍滿혼萬物도
난故로一時도安靜치못호고物物上에妄起妄滅호야刹
各自體質而已라別로其心은無호나雖是人身이라도
塵數와如혼多念을成호나니此난物에轉혼바가됨이라
猶是形質而已니라天地와萬物이均是自心이旣無혼즉
卽衆生의迷혼心念이어니와心이心位에住호면心이物
心은惟是一이로다此一心이彌滿호야何處에도在치아니
에處호야도欲累가無호야能히物을轉호난主宰가되나
홈이無호나니至愚에도此心이오至聖에도旣心이오人
니故로千塵萬境을無不干涉호야도恒常一心의念이되
及禽獸蚊虫魚鱉草木瓦礫上天下地何物을勿論호고其
난지라是以로一念이라云호나니라古人이言호되至
主宰則此心이라水水에影現호난千月萬月이其本은空
至호야난聖人도知치못혼다호고達摩大師가梁武帝를
中에懸혼一月과如호야物物에솝攝혼其心도惟是元來
對호야曰老僧도不知라호고古人이云호되三世諸佛도
彌滿혼一心이로다心이元來一인故로先覺이迷혼衆生을
口를壁上에掛혼다호니此無心無念의性體를얻지言論
表示할時에每言一心이라호나니라天地와萬物을總擧
으로現示할道理가有호리요是以로古人이云호되任麼
호야言호면其綱領이色聲香味觸에不過호나니此色聲
라도不是오不任麼라도不是오任麼不任麼도不是라호
香味觸은像形이有혼物이라此一心에對가[illegible]난塵境이
니라又古人이間一念도起치아니할時에如何닛고答過

彼此一般

權 相 老

失이 須彌山과 如호고 다호고 古人이 云人이 水를 飮홈에
冷煖을 自知라호나니라 此無心無念의 性體난 諸經에도
自悟自修自證홈으로 發明호얏고 法華經에 釋迦牟尼佛
이二乘人을 對호사 不得已道호사되 如是妙法이라호셧
스나엇지 性體의 近할바가 有호리요 故로 妙法이라홈도
方便이라호니 權으로 言홈이로다 色聲香味觸을 絲毫도
變滅홈이 無호고 即是 空寂호境界가 現前호야도 無心無
念의 性體라고는 言할규업고 色聲香味觸이 一物도 他가
아닐時에도 無心無念의 性體에 난 少分도 相應키 難호나
니 如此할時를 當호야 或是 棒과 喝等을 用호야 表示코져
호나 盲棒痴喝의 嫌을 難避로다 然則 如斯호法을 如何히
世上에 傳호며 學호리요 至難至難이로다 不然호야 至難
中에 至難치아니호나니 世間에 功名富貴도 成就할資格
과 智力이 無호고 何爲哉리요 然則此世間事난 猶難호거
니와此無心無念의 體性은 元是自家에 本具底라 智愚를

不擇호고 覺悟할心만 發호면 正路가 自然 現前호나니라

「彼」조네는 잠 조네그려

「我」그리도 나는 눈 썻는걸

「彼」조네는 술에 色에 金錢에 다른 성각은 도모지
업지

「我」美衣 美食 遊興 財寶 그런것은 모다 나의 要
求호는 것일세

「彼」그럿치 그리 稱揚과 阿諛의 奴隷가 되고마는
것이지

「我」응ー 稱揚과 阿諛의 奴隷인지도 모르지!
조네는 아마 그럿케 성각호고 보나베마는 그러

면 그러케 알고잇게 그려!

「彼」그것은 不可야

「我」나는 그럿케 ㅎ고십흔것을 엇지ㅎㄴ! 나는그
턴일을 爲ㅎ야 全力으로ㅎ네 즈네는 不可라ㅎ지
마는 나는 조흔것을엇지겨ㄴ

「彼」그것이 잠 자지 아니ㅎ는 證據아닌가

「我」그것이 잠 자지 아니ㅎ는 證據아닌가

「彼」그틔! 즈네가 잠은 자지 아니ㅎㄴ뻬마는 ᄆᆞᆷ
은 수고잇지

「我」그러치만 나는 生時로 잇는데!

「彼」허허 즈네는 퍽도 어리셕에 美衣 美食 美酒
둘 趨求ㅎ고 世間의 稱揚과 阿護만 貪을ㅎ니 女
色과 遊興과 財寶 그런것은 모다 架空世
界의 헷 慾望이오 假想의 快樂일세 즈네는 그런
것으로 生命의 全部를 숨는 貌樣이니 眞所謂醉生

夢死일세

「我」醉生夢死! 그도 좃치! 그려ㄴ 西施、楊貴妃
는 絶色이오 葡萄美酒는 鬱金香의 조흔香너가나
지안나 언쓰는것 보다는 조흔것 업는것 보다는
잇는것이 낫지! 財物을 가지고 美人을 듸리고
流浪ㅎ는 것이야 平生인들 辭讓홀것인가

「彼」그러기에 말이야? 그것이 假想의 快樂에 不
過ㅎ다는 말일세 다른사람 쑨만아니라 自身싯지
欺瞞ㅎ는 快樂이라 ㅎ는말이야 정말 즈네 本마
음에 歡喜는 아니지

「我」아니 정말 너 本마음에 歡喜일세 欺瞞도 아모
것도 아닐세 만일 欺瞞이라 무엇이라 남들이 싱
각을 ㅎ는손 치드래도 나의게는 아모 關係업네
나의 歡喜오 快樂에 對ㅎ야 他人이 이러니 져러
니 ㅎ理由가 어듸잇나 欺瞞이던 무엇이던 이너

自身이 정말 아모 齟齬업시 그리알뿐아니라 況且 그外에는 달이道理가 업스면 欺瞞도 아모겻도아너오 이것이 바로 眞實이 아닌가

「彼」아ー니 아니 즈네의 그 快樂이라는것은 다만 皮相的에 것이고 內面으로 마음으로 울어나오는 것이아니야 즈네가 眞實한 快樂으로 아는것이 한 滑稽的으로 믿는假想의 快樂에셔 지너지 안는것일세

「我」滑稽的은 아니지 그것이 眞實로 나의 一身을 질겁게ᄒᆞ는 快樂이오 歡喜오 目的이오 結果인 다음에야 ᄒᆞ는수업는게 아닌가

「彼」그것이 잘못 싱각이란 말이야 眞實한快樂 眞實ᄒᆞ歡喜는 人生一世의 大事에 處ᄒᆞ는 自覺이잇순然後에야 말이지 우리는 되도록은 安心을 엇을만ᄒᆞ 信仰의 地境ᄭᆞ지 나아가보와야지

「我」암 그럿코말고 그信仰의 地境에셔 나는 美衣美食을 求ᄒᆞ고 술과 色과 放縱 遊興 金錢 財寶를 要求ᄒᆞ야 그에셔 滿足ᄒᆞ고 安心ᄒᆞ야 人生一世의 大事에 處ᄒᆞᆯ 自覺을 가졋네 現在나는 이럿케 快樂과 歡喜에 心身을 모다너엇네 全혀 즈네말과 갓치

「彼」아ー니 너말은 그럿케한 말이아니야 여보게즈네 人生一世의 大事라는것은 「죽엄(死)」이라는 말일세

「我」그럿치 「죽엄」이지

「彼」죽엄 death 이야

「我」그럿치 death 이지

「彼」즈네는 죽엄의 恐怖와 悲哀를 몰으나?

「我」아네! 나는 一年마다 ᄒᆞᆫ살식 더먹어셔 졈든者는 늙고 健康ᄒᆞ든者는 病들고 그티 一切가

death

「彼」그리 엇덧탄 말이야

「我」그러닛가 恐怖나 悲哀가 나 갓혼소라의재는 大……大……大禁物이야

「彼」그럿코보면 즈네가 앗가말ᄒᆞ든 그 自覺이라든것은 아닌걸 정말어듸 잠을 씨엿나

「我」그러면 경말 잠 신소람은 죽지를 아니ᄒᆞ나？

「彼」누가 죽엄을 免ᄒᆞᆫ다고 말을 ᄒᆞ엿나

「我」그러면 즈네가 졍말 잠 쩐다ᄒᆞᆫ것은 무엇인가

「彼」죽엄의恐怖 죽엄의悲哀에셔 버셔ᄂᆞᆫ다는 말일세

「我」무엇이야 다만 恐怖、悲哀에셔 버셔날쑨이야 그러연 亦是 죽엄을 免치못ᄒᆞ지 안나

「彼」죽엄이란 到底히 免치못ᄒᆞᆫ다고 아니ᄒᆞ얏나

「我」응ㅡ 죽엄을 免ᄒᆞᆯ수업지 그듸도 죽엄의恐怖 죽엄의悲哀에셔 버셔날수는 잇지 그러면 結局 「죽엄」 그것이 快樂이오 歡喜라는 말이지

「彼」아ㅡ니 아ㅡ니 죽엄에셔 버셔난다고 말이야

「我」응 그러나 只今 나의 아는소람으로는 아즉 「죽엄」이라고ᄒᆞ는 그것과 衝突ᄒᆞᆫ者가업셔 나는 勿論이고말이야 그러닛가 참으로 죽엄의恐怖 죽엄의悲哀를 實地로 了解ᄒᆞᆫ者가 업지아니ᄒᆞᆫ가 다만 想像이지 무서웁겟다 슯흐겟다고 想像ᄒᆞ는 것이지 그 想像이 誤認가 업슬가

「彼」誤認업네 죽엄은 무셔운것이라 죽엄은 슯픈것이라고 왼 世上사람들이 모다 죽엄을 恐怖ᄒᆞ고 죽엄은 悲哀ᄒᆞ지 아니ᄒᆞ나

「我」그듸 그것은 取信ᄒᆞᆯ수 업는말일세 世上사람들이 죽엄을 恐怖ᄒᆞ고 죽엄을 悲哀ᄒᆞᆫ것은 다만 죽어셔가는者에 對ᄒᆞᆫ 哀別離苦의 經驗에셔 합부로 想像ᄒᆞ고잇는것이지 죽어셔가는者도 바리고

가는 이世上을 執着하는 未練에셔 일어나는 恐怖이고 「죽엄」그것과는 아모 交涉도업는 恐怖요 悲哀일세

「彼」執着과 未練, 죽어가는者, 哀別離苦、그런것이 恐怖이고 悲哀야

「我」멀이 길쎄는者가 잇다하세 假令釜山港의 棧橋이나 南門驛의 프라드흠에 셔셔 餞送밧는者 셔로눈물을지어 離別할쎄 손길잡고 창자가 긋어지게 離別을 잇기지아니하는 그럿컨마는 太平洋에셔 히 쎠오르는 壯觀을 본다든가 目的地에 到着하야 繁華한 都會를 구경한다든가 큰 山이나 들이나 河水에나 그죠흔景色에 眼目이 怳惚하다든가 훌쩍에는 結局旅行한것을 幸福으로성각하고 棧橋나 프라드흠에셔 눈물흘니 든것은 도리여 一種의 喜劇으로 되고마는것이니「죽엄」이라「죽엄」이라 쩌들고 恐怖하고 悲哀하지마는 혹시 죽어셔보면 도리여 죽은것이 조왓다고 할는지도 알수업지 그럿치 아니한가 즈네가 참 경말 잠시고 보면 恐怖라 悲哀라 하든것이 엇더케 될러인가

「彼」行住坐臥에 다른것업지 即是잠을쎄인 眞實을 面接하는데에셔 安心을 엇지

「我」피ー 그러면 亦是 美衣 美食 美酒 美女 放縱 遊與 金錢 財寶를가지고 거게셔 엇는 間斷업는 滿足만 못하지

「彼」그러면 죽엄의 恐怖와 悲哀가 엇덧케 된단 말인가

「我」멀어진단 말이야

「彼」멀이하여도 쏘 오는것을

「我」쏘 멀이하지

「彼」쯧 오지 순일석이 업시오지

「我」쓰 일석이엽시 멀이ᄒᆞ지

「彼」멀이히도 멀이히도 작고 오는걸 到底히 죽엄
이라는것은 免ᄒᆞᆯ수업셔

「我」無論 죽엄이란것은 免ᄒᆞ기가 不可能이야 그러
닛가 갓가이 ᄒᆞᄂᆞᆫ것보다 멀이ᄒᆞᆯ 밧게업셔 唯一
의方法은 멀이홈이 第一이야 그리ᄂᆞᆫ것이 第一조
혼方法이야 即죽엄의恐怖와 悲哀를 멀이홀나면
美衣 美食 美酒 美女 放縱 遊興 金錢 財寶에 耽
ᄒᆞ고 ᄲᅡ저야지 所謂耽溺ᄒᆞ야가지고 이에셔疲勞
ᄒᆞ고 滿足ᄒᆞ야지

「彼」그는 차져도업는 滿足이오 정말滿足은아니야
假想의 滿足이오 無自覺의 滿足이야

「我」그럿처마는 滿足이라는 事實이 두가지는 아니
지 無自覺이라히도 나는痛切히 滿足ᄒᆞ지아니ᄒᆞ

나 同一ᄒᆞᆫ것이야

「彼」同一ᄒᆞᆫ듯 ᄒᆞ야도 實은 틀녀

「我」를넌듯 ᄒᆞ야도 實은 同一ᄒᆡ

「彼」즈네는 못 아라듯네 그려

「我」彼此 一般일세

「彼」空寞ᄒᆞᆫ天地間에 살아잇스니 眞實치 아니ᄒᆞ면
안되야

「我」가만이 잇게 가만이 잇셔 空寞ᄒᆞᆫ天地間이라ᄒᆞ
ᄂᆞᆫ것은 所謂浮世란 말인가 이世上이 浮世일것갓
ᄒᆞ면 이몸도 浮身일세 그려 그러닛가 自然快樂
이라든가 歡喜라든가는 모다 즈네의 空寞이거니
와 나의게ᄂᆞᆫ 事實일세

「彼」그ᄅᆡ게되면 空寞ᄒᆞᆫ浮世에셔 쩌나려ᄒᆞᆯ셔ᄂᆞᆫ 죽
엄의恐怖, 悲哀를 엇덧케ᄒᆞᆫ나

「我」人生의 快樂이라든가 歡喜라든가가 모다 空ᄒᆞ
지

것갓흐면 죽엄의 恐怖라든가 悲哀라든가도 亦是
空흐고 말것이아닌가
「彼」조네는 그뒤도 몰나 그려
「我」알어— 알엇기에 美衣 美食 美酒 美女 遊與
放縱 金錢 財寶
「彼」모르는 소리야
「我」그리도 알앗셔 알앗기에 安心、覺醒、遊興中
에 美酒、美女의群中에 숨엇는것이야 이것이 나
의 信仰일세
「彼」信仰! 信仰이란 그런것이 아닐세
「我」조네의 信仰과 나의 信仰과는 手段이 달으고
貌樣이 달을뿐이지 조네가 죽엄을 超越혼다흐는
것이 나의 죽엄을 이저바리는것일세 나의 잇는
것과 조네의 超越의 結局은 맛찬가지지 말흐자
면 이저바리고 성각마는 일이야

「彼」그리기에 정말 몰은단말이야
「我」정말 아는날에는 自殺흐게되네 이世上은 흐치
도 알흘 못눠다보는 어두운 世上이라
닭여 도라다니는것이야 이世上의 압길이 直徑멧
尺이라고 알것갓흐면 自殺흐네 結局은 알지못흐
는것이 좃치 自殺은 쉬—
「彼」참 下愚不移일세
「我」彼此一般일세
「彼」소 귀에 經 읽길세
「我」바워에 듸못 걸길세
「彼」쓰장 조네는 말귀도 어두어
「我」彼此一般일세
「彼」하 하
「我」하 하
「彼」하 하
「局外者」彼我의 相爭은 解脫파 貪着의 分歧点이다그려

나此는人이人에게傳치못하고人이人에게授치못하ㄴ오즉自覺이잇슬뿐이라自覺은修養에在하나라

惟心에

威音 人

「偉論雄經同不通。一生弘護有深功。三千義學分燈後。圓教宗風滿海東」。이란詩는距今八百餘年前에高麗大覺國尊이南遊하야龍翪虎錫으로智異山華嚴寺에行詣하야當山의開祖오海東華嚴宗의初祖인緣起祖師의尊影을禮讚한것이다이詩로만觀할지라도當寺의事蹟이朝鮮佛敎史上엣光采陸離하고價値隆顧함을認悉하기不難하리라너니史家로自就하야古蹟을探玩함은안이지만일즉華嚴에現存한活歷史ー徐羅伐의佛國으로肩儔를相許하리만큼壯絶奇偉하다고聞하얏노라頭輪山水에

開中日月을空遺하다가忽然히錫을轉하야滿地黃雲을行披하고登하야當山의佛蹟을拜觀케되다時代와人物은種種으로懸殊하지만情意만은大畧一般인가하노라大覺國尊은當時一兩日의遊觀을做하고이러한詩를詠嘆하얏더라「寂滅堂前多勝景。吉祥峰上絶纖埃。彷徨盡日思前事。薄暮悲風起孝臺」라고盡日彷徨하야退思冥想으로往事를感慨하얏슴은今人도亦然이라（感慨한点은有殊한지모르지만）비록萬斛淸凉의華山이라할지라도內熱에兼外熱은盛夏의專實이라煩塵을忘息하기爲하야釋尊의舍利塔畔에松風을挹하고坐한지小焉에一沙彌가一封書를袖視하더라이는곳北林某友의惠翰이라山林飯囊의一數로烟雲水月을無聊空費하는에게熱情잇는敎諭와踊躍스러운新消息을先傳하야거의灰冷히가느니의勇氣를皷發하야新紀元의一段落을更劃하고來百世의우리社會에有用할一役夫를勉作하

려하는서 希望의 大勇猛으로 白雲을 披하면서 北岳을 向도已然하얏스며 未來도 當爾하리라 그러나이는 하야 無畏한 大勇猛을 一發하게하니 衆獸의 腦야 裂破되理論이안이라 事實이다 曖昧한 空論으로 模糊說道하야 든만든 快活하게 未曾有를 得하야 謝意가 엇지 淺鮮하랴 空然히 相互의 視聽을 眩擾케 할것이 안이라 往古住今에 實 善財에 對한 文殊로 感荷하노라 무엇이 그리 感激하나나 史로만 徵할지라도 其例一 頗多하야 오히려 枚擧키 不遑 를아니 우리들로하여 곰 無能無爲하든 舊殼을 脫하고 有 하니라 試看하라 저 古昔에 老子는 무엇을 主唱하얏스며 作有用하게 新天地로 引出指導하야 死로 生을 得하게 一 莊生은 무엇을 絶叫하얏나뇨 世論人生社會에 무엇이 不 無로 全有를 見하게 할 大勇猛大威勢大自在大神通의 大 滿足하고 不善美함을 脫出하려고 煩悶、苦痛、惡戰、慘 醫大師가 出世한다는 新消息을 啓示함일새니라 大醫師 鬪한 結果 무엇이라는 그네의 人生觀을 做出함이안인 란誰오 그에 所作爲는 又何오 가론「惟心」이니라니론起 카쓰리스도와 루데르와 마흡머도쓰한엇더하며 쇼크라 死回生이니라 吁라 世界의 佛敎徒야 特히 朝鮮의 佛弟子 러스와 둘수도이는 쓰한엇더하얏더하며 母論 다 不合理한 야 觀하라 如是 觀하라 心識을 靜淨하고 天耳를 借하야 佛 人生社會로 하야 곰 眞善美化코저 ㅎ야 먼저 自身들이 闇 眼을 假하야 時間的 空間的으로 三世의 事變을 聽觀하라 塵世界를 挺出脫離하야 微妙한 理體에 周圓한 道用을 悟 現代世界의 人類社會ㅅ한 特히 우리의 社會를 不忍聞의 得하고 實踐하야 各其自家의 安身立命을 說하며 或은哲 苦痛其聲非一時가안인가 不忍見의 事變悲哀、其態一 學으로 或은 宗敎로 一世를 風靡敎化하고 遺香餘澤이오 不一件이안인가아―엇지 現代뿐만獨히 如斯하랴 過去 히려 數千百載의 現代社會를 芳薰하고 光照함이 一何勝

事오欽且仰哉로다우리의敎祖釋尊은轉輪王의高位尊榮을頓辭하고尊榮으로不認할뿐아니라오히려苦痛으로魔害로看做하야畢竟엔遁世棲林ㅎ야六年의苦行으로드틔여正覺을大成하야人天을化度하니光被三界라所化機緣이엇지億萬뿐이리오無央世의往古來今에彼彼芸芸한衆生이悉皆그不思議의大法力에셔往復이無際하도다아ー嗟嗒다釋尊의此事가實로人生問題의大解決을告한것이오그裏面에何等의秘密이隱伏한者ー無하니라上下數千載間에達士哲者가잇섯다하면人生의大問題를解釋하는陣頭에立하야惡戰苦鬪로무엇을征服하고무엇을捕獲함에役軍勇士되지아니하고다만露現來하야烟化去한者는아모리天耳通이라도그聲을不聞할지며無等한顯微鏡이라도그容을不見하리로다아ー果然그러히다하면져모든聖哲英豪들은무엇으로兵粮삼아무엇으로戰機지어畢竟의勝利者되고結局의主盟者되얏느냐나는이럿케對答하노라그네들兵機軍粮은世上에셔云謂하는物質的인軍粮과兵機처럼飛行機나潛航艇싸위麵麭나麥飯等부치가안이라오즉靈的인心이잇슬뿐이니라그림으로칸드는認識哲學을大成하고釋尊은三界惟心萬法惟識의敎義를主唱하얏나니라海東佛敎界의高僧으로世界的의大著書를出하얏슬뿐안이라何方面으로見할지라도大哲碩德인元曉大師는惟心의道를圓明하야써華嚴宗을大揚하며無經不疏無論不釋이랄만콘大藏의疏記를力作하니朝鮮地方에셔崇仰됨은毋論、支那의僧侶의佛書著作에도ㅎ니海東疏(元曉著書를海東疏라通稱함은彼我가一般)를引用하얏나니惟心의道理ー實로大하도다그러나이러한諸聖哲의所修行과所辦事를檢察할時에는一人物도時代의要求를感應하야出現치안이한이가無하다고斷言할지로다換言하면時代潮流가澎湃하야무엇을破壞하고무엇을建設하여야될要件으로使命者를期待함이解行이在躬한이가그機會를利用하야蕩建掃立을使命되로自在行하야當代社會의主人翁으로天下萬世에太平을開하는者ㅣ엇지空然하리요今日의社會는突出이안이라過去社會를承襲한者인즉過去社會가이믜要求가잇섯고過去哲人이이믜空然이안이라時代의要求를應하엇다하면現代社會도要求가잇슬것은必然의勢오要求잇스면此에應救할이가必有하리로다이러한意味로看하야今에萬海道人외主管下에惟心이란雜誌를新刊합도쏘한空然이안임을肯信하겟다아ㅣ百花頭이던것이忽然히蕭條空寞하게許久한歲月을無聊히過來한우리社會우리人士들에果然意志가잇섯다하면要求가잇서스리라果然그러하다우리靑年界에新機가發軔한지時日이不淺하얏다實로要求가懇切하얏지만應急하는이엇지그리느젓는지우리의要求와自覺이오히려切實·

하지못하얏슴이一種原因이라할새그러함으로우리社會를對하야般憂深慮ㅣ一片時도胸海가安靜치못하며逾往固로脉搏이高頂되야不能已底一念으로銀山이라도穿透하며鐵壁이라도超出하며苦海를恐怖厭離아니하며魔軍을慴伏하고大義堂堂한正法幢을普法界에高樹하고無時不說廣長舌로斥邪辨正匡宗하야煩悶하여하는모든盲者跛者를救濟하려고山藪修道로藏光匿德하고過去幾多年間은沈默生活을忍做하든龍象이이제야本願力을乘來하니關頭의一着手로一機關誌를發刊함이今의惟心이안이나惟心이란句語는三千載의遠古로傳來하얏지만辭義詞藻그內容에就호야가장近代的으로一切의組織을策圖하고靈能의所及되로歆騰泉湧하는烈烈한思想을巨椽筆로餘地업시揮寫하며一方으론新文語를紹介하며一方으론古典籍을闡宣하야敷義的으로歷史的으로우리의全

思想界를統管하야將來의우리社會에如來의阿耨菩提橫이無하얏든덜마르틘루데르의宗敎改革으로現代歐洲列强에文明大業의現成與否가疑問이다如斯하야朝鮮佛敎가三國全盛을繼紹하지못하얏슴으로今日의改革을要求함이안인가苦海를渡함의波羅密을得하고夜幕을捲하의東天의晃朗을見함도亦一盛事오快事로다今에惟心을經之營之하는摩訶龍象이여風雨晦冥한裡를向하야新機輪을乘運하니小數의應援이不無하다할지나爲先은孤單하고寂寞하겟나이다그러나우리는熱誠으로祈禱하기를마지못하나이다惟心이여惟心의使命은자못重大하도다一人一家小事件으로브러人類全社會大事件에至하기써지그背景을觀할지어다種種의變換이時時로無常하야形形色色의別件事異品物을鑄設하지안이하는가善美로一身이佛陀化하며家國社會가華藏現하야淨行白業으로圓滿回向을得한다하야도此가自性佛陀、心裡華藏이며萬般社會가모도다

를荷擔할靑年에게弘法으로濟衆으로犧牲的精神、毅勇的氣魄、道德的根性을正覺涵養케하며아울러熱心과誠意로人道上傳導者되기를期望함이主眼이다換言하면無限한人天師를流出하야背理非道를匡正하고順理正道를衆生海에敎導하야大智光明을常放하야無限한將來에永遠한步武로退極한樂邦을亨有需用하자함이正鵠이다何時何人인들福樂을務圖치안인者ㅣ有하야私途로驅하야私欲만肆逸하야公理의自利利他라얏스라만公理的이안이오人道的이라小路에奔하는心眼이未開하야害物로써己能을삼는 닭에人我背馳하고苦樂相提하야同類一致를沒却하얏다面上은挾竹桃花요肚裡는滔天荊棘이라所以로人界는隆替相轉하고苦樂相隨하느니라世界가恒是昇平時代로만長住한다하면時代의英雄이無할지라耶穌敎派에黑暗의專

盜跖生하고地獄成하야惡持黑報로缺陷終境을招한다

흐야도오즉我意盜跖과唯識地獄일쌘이니라小하야도

우리의佛教社會를維新하고우리의全體社會를昂進케

하려는中心으로現出한惟心誌의責任이엇지重且大하

지안이하랴有形으로도猶難이어든허물며無形的인人

生心理를治效코저함이리오惟心의出世함을隨하야魔

障업시事緣이圓成하기도一難事로致念하지아니치못

할바이어니와以上의難은우리의靈能을그디로純粹하게

表現식혀우리社會로하야곰純實한佛國莊嚴을成判홀

惟心爾의喚起로朝鮮佛教界에第二釋迦가現身됨으로

써一大事因緣을畢하기를希望하노라그러나惟心의使

命이곳惟心을經營하는이의使命이오事業이라人法이

俱成하야其壽가永昌함을祝賀하나이다

生 의 實 現 (二)

印度哲學家 타쿠르 原著

個人과宇宙의關係

이와가치凡物과의關係를實現하고萬有와의聯結

을經하야神에到達함은印度人에在하야人道의最後

究竟이오圓滿한完成으로思하느니라。

人은宇宙의實在物을掠奪도하고破壞도하고發

明도하고發見도할수잇는것이라그러나人의偉大

한所以는人의靈魂이能히온갓것을悟함에在한것이

니人이固陋한習慣이라는貝殼中에自己의靈魂을幽

閉하면實로悲慘한破壞니라。

地平線을閉塞하야捲起하는沙漠의旋風과가치盲

動的으로激烈한勞作을하여야한다함은極히悲慘한

破壞니이는實로人의嚴存한生命卽理解의精神을逆

殺하는것이니라。

人은元來自己의奴隷도안이오 宇宙의奴隷도안이

라 人은다만愛에生하는것이니 人의自由完成은愛의

中에在하나라。

愛라는何오「完全한理解」의別名이니라

人은 이理解에依하야 自己의生도 그中에서呼吸

하야 宇宙의本體에 和解融合함을得하느니라。

人이만일他人을除却하고 自己一人이 高處에攀登

하는時에는 自己가他人보다優越하다는暴慢心을抱

하는時에는 그心神이錯亂하나니 이는人의眞生活을

得한人이안이라 人類生活의眞目的을成就한人은 人

과自然의完全한調和를得하야 神과共히合一하야 能

히安心立命을得하는人을謂함이니라。

基督의言에도 그와가치眞理를認하야「富者가天國

에入함보다 駱駝가針孔을通過함이易하다」하나니 이

는人이만일自己만爲하야寶物을貯藏하면 他人과는

精神的으로隔離가된다함이니 自己의所有物은 自己

를制限하는것이라 自己의富를積하기에만腐心하는

人은 항상增長하는利己의念에遮斷이되야 調和의天

國인精神世界에悟入하지못하느니라。

烏波尼娑度敎訓의旨한바는「神을求하고쟈하던

온갓것을 그胸中에抱擁하여야하나니 富를得코쟈함

에當하야 汝는眼前의小利에惑하야 온갓것을棄하나

이神을求하는道가안이라」하나니라。

近代歐洲의一哲學者는 彼等의得來한바를實現함

은除置하고 印度의波羅摩는世界에잇는온갓것을否

定함에不過하다하니 換言하면 無限의實在는形而上

學에由하지안이하면知하지못하는것이라함이니 이

러한主張은印度人의一部도 信하얏고 只今에도信하

는者가잇스나 그는元來印度精神의普遍的主義가안

이라 印度精神의 普遍的 主義는온갓것에 無限의 存在悅로化現하는哲人의感激中에認하는것이니라。

를實感하야肯定하고자하는實際問題니라。 내게들으라 너、不死의靈의아달들아。

宇宙의森羅萬象에는神의形跡을認할수잇는것이니 너、天國에住하는者여。

라。 나는無上道의人을知하노니。

우리가맛일「나는火中쏘水中에잇는神、全世界를 그光은闇을破하야照耀하느니라。

支配하야잇는神、年年收穫하는穀物의神、四時樹林 한鳥波尼娑度의一句는 直覺的인積極的인喜悅이

中에잇는神을見하얏다」하면 抽象的으로思한神이라 漲溢하지안이한가 茫漠한消極的의足跡이一毫나留

할가 안이라 이는 온갓것에 神을見한다할뿐안이오 합이잇는가。

世界온갓것의裏面에잇는神에接하는것이라 鳥波尼 鳥波尼娑度敎訓의實行的方面에一進步를促한佛陀

娑度에「神의意識을有한人은 最深한崇拜의情을有 도그와가튼일을說하니라。

한人이라」하니 그러한人의崇拜하는對象物은 到處 「上에在한者、下에在한者、遠한者、近한者、現

에嚴存하나니라 世界온갓것의實在를眞實케하는것은 하는者、現하자안이하는者、온갓것과한가지너

生한一眞理니 이眞理는知的眞理일뿐안이오쏘敬虔 는無限한愛에入하라。

의眞理라 即「南謨南無」─吾等은到處에매양 南謨 獸性을抱하지말지어다、殺心을起하지말지어다

南無를見하는것이니 南謨南無는一瞬間에恍惚한法 立하던지、步하던지、坐하던지、臥하던지、이

生 의 實現

五三

것을意識하야生하는것은波羅門精舍니라 換言하면 梵天의靈에浴하야生하고動하고喜하는것이니라。

그靈은무엇이뇨하면 烏波尼娑度는敎하야 「온갓것의光파 生命인正氣의裏面에잇는實在、世界를意識하는者를梵天이라하느니라。」

온갓것을感하고 온갓것을知함은 그靈이니 우리의心과身體는 그靈의意識에浸潤한것이라 太陽이地球를引함도 그意識의作用에由함이오 光波가洋洋히 恒星으로부러恒星으로流行함도 그意識의作用에由함이니라。

이光파生命의온갓것을感得하는實在는 다만 空間에만잇슬뿐안이오 人의心內에도잇는것이니 靈은진실로空間과外界에잇는全意識이오 또 人心의內部에잇는全意識이니라。

우리가宇宙意識을得하고쟈할진댄 우리의情念을 永遠不偏한情─── 이靈의音調에合奏하지안이하면안이되느니 眞正한人의進步는이靈의音調에合奏하는것이니라。

무릇, 우리의詩、哲學、科學、藝術、宗敎等은 더욱高히、더욱廣히、宇宙全般에亘하야意識을擴張하지안이하면안이되느니라。

人은廣大한空間이나外部의物을眞히所有할權利를 得하지못하는것이라 그러나人은眞이될만큼自己의 權利를擴張함을得하는것이오 그리하야 自己意識의 廣에因하야 自己所有의確實性을測함을得하느니라。

그러나우리는自己意識의自由를得하기爲하야 相當한代價를辨出하지안이하면안이되느니 그代價라는무엇이뇨 卽自我를棄함이니 烏波尼娑度에 「네가, 棄하면得할지니、너는貪하지말지어다」

하얏스며。伽陀經에는 人은 온갓일에 結果를 思하는 關聯하는 意識을 擴張하는것이 人道의眞正한勢力이니라。

貪慾을 棄하고 嗜하지안이하는心을 勵하야 動作하지 안이하면안이됨을 敎하얏스니 이、嗜하지안이하는 心은 卽印度에서 敎하는 無慾이라

印度人의所謂無限이라는것은 淺薄虛無한것이안이오 무엇에던지 滿足할수업는空漠한것도안이라 印度의哲人은 徹頭徹尾「現實生活中에神을識함은 自己가眞히生하는것이오 現實生活中에神을識하지못함은 悽愴한死라」고主張하느니

이無慾이라는 것을 批難하야 虛僞라하니 이는實로 矛盾의眞理라 謂할지니라。

自己의增長을 希하는者는 自己以外의온갓것을 다 蔑視하느니 이러한人에在하야는 自我를較하야 彼以外의物은 능히不眞實이라 그럼으로 온갓眞實을 意識하고자함에는 利己的要求라는 墻壁을脱出하야 自由로되지안이하면안이되느니 이自由를得케할方法은 社會的義務를守하는訓練으로由하야 得하는것 即他人의重卜을 半分하야負擔하는것이니라。

그런즉 人은如何히하야 能히神을識하는가 온갓일에神을 實現하면 能히神을識하는것이니 自然의中뿐안이오 家庭에서던지、社會에서던지 國家에서던지 온갓것에宇宙를實現하면 實現할수록 우리는더욱 能히神을 識하느니 그것을 能히實現하지못하면 우리는滅亡에瀕하느니라。

偉大한生命을得하고자하는者는「棄하면得할지니, 貪하지말지어다」라는 敎訓에依하야 漸次로萬物과

우리는 太古의印度預言的詩人이 藍色의天空에漲溢한日光을仰觀하고、欣然히世界를讚美하던일이잇

숨을 思하는 時에 人道의 未來에 對하야 偉大한 歡喜와 崇高한 希望에 充滿되니 그는우리가 神人同形說의 幻覺이 안이라 우리가 到處에 巨人의 形跡을 見한 것이 안이오 光과 陰이 交合하는 自然界의 厖大한 舞臺上에 演하는 人生의 戲曲을 見함도안이라 다만 個人이 界限잇는 障壁을 脫出하야 人類以上이 되야 萬有와 融合하고자함이니 이는 決코 徒勞의 空想이나 想像의 遊戲가 안이오 自我라는온갓 迷妄과 誤謬로부터 意識의 自由를 救出하는 것이니라.

이러한 太古의 預言者는 그 嚴肅한 心底에 宇宙의 온갓 無限物을 通하야 顫動하는 力과 同一한 力이 人의 內的 實際에 在하야 意識이 되야 現함을 感한 것이라 그리하야 宇宙는 絕對로 圓滿完全하야 비록 死라도 實在界에 一條의 缺隙을 生하지 안이함을 知하나니라.

彼等 預言者는 「神心의 閃光은 不死인 同時에 死라」하니라.

彼等 預言者는 生命과 死의 間에 何等의 矛盾을 認하지안이하야 조금도 逡巡하지안이하고 「死는 生이라」고 絕對의 確信으로써 斷言하얏스니 彼等은 「現出하는 生命의 形姿와 歸去하는 生命의 光景」을 同一한 眞心의 喜悅로써 見한 것이라 그럼으로 彼等은 「過去한 것은 生命中에 隱伏하얏다가 다시 歸來하리라」하니라.

大海表面에 起하는 波濤가 現하얏다 消하고 消하얏다 現하야도 그中에 淳澔한 生命은 永遠無限인것과 同히 人의 生命도 決코 一時的의 것이 안임을 信하나니라.

「萬物은 不死의 生命으로부터 出하야 生命과 共히 蠕動하느니 이는 生命이라는 것이 無限임일써니라.」

意識의 崇高한 自由觀念은 우리祖先의 代代로 傳來하는 貴重한 遺産이니 그것은 單히 知的이라던지 情緒的 이라던지 하는 것이 안이오 倫理의 根據를 有하야 實

行에 現出하는 것이라 烏波尼娑度에「崇高한 實在는 不偏한고로 萬物에 本然의 善으로 存在하다」하니 知識에던지、愛에던지、實行에던지、萬物과 眞히 合一하야 不偏한 神의 中에 自我를 實現하면 이는 眞善의 極이니 烏波尼娑度敎訓의 本旨가 是라 卽「生命은 無限이라」하니라。

小說

悟！

菊 如 （續）

五

새벽을 報하는 첫닭소래에 香嚴은 前과 갓치 잡을 셰엿다。킹컬한 湖水밋과 갓흔 靜寂한속에셔 얼마쯤 이러케 눈을 쓰고 가만히 몸을 자리속에 누어잇스면 캉캄은 하지만은 무엇인지 알수업는

무슨光明이 闇黑속에셔 빗최는듯 하고 그리고 그것이 自己에게 닷하야 무슨幸福길로 引導하야 주는것쳐럼 생각된다。

그러느 그光明이 未悟境에 잇는 自己를 버서느게하는「무슨一種의 啓示로구느」생각을 하면 그光明은 忽然 훌젹 스러저 버리고 那終에느 캉캄한 暗黑이「죽엄」의 幕과 갓치 쓸쓸히 그를 덥흘뿐이얏다。

「아아ー나는 무엇을 생각하는것이 잘못이다。새히려고 하는것이 그것이 漸漸더 迷하는것이다。나는 잠을 셔히면 꼭 무엇을 생각하는것이 안되얏셔 나의 意識이 動하면 나의 意識의 마즌便에 잇는神秘가 卽時 몸을 감추는고。나의 神秘가 므슨 나의 압헤 왓구느 생각만 하야도 그것이 벌셔 안된것이지……」

香嚴은 現實의나로 도라오면 늘—이러한 생각을 나의 目的이다。될수잇는대로 現在 내가 되야서는 ㅎ고는 自己가 아즉 大悟徹底치 못함을 뉘웃철 뿐 一刻이라도 얼는 세여 自由한몸이 되여야 한다」

이얏다。 이러케 생각을 ㅎ니 香嚴은 가만히 자리속에서 버 그의 머리눈 늘— 이 苦惱를 버셔 나셔 自由롭 둥미질을 치고 安眠호수 업셧다。그는 고만 벌덕 고 明快한 自己의 面目이 活躍케 ㅎ눈 뒤쓸이엿다。 일어낫다。

「思索으로 因ㅎ야 達ㅎ눈것은 形而下의 問題뿐 캉캄을 뚤코 멀리로셔 맛치 무순啓示갓치 쓰 닭 이다。父母未生以前의 一句를 가지고 제게 물어보 의 우눈소리가 들니인다。香嚴은 洗手를 ㅎ고나셔 고 오라ㅎ신 潙山스님의 말솜은 참 고마오신 垂示 默默히 面壁ㅎ고 專心으로 參禪ㅎ얏다。次次 날이 이다。懸念과 懸念의 配列로 直觀ㅎ야 엇은 緖認 밝아오면셔 여긔 저긔셔 새마귀 들니 운다。엇던소 운 이를 飜譯은 ㅎ겟지만 그것은 畢竟 그림에 그 티눈 「智閑스님 安寧히 줌으셧슴닛가 참 工夫에 熱 린역이다。모름즉이 得道를 ㅎ자면 思索갓흔것으 心ㅎ심닛다」ㅎ고 人事ㅎ눈것갓치도 들니인다。「무 로눈 達키 어렵지。그럿치 얼눈 일어나셔 안져야 어나 너눈? 사름주제에 우리들(鳥) 보담도 벌셔일 한다。勿論 參禪히셔 서히주눈것은 안이다。그러 어나셔 아모것도 안이ㅎ고 멀거니 안져셔 잇기만 ㄴ 參禪호結果에셔 나온 微妙호힘과 作用이 創作 ㅎ눈 이바보야—ㅎ눈것 갓치도 생각된다。아츰의 되눈것은 그것은 關係찬타。 안이 이것이 當面호 空氣눈 밤의 모든 邪氣를 썰쳐 버리고 新鮮ㅎ게 香

嚴의 肺에 吸收되얏다。 새 풀의 香氣와 오얏꽃의 香氣가 가득한 五月의 하늘은 閑寂히 밝아간다。 香嚴은 坐定에 들어 全혀 붓빛이갓치 正午서지 맥안젓섯다。

六

香嚴이 이곳에 居處를 定하기서지는 各處 叢林을 尋訪하얏다。 그러나 結局은 그의 雜念을 沈定케홈에는 너모 同參僧이 만핫다。

「이러셔는 도모지 안되겟다。 나는 암만하야도 혼즈 從容히 修行하여야 하겟다。」

그딕 맛춤너 南陽白崖山 黨子谷 慧忠國師의 舊跡을 생각하고 맨那終에 여긔를 추저 온것이다。그리고는 因히 그딕로 이곳에 錫을 멈으리기로 한것이얏다。

慧忠國師란 六祖慧能의 法을 이운 傑僧으로 唐의 肅宗 代宗의 둣터운 歸依를 밧고 那終에 西京으로 被召되야 光宅寺라는 졀을 創建하고 거긔 居하얏더니 이黨子谷의 舊庵은 實로 그 慧忠이 四十年間이나 獨參修行하던 有名한 靈跡인故로 香嚴에게 當하야는 정말 求하야도 엇을수업는 適當한 곳이얏다。

한번 여긔다가 나의 修行所를 定한後에는 그 香嚴은 決코 여긔를 써나는일이 업시 勉勉孜孜히 專혀 參禪으로 歲月을 보닛다。

北風에 눈바라치는 겨울도 가고 百花가 고음을 즈랑하는 봄철도 지너고 山에 어느덧 綠陰이 물으녹은 여름철이 되얏다。 人家를 멀리 써나는 庵子는 蓬蓬히 난 雜草로 덥히엿다。 다만 參禪에만 골돌하는 香嚴도 마당과 길을 分間할수업시 雜草가 茂盛하게 난것을 보고는 엇전지 가슴이 답답

혼것 갓히셔 마음에 아조 不愉快하얏다。太陽이 東에셔 南으로 도라 午時가 되면 그눈 늘ㅡ일어나셔 조곰 食事하눈다。無論 食後에 半時쯤은 느쎄는 糧食을 살어 藥에 가눈일도 잇셧다。그러나 普通은 終日終夜 參禪에만 그自身의 努力을 集中하얏다。

『參禪、參禪이란 말할것업시 佛祖의 家常이다。參禪으로 말미암아 佛祖눈 現前하고 參禪으로 말미암아 宇宙의 生命은 無始에셔 永遠으로 持續되눈 것이다……。그러ᄂ 現在의 나로 말하면 이參禪이 畢竟 무엇을 주눈고? 參禪의 當體눈 佛祖의 生命이 現前한다 하지만은 송장과 갓고 髑髏와 갓흔 나에게눈 무엇이 낫하나야……? 그야ㅡ 내가 決코 參禪을 낭을할는것은 안이야 나에게눈 有所

得의 생각은 조곰도 업다。參禪을 하야 가지고셔 라고 생각하든 일은 벌셔 以前일이다。現在의 나눈 아모 慾望도 아모 邪念도 업다……그러치만…… …내가 이대로 滿足할수 잇슬가? 안이 未悟대로 엇더케 安心을 히! 나눈 그딋도 오릿동안 參禪을 하야 보왓다。그러ᄂ 參禪하야 가지고 잇셧것 아모것도 어덧다……。안이 그런것이 안이지? 아즉 參禪이 不足하랏이지?。어웨ㅡ 내가 參禪을 疑心하얏노! 그럿치 그릭ㅡ그저 잠잠하고 안져 잇스면 고만이다……」

香嚴은 쎄쎄 이러한 생각을 하고눈 스소로 마음에 적지안이한 煩悶을 하고잇셧다

七

參禪은 진실로 佛祖의 慧命이다。만일 參禪이 업게되면 그마큼 宇宙生命의 持續이 休止될것이

다 우리는 어듸ㅅ지던지 參禪을 否定ㅎ야셔는 안된다。參禪이란 우리의 生命인 同時에 또 佛祖의 呼吸이다。셔라셔 參禪은 佛祖의 呼吸인 同時에 全宇宙 그 것의 體現이다。故로 參禪을 제쳐놋코 어듸 全宇宙가 存在ㅎ며 參禪을 無視ㅎ고 어듸 佛法이 流通ㅎ랴。參禪은 진실로 佛祖의 生命이다。그러느 參禪을 우리生活에셔 갈느놋코 거긔 무슨 意義가 남으랴。그에는 空ㅎ 形式의 死骸가 누엇슬쑨이오 그밧게 아모 生命이 뛰지를 안이ㅎ다。於是乎 充實ㅎ 生活은 모든 精神生活의 基礎가 되눈 第一 出發點이라 말ㅎㄹ수가 잇다。卽 喫茶喫飯ㅎ눈것이 佛祖의 大道가 낫하느눈것이다。故로 禪을 禪으로 尊重히 實參ㅎ눈 同時에 日常生活에셔 일어나눈 矛盾과 不徹底ㅎ것과 愉安ㅎ눈 것을 막고 이것을 充實케 ㅎ지안이ㅎ면 안된다。

그리 參禪과 生活이 一致ㅎㄹ째에 거긔 大宇宙의 活動이 일어나고 自己의 本來面目이 躍如ㅎ야 現前ㅎ눈 것이다。그런듸 香嚴은 參禪만 重히 알고 生活은 너모 輕示ㅎ얏다。그리 그눈 그저 參禪에만 몸을 파뭇게 ㅎ고 一向 生活의 現在눈 사랑ㅎ지 안이ㅎ얏다。이눈 잘못이엿다。

八

이날은 晴朗ㅎ게 개이엿다。풀은 하날에는 흔조각 구름도 뜨지안앗다。솔솔 부는 初夏바람에는 나무와 풀에셔 吐ㅎ내눈 生命의 神秘가 감추워 잇다。새벽브터 午前ㅅ지의 參禪을 맛치고 点心을 먹은後에 香嚴은 庵子를 나와 暫時間 宇宙의 無限ㅎ 大氣를 마시고 잇섯다。空中에눈 솔개미가 閑暇히

圓을 그리고 잇다。庵子를 나와셔 한발식 밧그로 내여 드듸니 茂盛하게 난 雜草때문에 香嚴의 長衫 조박이 가시잇는풀에 걸니엇다。「풀도 大端히도 낫다。이리셔야 단일수 잇다구。」 길은 어느식이에 그득히 난 풀에 파 뭇쳣다。그는 參禪만 하고 잇서셔 밧갓은 겻칠대로 겻치렷다。「오날은 풀여ᄂ 좀 쌥웃가。」 생각을 하고 그는 도로 庵子로 들어와셔 낫과 비로 가지고 민발로 다시 나왓다。그리고는 한便에셔브러 썩썩 풀을 베히기 始作하얏다。暫時동안에 만히 베혀갓다。四面이 不時에 훤한것 갓다。同時에 自己의 精神도 明快히진것 갓다。오래간만에 다리를 펴니 몸좃ᄎ 便한것 갓다。香嚴은 힘씃 팔도 펏다 다리도 펏다 하얏다。그럴때마다 自己의 筋肉은 큰소릭를 너여 깃버한다。

그럭져럭 풀을 거의 다 베힌故로 香嚴은 비를 들고 그것을 쓸어 모흐기 始作하얏다。쓴데를 들너 보니 참 무음에 싀원하다。「웨 진작 얼는 못쏩앗누」하고 香嚴은 생각하얏다。그리고 작고 쓰러 모듸엿다。큰풀섁리라 웃들듯들한 돌이 만히 그러모듸엿다。그가온듸 몹시 큰 돌멍이가 비슷헤 걸인다。힘을 들여 쓸어도 그대로 잇다。좀 妨害가 되는 돌멍이인故로 그는 응—하고 힘을 돌이여 비로 그것을 뒤기엿다。한즉 그돌멍이가 썰썰 굴너가셔 엽헤 잇는 대조각에 부듸쳐 쌩—하고 異常한 큰소릭를 내힌다。힘을 너모 들인 香嚴은 뒤기는바람에 그反動으로 빗슬하얏다。한즉 그의 머리는 놀난 空虛가 되얏다。씽—하고 돌의 부듸친 대리만 몹시 크게 그의 머리에 울니인다。그새 香嚴의 感受한 精神은 대에셔 나눈소릭에만 占領되앗다。世界는 擊竹하는 現前이앗다。그때는 大地도 업고 그自身의 存在도 업엇다。다맛 한 擊竹소리뿐이앗다。그것은 일즉이 經驗치 못한 不可思議한 大音樂의 諧調이앗다。香嚴의 心身은 恍惚히 그소리의 가는곳을 追及하얏다。그소리는 異常히게도 쓸ㅡ면서 늘ㅡ그의귀에 남아잇다。그의精神은 忽然 生命의 躍動에 눈이 쌔엿다。그의肉體는 佛陀의光明에 빗최엿다。

『이소리다!。이소리다!。내가 只今似지 찻든 소리는 實로 이소리다!。내가 이소리를 찻기 爲히셔 얼무큼이는, 苦心하얏는지 몰으겟다。아ㅡ 내精神이 인제는 붓쳐남갓치 自由自在하구느!。내肉體는 인제는 人間牢獄에서 解放되얏다。大悟!。大悟!。父母未生以前의 面目을 나는 비로소 相見하얏다!。。나는 비로소 世界第一人름에 세게 되얏다!。。아!이깃붐을 무엇에 譬할고!。그것은 나는 알수업다!。그보담 나는 第一 먼져 오날일을 潙山스님에게 感謝하지 안이하면 안되겟다……」

이러케 생각을 하조 香嚴은 고만 비를 내여 던지고 조와셔 庵子로 뛰여 들어왓다。그리고는 그는 沐浴을 하고 香을 퓌이고 潙山잇는곳을 向하야 오날의 일이 잇슴을 感謝하고 無數히 合掌拜禮하얏다。그리고 左의 偈頌을 불넛다。

一擊忘所知
更不假修治
動容揚古路
不墮悄然機
處處無蹤跡
聲色外威儀
諸方達道者
咸言向上機

그는 限업시 큰소래를 너여 이偈頌을 불넛다。明朗하재 개인 하늘노셔는 五彩의 구름을 타고 天女한무리가 風樂을 알외이면셔 나려온다。하조 同時

…에 大地는 金色으로 變하고 草木瓦 礫一切의 事事物物이 모다 讚嘆하는 노리를 불은다。天地는 實노 微妙한 심포니 (Symphony)—그 것이엿다。香嚴은 이音樂소리속에 다시 가만히 定에 들엇다。(完)

修養叢話

道를 學하는 人은 情欲의 所惑이되지아니하며 衆邪의 所嬈가되지아니하야 無爲에 精進하면 此人은 道를 得하리라 【華嚴經】

不義의 生活은 死와 等하니라 【오쎗드】

才智가 英敏한 者는 맛당히 學問으로써 其躁를 攝하고 氣節이 激昂한 者는 맛당히 德性으로써 其偏을 融할지니라 【菜根譚】

不幸은 人의 眞個의 試金石이라 【후랫스카】

婦人의 富는 美貌오 男子의 富는 學問이라 【가라일】

榮譽와 恥辱파는 地位로브터 起하는거시아니라 잘汝의職을盡하면 汝의榮譽는 此處에 在하니라 【샐ー썩】

智士는 利를 貪치 안나니라 【無量門微密持經】

耳目을 防護치아니하면 貪欲이 是로從하야 生하나니 是名이 苦種이니라 【雜阿含經】

心體가 光明하면 暗室의 中에 靑天이 有하고 念頭가 暗昧하면 白日의 下에 厲鬼가 有하니라 【菜根譚】

疑惑은 千百의 目을 有하니라 【쉑스피야】

仁者는 敵이 無하니라 【孟子】

事業을 改良코자하면 먼져 汝自己의 机로브터하지아니하미 不可하니라 【英國俚諺】

瞬時에 十分의 活動을하면 萬世에 亘하는 善良의 行爲

를完成하느니라 【라쑥에―써】

親切은가장堅固한城壁이라 【上仝】

不信의友는敵과如하니라 【쉑스피야】

不德을避하문德이라 【호레쓰】

大敵을見하고懼치말고小敵을見하고侮치마라 【俚諺】

惡智의行과癡冥의惑은牛羊의門과如하고智慧를修하는者는獅子의門과如하니라 【淨律經】

戱論諍論의處에눈諸煩惱가多起하느니智者는遠離하지니라 【大寶積經】

人의小過를責지아니하며人의陰私를發치아니하며人의舊惡을念치아니하면三者가可히德을養하고쓰한可히害를遠히하지니라 【菜根譚】

智識은權力이라 【째―ㄴ】

忠信을主하며己만如치못한者를友치말지니라

沈默으로써汝의怒를療하라 【孔子】

良友는金銀보다도尊하다 【亞剌比亞俚諺】

모든人情은吾의手足을勞하고吾의心思를苦하야得한物은반드시此를善라하고美라하느니라 【西諺】

學問은心을改良하야高尙케하느니라 【스마일쓰】

善한思想도實行치아니하면善한夢과異가無하니라 【英國俚諺】

余는情況에屈치아니하고도로혀此를屈服시기고자한다 【에마―손】【호레쓰】

靑天白日的의節義는暗室屋漏의中으로브터培來하고旋乾轉坤的의經綸은臨深履薄의中으로從하야操出하느니라 【菜根譚】

文藝懸賞

一、漢　詩（卽景卽事）

一、新體時歌（長短格調隨意）

一、短篇小說　一行二十四字一百行
　　內外（漢字약간석근時文體）

一、普通文　一行二十四字四十行
　　內外（鮮漢文體）

入選賞金五十錢으로三圓까지

入選賞金五十錢으로一圓까지

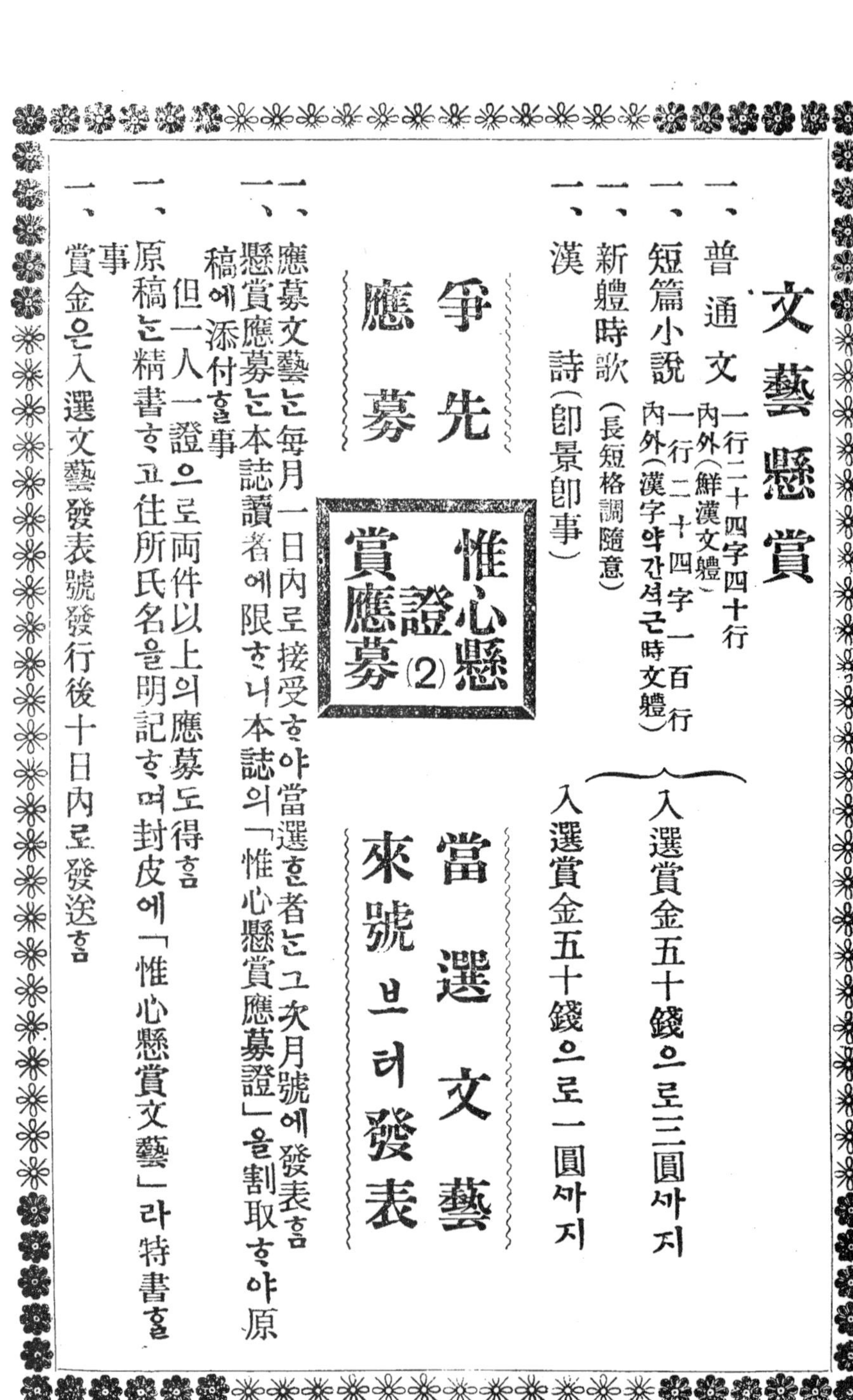

爭先
應募

當選文藝
來號브터發表

二、應募文藝는每月一日內로接受하야當選한者는그次月號에發表함

二、懸賞應募는本誌讀者에限하니本誌의「惟心懸賞應募證」을割取하야原稿에添付할事

二、但一人一證으로兩件以上의應募도得함

一、原稿는精書하고住所氏名을明記하며封皮에「惟心懸賞文藝」라特書할事

一、賞金은入選文藝發表號發行後十日內로發送함

購讀家의 注意

一、本誌代金은 先金을 要함

一、送金은 振替貯金法을 利用하시오(本社 振替口座는 五六六五番)

一、本誌를 請求하실 時는 住所氏名을 精記하시고 購覽中에 住所를 變更하실 時는 卽時 通知하시오

一、本誌에 關한 事로 回答을 要하는 書信에는 返信郵票를 添送하시오

定價表

冊數	先金	郵稅	合計
一冊	十八錢	五厘	十八錢五里
六冊(半年分)	一圓○三錢	三錢	一圓六錢
十二冊(一年分)	二圓○六錢	六錢	二圓十二錢

廣告料

等級	特等	一等	二等	三等
半頁	八圓	六圓五十錢	五圓五十錢	
一頁	二十圓	十五圓	十二圓	十圓

大正七年九月二十九日 印刷
大正七年十月二十日 發行

京城府桂洞四三番地
編輯兼發行者　韓龍雲

京城府寶金町二丁目二十一番地
印刷人　崔誠愚

印刷所　新文館

不許轉載

發行所
京城桂洞四三番地
振替京城五六六五番地
惟心社

大正七年八月二十八日　（第三種郵便物認可）

大正七年十月二十日發行　（毎月一回一日發行）

大正七年八月二十八日　〔第三種郵便物認可〕
大正七年十二月一日發行　〔毎月一回一日發行〕

惟心

第三號

京城　惟心社　發行

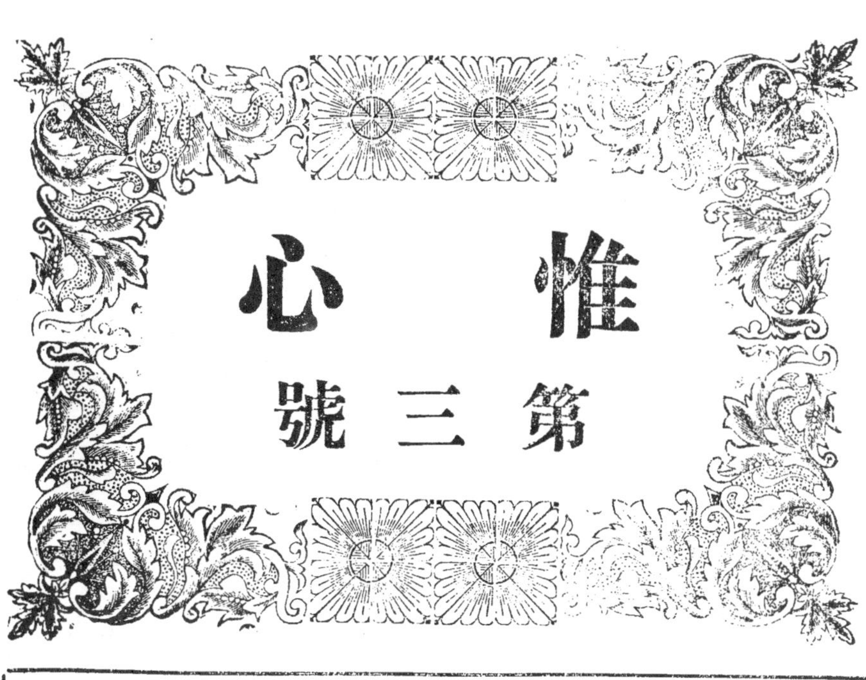

天涯의 惡路、運命의 神이아니다 너
의 墳墓는 蹢躅가아니고무어시냐 人
生의 迷路는 快樂도아니오 悲哀도아
니오 活動뿐이라 酷寒을막고 毛
外套뿐이랴 힘잇게 運動할지라 盛暑
를 避하미 扇風機가아니다 冷靜할재
腦는 百道의 淸泉을 超越하리라 開山
攻城의 大砲도 虛空이야색칠소냐 넓
기도넓다 너의 衿度 제아모리가리고
자하지마는 사뭇치는찬빗이야 黑暗
인들엇지하리 崑山의 石이 굿지아니
하랴마는 波斯의 市에 白玉黃玉紅玉
青玉

京城 惟心社 發行

惟心第三號目次

一

隻眼

自我를 解脫호라

人은 온갓 事物에게 繫縛되기 易혼 者ㅣ니 目으로 色을 見호매 色에 繫縛되기 易호고 耳로 聲을 聞호매 繫縛되기 易호며 情은 戀愛에 繫縛되기 易호고 意는 馳求에 繫縛되기 易호야 肉體나 精神이나 모다 一切事物에 對호야 繫縛되기 易혼故로 人은 繫縛으로 生호고 繫縛으로 生活호다가 繫縛으로 死혼다 호야도 辯護홀달이 업슬만콤 繫縛的이니 人은 生호고시퍼셔 自由로 生호는 者ㅣ아니라 業識茫々의 中에 可히 抵抗홀수업는 生理作用의 驅逐을 被호야 生호는者며 世에 生存호는 동안에 能히 寒暑를 伏호고 飢渴을 避호며 苦樂을 忘호고 衰病을 免호야 得意滿志縱橫自任호기 生活호는者ㅣ아니라 萬般의 逼迫과 無數혼 缺陷의 中에셔 肉體는 捕虜가되고 精神은 使役이되야 不自由沒趣味의 生活을 做호다가 不知不覺의中에 愛苦가 相煎호고 衰病이 相侵호야 能히 回避치못호는 最後의 死를 遂호느니 그러고보면 人은 生도繫縛이오 生活도繫縛이오 死도繫縛이라 生으로브터 死에至호기꺼지 一貫의 繫縛的뿐이아닌가 嗚乎라 人은 萬物의 靈長이되야 世界萬有의 主人翁이라 自稱호야 傲慢自負호며셔 도로여 萬般事物의 繫縛을 免치못호믄 何等의 恥辱인가 그러혼대 繫縛도 繫縛이어니와 繫縛을 免호고자호는 繫縛은 더욱 可笑호고 可憎호니라 目으로 色을 見호야 色의 繫縛이되는者가 그色의 繫縛을 解脫호기 爲호야 色을 避코자호며 耳로 聲을 聞호야 聲의 繫縛이되는者가 聲의 繫縛을 解脫호기 爲호야 聲을 避코자호면 可히 解脫을 得홀까 是와 如혼 方法으로 解脫을 得코자호면 解脫을 得치못홀뿐아니라 繫縛의 上에 繫縛을 加호야 苦悶을 增加홀

써름이라假令、紅色의 繫縛을 解脫코자ᄒᆞ야 紅色을 避ᄒᆞ고 白色을 對ᄒᆞ면비록 紅色에 對ᄒᆞᆫ 繫縛은 解脫된다ᄒᆞᆯ지라도다시 白色에 對ᄒᆞᆫ 繫縛이 生ᄒᆞ고 白色의 繫縛을 解脫코자ᄒᆞ야 白色을 避ᄒᆞ고 青色을 對ᄒᆞ면비록 白色에 對ᄒᆞᆫ 繫縛은 解脫될지라도다시 青色에 對ᄒᆞᆫ 繫縛이 生ᄒᆞ지오 一步를 進ᄒᆞ야 雙手로 兩眼을 掩ᄒᆞ고 一切의 色相을 謝ᄒᆞ야도다시보임이업는 中에셔 黑暗의 繫縛이 生ᄒᆞᆯ지며 聲에도 亦然ᄒᆞ니 琴瑟笙簧의 飄搖ᄒᆞᆫ 律呂의 繫縛을 避코자ᄒᆞ야 絃을 斷ᄒᆞ고 竹을 絕ᄒᆞᆫ다ᄒᆞ야도다시 隔江의 砧聲이나 雲外의 鴈聲에도 繫縛이될지오 一切의 聲音을 離ᄒᆞ야 왼 世界를 沈默化ᄒᆞᆫ다ᄒᆞ야도 ᄯᅩᄒᆞᆫ 寂寞의 中에셔 繫縛이되리니 一波가 纔息에 一波가 又起라엇지 繫縛을 解脫ᄒᆞᆯ 日이 有ᄒᆞ리오 洽然히 自身의 影을 避ᄒᆞ기 爲ᄒᆞ야 日下에 馳走ᄒᆞᆷ과 如ᄒᆞ야그 疲勞를 增加ᄒᆞᆯᄲᅮᆫ이니라 世에ᄂᆞᆫ 逆境에 處ᄒᆞᆫ 者가 多數가되ᄂᆞ니 逆境에 處ᄒᆞᆫ 者ᄂᆞᆫ 觸處에 繫縛이오 萬事에 不自由라그러므로그 苦痛을 其耐치못ᄒᆞ야 解脫을 得코자ᄒᆞᄂᆞᆫ 마음이더욱 切實ᄒᆞ고 激烈ᄒᆞᆫ 故로 甚ᄒᆞ면 家族을 棄ᄒᆞ고 天涯異域에 淪落ᄒᆞ야 放浪의 萍蹤生活을 做ᄒᆞᄂᆞᆫ 者도 有ᄒᆞ며 或은 社會를 離ᄒᆞ고 深山窮巷에 入ᄒᆞ야 不見不聞으로 宗旨를사며셔 獨善的 物外主意를 唱ᄒᆞᄂᆞᆫ 者도 有ᄒᆞ리라그러ᄒᆞᆫ 人은 何의 形式으로 見ᄒᆞ면 解脫에 近ᄒᆞᆫ듯ᄒᆞ나그의 智中에는 何時라도 黑暗이오 煩惱ᄲᅮᆫ이리니 是는 他故가아니라 繫縛과 解脫의 原理를 知치못ᄒᆞ미니 繫縛과 解脫은 他에 在ᄒᆞ미아니라 我에 在ᄒᆞ고 物에 在ᄒᆞ미아니라 心에 在ᄒᆞᆷ새니라 天下의 事物이비록 無量無窮ᄒᆞ나다 一念의 影像일ᄲᅳᆫ이니 故로 一念을 解脫치못ᄒᆞ고 事物에 對ᄒᆞᆫ 解脫을 得코자ᄒᆞ면 形을 留ᄒᆞ고 影을 去ᄒᆞᆷ과 如ᄒᆞ며 聲을 揚ᄒᆞ야 響을 止ᄒᆞᆷ과 如ᄒᆞᆫ지라 一切의 繫縛이 自我의 情欲에셔 生ᄒᆞᆯ지아니ᄒᆞ미 無ᄒᆞ니 戀愛의 繫縛은반ᄃᆞ시 傾國의 美人을 對

훈後에 生ᄒᆞ미 아니라 風雨晦冥의 獨夜에 도 欲火의 自焚 遠走ᄒᆞ然後에 出世라ᄒᆞ리오 繫縛의 責任도 我에 在ᄒᆞ고

을 禁치 못ᄒᆞ며 馳求의 繫縛은 반ᄃᆞ시 功名富貴의 熱鬧場 解脫의 責任도 我에 在ᄒᆞᆯᄲᅮᆫ이라 瓶에ᄂᆞᆫ 儲粟이 無ᄒᆞ고 廚

에셔만 生ᄒᆞ미 아니라 烟霞泉石의 間에도 非分의 煩悶을 에ᄂᆞᆫ 積薪이 無ᄒᆞ며 頹窓破屋은 風雨를 避치 못ᄒᆞ면 世人

感ᄒᆞᆯ지니 是ᄂᆞᆫ 一時의 物質은 謝ᄒᆞ얏스나 恒存의 一念은 은 그 苦痛을 堪耐치 못ᄒᆞ야 懊惱煩悶의 中에 埋沒ᄒᆞᆯ지어

斷치 못ᄒᆞᆫ 故라 그런 故로 一切의 解脫을 得코자ᄒᆞᆫ 者ᄂᆞᆫ ᄂᆞᆫ 姜秋琴은 貧窮의 極에 所居의 破屋이 霖雨의 滲漏ᄒᆞ야 禁

먼저 自我를 解脫ᄒᆞᆯ지라 自我를 解脫ᄒᆞ면 萬事萬物의 去 치 못ᄒᆞ야 屋上에셔 滲漏ᄒᆞᄂᆞᆫ 雨水가 壁을 緣ᄒᆞ야 奔流ᄒᆞ

來存亡은 모다 我의 命令에 一任ᄒᆞᆯ 이니 엇지 我에 對ᄒᆞ 미 祍席의 上에셔 寸步를 移치 아니ᄒᆞ고 天然의 瀑沛를 見

야 一毫의 繫縛을 與ᄒᆞ리오 故로「大隱은 市에 隱ᄒᆞᆫ다」ᄒᆞ ᄒᆞᆫ다ᄒᆞ고 缶를 繫ᄒᆞ면셔 詩를 朗吟ᄒᆞ얏나니 是ᄂᆞᆫ 何等의

ᄂᆞᆫ 말도 잇고「入世가 곳 出世라」ᄒᆞᄂᆞᆫ 말도 잇ᄂᆞ니 진실로 胸襟이며 明媚ᄒᆞᆫ 山水ᄂᆞᆫ 그 自然의 景色이 人의 淸趣를 興

一心이 隱ᄒᆞ면 아모리 身은 紅塵萬丈의 市朝에 在ᄒᆞ야 도 을 與ᄒᆞ기 足ᄒᆞᆫ 故로 世人은 山을 樂ᄒᆞ고 水를 樂ᄒᆞᆫ다ᄒᆞ거

그의 習中에ᄂᆞᆫ 雲樹烟月의 淸趣를 感ᄒᆞᆯ지니 엇지 반ᄃᆞ시 ᄂᆞᆫ 金梅月은 山에 登ᄒᆞ면 哭ᄒᆞ고 水에 臨ᄒᆞ면 哭ᄒᆞ야 少毫

杖屨를 江湖雲山의 間에 藏ᄒᆞᆫ後에 隱이라ᄒᆞ며 진실로 一 도 山水의 樂을 感得지 못ᄒᆞ얏나니 是ᄂᆞᆫ 何等의 懷抱인가

念의 染着을 離ᄒᆞ면 浮世苦海의 複雜ᄒᆞᆫ 社會의 上에 立ᄒᆞ 그러ᄒᆞ면 繫縛과 解脫이 外物에 在치 아니ᄒᆞ고 自我에 在

야도 그의 方寸에ᄂᆞᆫ 一點의 塵埃가 無ᄒᆞ야 世外物表에 逍 ᄒᆞᆷ을 證ᄒᆞ기 足ᄒᆞ도다.

遙自在ᄒᆞ야 잇지니엇지 반ᄃᆞ시 群을 離ᄒᆞ며 俗을 絶ᄒᆞ고 高棲 自我를 解脫ᄒᆞᆷ은 我의 自由에 在ᄒᆞᆯᄲᅮᆫ이오 少毫도 外物

의率制를受치아니할지라그러나自我를解脫함은實로容易한事가아니라그러므로十萬의軍中에赤手單刀로百戰百勝하는勇士도能히一念의妄動을制勝치못하고儼然한衣冠으로廟堂에坐하야百官을進退하는卿大夫도一己의私欲을過絕치못하나니故로古今을通하야見할지라도能히自我를解脫한者가實로曉天의殘星과如하니라自我의解脫은勇力으로도하지못하고威權으로도하지못하고智識으로도하지못하고才能으로도하지못하나니그道는다만修養의一道가有할뿐이라修養에도種々의方式이有할지니有益한書籍을讀하는事도有하며直接으로도先輩의敎訓을聞하는事도有하며間接으로偉人碩德을私淑하는事도有하리라그러나如何한良書를讀하며如何한先輩의敎訓을聞하며如何한偉人碩德을私淑하야自己의修養에資하야도自己의實踐이無하면許多한歲月을經하더래도前定의理想鄕에到達을

日은無하리니結局은自己의努力에依하야心을修하며性을養하야實踐躬行의向上을圖하매在하니그러하면品性은薰陶되야高尙의域에進하고人格은鍛鍊되야貞固의位에入할지니그리하고漸々、繫縛으로從하야通明에入하고通明으로從하야無障碍에入하고無障碍도從하야大解脫에至하면四分五裂이均是圓融이오七顚八倒가同一樂趣이니眼前에어찌魔障이有하야肚裡에어찌逆境이有하리오마는多少羈絆의中에在하야煩悶을自勝치못하고苦哉를絕叫하는憐憫者에게부치노라羈絆을주는外物을怨치말지라外物은我에對하야怨望밧기를조아하지아니하나라怨望을바들責任이無하며我도外物에對하야羈絆을준다고怨望할理由가업슬뿐아니라또한怨望할權利도無하니라다만自我를解脫하기에努力하라努力하야解脫을得하고그리하고大地를踏破하면前日에羈絆을주던一切의魔窟은忽

然히 征服되고 榮譽잇는 條件에 講和되야 快樂의 殖民地로 變ᄒᆞᄂᆞ니라 桃紅李白이 天趣를 極ᄒᆞ고 有生有死가 一空에 屬ᄒᆞᆯ지라 繫縛은 何物이며 解脫은 何物이뇨

遷延의 害

金剛山은 天下의 名山이라 萬物抄의 奇拔이 有ᄒᆞ며 九龍淵의 壯絕이 有ᄒᆞ며 萬瀑洞의 明媚가 有ᄒᆞ며 衆香城의 幽秀가 有ᄒᆞ며 昆盧峯의 崔嵬가 有ᄒᆞ며 千佛洞의 深邃가 有ᄒᆞ며 萬二千峯의 芙蓉이 有ᄒᆞ며 噴流萬斛의 珠玉이 有ᄒᆞ야 그 奇絕勝絕을 이로 名狀ᄒᆞᆯ 수 업ᄂᆞ니 진실로 天下의 名山이라 此 名山을 遊賞ᄒᆞ기 爲ᄒᆞ야 來ᄒᆞᄂᆞᆫ 者ᄂᆞᆫ 實로 多々ᄒᆞ야 十指로 能히 勝屈치 못ᄒᆞ지라 亞細亞人도 來ᄒᆞ고 歐羅巴人도 來ᄒᆞ고 美洲人도 非洲人도 來ᄒᆞ야 모다 그 世界無類의 勝景을 探賞ᄒᆞ고 此로써 一世의 勝事를 作ᄒᆞ고 百年의 美談을 資ᄒᆞᄂᆞ니 엇지 世界的 名勝地가 아니리오 그러ᄂᆞ 金剛山의 中에 居生ᄒᆞᄂᆞᆫ 人으로 老에 至ᄒᆞ기ᄭᆞ지 金剛山의 名勝을 玩賞치 못ᄒᆞᆫ 者가 잇스믄 何오 此ᄂᆞ 無他라 遷延의 故니라 金剛山에 居住ᄒᆞ면셔 老에 至ᄒᆞ기ᄭᆞ지 金剛山을 두루보지 못ᄒᆞᆫ 者ᄂᆞᆫ 金剛山의 名勝을 知치 못ᄒᆞ야 그러ᄒᆞ도 아니며 그 勝景을 探賞ᄒᆞ고자 ᄒᆞᄂᆞᆫ 意가 업셔셔 그러ᄒᆞ도 아니오 다만 今日에 玩賞치 못ᄒᆞ면 來日에 玩賞ᄒᆞ고 來日에 玩賞치 못ᄒᆞ면 來々日에 玩賞ᄒᆞ리라ᄂᆞᆫ 汗漫ᄒᆞᆫ 遷延으로 因ᄒᆞ야 마침내 老에 至ᄒᆞ기ᄭᆞ지 咫尺에 在ᄒᆞᆫ 天下의 絕勝을 玩賞치 못ᄒᆞ미니 甚ᄒᆞ다 遷延의 人의 前道를 沮遲ᄒᆞ미여

金剛山에만그러ᄒᆞ미아니라學問에도그러ᄒᆞ고事業에도그러ᄒᆞ고個人에도그러ᄒᆞ고社會에도그러ᄒᆞ야萬般의事爲에그러치아니ᄒᆞ미無ᄒᆞ도다何者가能히遷延ᄋᆞ로成ᄒᆞᄂᆞᆫ者ㅣ有ᄒᆞ리오遷延은곳情意의徵象이오失敗의源泉이라事爲에는機會가有ᄒᆞ고人生은限命이有ᄒᆞ지라限命이有ᄒᆞᆫ人生으로機會가有ᄒᆞᆫ事爲를當코자ᄒᆞ미엇지遷延으로失敗치아니ᄒᆞᄂᆞᆫ者ㅣ有ᄒᆞ리오機會를一失ᄒᆞ면千載의遺恨을作ᄒᆞᄂᆞ니機會는再來ᄒᆞ기難ᄒᆞ고人命은久留를保치못ᄒᆞ밀새니라ᄒᆞᆯ을며人은自來의機會만待ᄒᆞᄂᆞᆫ者ㅣ아니오能히機會를促進ᄒᆞ고時勢를創造ᄒᆞᄂᆞᆫ者ㅣ이리오機會를促進ᄒᆞ고時勢를創造ᄒᆞ메는오즉不絕의努力과勇進이잇슬ᄲᅮᆫ름이라그러므로天下의好事와千載의名聲은努力ᄒᆞᄂᆞᆫ者의領土가되고勇進ᄒᆞᄂᆞᆫ者의運河가되ᄂᆞ니라遷延ᄒᆞᄂᆞᆫ者도반ᄃᆞ시自家의持論이잇스리니天下의事는一日이나二日에다ᄒᆞ고마는거시아니오ᄯᅩ一朝一夕에成ᄒᆞ고되는거시아니난즉相當ᄒᆞᆫ時機를待ᄒᆞ야動作ᄒᆞᆫ다ᄒᆞ리라그所謂相當ᄒᆞᆫ時機라ᄒᆞᆷ믄何를標準ᄒᆞ민가遷延ᄒᆞᄂᆞᆫ者의意에는自己의所志를行ᄒᆞ메對ᄒᆞ야周圍의境遇가一毫도障碍가업슬ᄲᅵᆫ아니라도로여保護를與ᄒᆞ야順成ᄒᆞᆯ만ᄒᆞᆫ時機를指ᄒᆞ야相當ᄒᆞᆫ時機라ᄒᆞ리라그러나彼의뜻ᄒᆞᆫ바와가튼時機가果然、來乎아不來乎아ᄒᆞ미問題가될지니만일그러ᄒᆞᆫ時機가來치아니ᄒᆞᆫ다ᄒᆞ면是는窮却에一事도辦成치못ᄒᆞ미오僥倖으로그러ᄒᆞᆫ時機가到來ᄒᆞ다ᄒᆞ야도遷延ᄒᆞᄂᆞᆫ者는반ᄃᆞ시그時機를逸ᄒᆞ리라何故오遷延者는平居의事爲에對ᄒᆞ야今日에는明日로推ᄒᆞ고明日에는又明日로推ᄒᆞ고가치所謂相當ᄒᆞᆫ時機도一次만來ᄒᆞ미아니라來々又來々ᄒᆞᄂᆞᆫ줄로認ᄒᆞ야時機를逸ᄒᆞ면再時機가來ᄒᆞ고再時機를逸ᄒᆞ면三時機가來ᄒᆞ리라ᄒᆞ야一失再失을不厭ᄒᆞ지니遷延ᄒᆞᄂᆞᆫ者에

何의時機가有호리오時機라호믄長時間의努力을行호는者에對호一時的自然의奇緣을謂호미오惰怠遷延호는者에게偶然의成功을與호믄아니라時機는航海者에對호順風과如호고耕農者에對호時雨와如홀쑨이니엇지舟楫을操치아니호는者로호야곰彼岸에達케호며耕農을힘쓰지안는者로호야곰秋穫을得케호는時機가有호리오順風은陸에登호야車를驅호는者의適宜홀배아니오時雨는漂泊호야行路에在호者의利用될배아님과가치時機는惰怠호야遷延호는者의適用될배아니니라故로努力勇進호는者에게는機會아닌時가無호고惰怠遷延호는者에게는不機會아닌時가無호도다舟를操호야航海에努力호는者는비록順風의機會를맛나지못호는時라도그櫓를撓호는努力에依호야一步를進호는時는一步의機會가되고二步를進호는時는二步의機會가되야是와如호一步二步의小機會를積호야말지아니

호며究竟에는天水相連의滄海를渡호야期待夢想호던彼岸에到호는大機會를得호느니此는天來의機會가無홀지라도勇進의努力으로人爲의機會를作호미라만일努力勇進의中에萬里長風의順帆을得호면何等의機會라호리오其喜를可知오桔槹를執호야旱田을灌호매努力호는者는비록時來의甘雨가無호時라도그灌漑의努力에依호야一苗를潤호는時는一苗의機會가되고그二苗를潤호는時는二苗의機會가되고그二苗의小機會를積호야말지아니호면必竟에는上坪下野의甫田을灌호야滿地如雲의碩苗를得호는大機會를作호느니此는時至의甘雨가無홀지라도刻苦의努力으로人爲의機會를作호미니만일刻苦努力의中에沛然游沱의時雨가至호면何等의機會라호리오其喜를可知라事業을經營호는者가不幸히不機會의否運을當호야二敗一成五進七退의困境에在홀지라도不斷의努力을加호야不

屈의 勇進을 偏ᄒ면 步々로 芳草를 踏ᄒ고 面々에 靑山을 賞ᄒ는 成功의 樂園에 至ᄒ는 機會가 眼前脚下에 橫溢ᄒ리라 그러므로 遷延ᄒ는 者에게는 機會도 無ᄒ고 不機會도 無ᄒ며 成도 無ᄒ고 敗도 無ᄒ며 個人도 無ᄒ고 社會로 無ᄒ다 그러ᄒᆯᄲᅮᆫ만아니라 遷延ᄒ는 者는 生도 無ᄒ고 死도 無ᄒ니라 何故오 遷延ᄒ는 者의 百年의 生이 勇進ᄒ는 者의 一日의 死만갓지못ᄒ 故니라 何故오 遷延ᄒ는 者는 天下의 美事好業이 眼前에 委在ᄒ지라도 少毫도 營作이 無ᄒ야 積極的 社會進步에 對ᄒ 純消費者가 될ᄯᅳᆷ인 故니라 遷延ᄒ는 者는 生으로브터 死에 至ᄒ기ᄭᅡ지 死치아니ᄒᄆᆞ로 生ᄒᆯᄲᅮᆫ이니 何의 生趣가 有ᄒ리오 遷延의 害가 엇지 終極이 有ᄒ리오

前家의 梧桐

余의 寓居는 桂洞막바지의 如斗小屋이라 地面이나 建物로말ᄒ면 甚히 狹小ᄒ야 매우 갑々ᄒᆯ듯ᄒ다 그러나 그러케몹시 갑々지아니ᄒ 理由는 地形이 稍高ᄒ야 比較的 日光을만히밧고 空氣가 淸新ᄒ야 淸風이 時來ᄒ며 周園에 樹木이 잇셔셔 그 凉陰滴翠가 足히 苦炎의 煩悶을 銷却ᄒ는 故라 그러므로 狹窄ᄒ 小屋에셔 盛夏를 經ᄒ얏스되 그대지 炎熱의 苦를 感覺치못ᄒ얏도다

그러나 人은 外界로브터오는 炎熱의 苦를 感ᄒ미보다 內心으로브터 生ᄒ는 煩悶의 苦를 感ᄒ미 甚ᄒ니라 그러ᄒ되 余는 여르를지니는동안에 外界로브터오는 炎熱의 苦를 甚히 感覺지아니ᄒᆯ뿐아니라 內心의 煩悶도 坐ᄒ 頓息ᄒ얏ᄂᆞ니 是는곳 前家梧桐의 恩惠가 多ᄒ도다 前家에 그 後墻을 依ᄒ야 一株의 梧桐이 有ᄒ니 그 高가 屋脊을 過ᄒ

야余의 寓居의 正廳에셔 그 梧桐의 上半身을 正面으로 보 그 梧桐을 自由로 情을 盡ᄒ야 受用ᄒ니 是는 他人의 所有

개되얏도다 月明의 夜에는 疎影이 縱橫ᄒ야 分外의 淸趣 를 橫領ᄒ미 아닌가 그러나 法律上으로는 何의 裁制가 無

를 添ᄒ고 急雨의 時에는 雨聲이 冷々ᄒ야 萬斛의 凉味를 ᄒ니 是는 그 梧桐을 精神的으로는 如何히 受用ᄒ지라도

輸送ᄒ며 朝霞暮煙과 晝陰夜影에 各々、其趣를 盡ᄒ야 그 梧桐의 形質에만 損減이업스면 法律上의 問題는 되지

何時라도 相對ᄒ는 余로ᄒ야 꿈 不知不覺의 中에 스사로 아니ᄒ미니 法律의 效力은 形質에 止ᄒᆯᄯᅳᆷ이믈알니로

內心의 煩悶을 忘게ᄒ는도다 그러ᄒ면 이 梧桐은 엇더ᄒ 다 그 主人은 此 梧桐의 形質을 如何ᄒ方式으로 實用ᄒ시

魔力이 이셔셔 人의 精神을 痲痺ᄒ단가 否라 梧桐 라도 幾圓의 價値에 지나지 못ᄒᆯ지라 그러나 余는 精神上

엇던 혼 聖能이 잇셔셔 人의 煩惱를 解脫ᄒ민가 梧桐 으로 그 梧桐의 自然을 應用ᄒ야 萬念의 煩悶을 慰藉ᄒ니

은 魔力도업고 聖能도업고 다만 自然 ᄲᅮᆫ이어늘 그 價値를 論ᄒ면 엇지 幾圓의 金錢에 止ᄒ리오 前家의 梧

는 사람이 善美를 感ᄒ야 梧桐化될ᄲᅳᆷ이라 人生과 自然 桐은 法律的으로 形質的으로 그 主人에게 供獻ᄒ는 價値

이 잇지 兩界가 잇스리오 梧桐卽我오 我卽梧桐이니 我與 는 幾圓의 金錢에 不過ᄒ나 道德的으로 精神的으로 隣家

梧桐이 非一非二니라 의 余에게 惠波를 及ᄒ믄 實도 金錢을 超越ᄒ시라 假令、

梧桐所有家로달ᄒ면 그 梧桐이 自家의 人은ᄒ니볼수 良工이 有ᄒ야 此 梧桐을 伐ᄒ야 五絃이나 七絃의 琴을 成

도업는 後面一隅에 在ᄒ야 所有權을 除ᄒ 外에는 何等의 ᄒ고 伯牙를 千載의 上에 起ᄒ야 그 使俑을 盡ᄒ야 我의 方

必要가 無ᄒ시라 半枝一葉의 所有權이업는 隣居의 余가 寸의 事를 彈ᄒ지라도 內心의 煩惱를 銷ᄒ메는 此 自然

前家의 梧桐

의 梧桐에 一步를 讓ᄒᆞ리라 白樂天은 月夜에 梧桐의 價를 深送ᄒᆞ얏다ᄒᆞ나 余는 이 글을 쓰 노라 이것도 梧桐의 갑이 멸는지

無用의 勞心

過去十年前에 人에 對ᄒᆞ야 失禮ᄒᆞᆫ 事를 想起ᄒᆞ야 悔恨ᄒᆞ며 未來百年後의 病死를 預測ᄒᆞ야 愛慮ᄒᆞ며 現在에도 泰山을 挾ᄒᆞ고 大海를 超越치 못ᄒᆞᆯ부싀려ᄒᆞ며 天錢이 雨至ᄒᆞ야 我家의 窮鬼를 逐出치 아니ᄒᆞᆷ을 怨望ᄒᆞ면 이러ᄒᆞᆫ다 無用의 勞心이 될ᄲᅮᆫ이니라 그러나 過去의 過失을 絶對로 顧慮치 말며 未來의 憂患을 斷然히 預料치 말며 現在에도 本無의 事功을 創造ᄒᆞ지 말나는 말은 아니라 過去의 過失을 鑑ᄒᆞ야 遷善을 圖ᄒᆞ면 可ᄒᆞ고 未來의 缺陷을 補充ᄒᆞ기 爲ᄒᆞ야 預備를 整頓ᄒᆞ면 足ᄒᆞ거늘 旣成의 往事를 悔恨ᄒᆞ야 現在의 精力을 耗損ᄒᆞᆷ은 不可ᄒᆞ고 未然의 患難을 愛慮ᄒᆞ야 現在의 銳氣를 沮喪ᄒᆞᆷ은 不可ᄒᆞ며 現在에도 人力으로 做成ᄒᆞᆯ만ᄒᆞᆫ 當面의 事爲에 對ᄒᆞ야 努力ᄒᆞᆯᄲᅮᆫ이라 엇지 切實ᄒᆞ지 못ᄒᆞᆫ 空想을 抱ᄒᆞ야 부지럽시 心神을 費ᄒᆞ리오 過去는 이믜 간지라 다시 오지 못ᄒᆞ고 未來는 아즉 오지 아니ᄒᆞᆫ지라 미리 쇠려 오지 못ᄒᆞᄂᆞ니 人生의 最大機會는 現在에 在ᄒᆞ고 現在의 中에도 人生 全生活의 九分以上은 平常ᄒᆞᆫ 事爲에 在ᄒᆞᆫ지라 그러ᄆᆞ로 往事를 悔恨ᄒᆞ야 過去의 奴隷가 되며 未來을 預慮ᄒᆞ야 未來의 捕虜가 되ᄆᆞᆫ 智者의 事가 아니오 現在에도 日用의 常道를 閑却ᄒᆞ고 事實不能의 虛想을 構ᄒᆞ야 天外飛來의 僥倖을 企ᄒᆞᄆᆞᆫ 狂人이 아니면 곳 痴人일ᄲᅮᆫ이니라 人生의 不幸이 엇지 此에 過ᄒᆞᄂᆞᆫ 者ㅣ 잇스리오 차라리 脫然超出ᄒᆞ야 蕭然孤

往ᄒᆞ만갓지못ᄒᆞ나라

世에는征馬를逸ᄒᆞ고路邊의楊柳를怨望ᄒᆞᄂᆞᆫ者도잇ᄉᆞ며白鷗를찻다가平沙의雲月을沮呪ᄒᆞᄂᆞᆫ者도잇스리라 그러나路邊의楊柳가征馬를逸ᄒᆞᆫ者에對ᄒᆞ야무슨責任이잇스며平沙의雲月이白鷗를찻는者에對ᄒᆞ야무슨惡意가잇스리오 다만怨望ᄒᆞᄂᆞᆫ者가스사로怨望ᄒᆞᆯᄲᅮᆫ이오沮呪ᄒᆞᄂᆞᆫ者가스사로沮呪ᄒᆞᆯᄲᅥ름이니라 이와갓치事爲를經營ᄒᆞ다가ᄠᅳᆺ과가치順成치못ᄒᆞᄂᆞᆫ境遇에는忽然히그責任이我에在ᄒᆞᆷ을忘却ᄒᆞ고外物에對ᄒᆞ야情懷를費ᄒᆞᄂᆞ니失敗의初에는冥助를得ᄒᆞ야失敗를回復코자ᄒᆞ야天을訴ᄒᆞ고神에媚ᄒᆞ다가窮道의極에至ᄒᆞ면스사로反感을起ᄒᆞ야다시天을怨ᄒᆞ고神을責ᄒᆞᄂᆞ니訴ᄒᆞ나媚ᄒᆞ나怨ᄒᆞ나責ᄒᆞ나勞心은一般이라 그러나이러ᄒᆞᆫ勞心의結果로무슨效能을得ᄒᆞ리오만ᄂᆞᆫ天과神이人을助ᄒᆞᆫ다ᄒᆞ면訴ᄒᆞᄂᆞᆫ者와媚ᄒᆞᄂᆞᆫ者도助치아니ᄒᆞ고ᄯᅩᄒᆞᆫ怨ᄒᆞᄂᆞᆫ者와責ᄒᆞᄂᆞᆫ者도助치아니ᄒᆞ고 다만訴치도안코媚치도안코怨치도안코責ᄒᆞ지도안코제가제일ᄒᆞᄂᆞᆫ者ᄅᆞᆯ助ᄒᆞ리라 그러면自己가自己의일을ᄒᆞ다가自己가失敗ᄒᆞ고그失敗와아모關係도업는天과神에게訴ᄒᆞ고媚ᄒᆞ다가그레도되지아니ᄒᆞ면다시怨ᄒᆞ고責ᄒᆞ야變幻不窮의心緒를勞亂ᄒᆞᄂᆞ니是는ᄯᅩᄒᆞᆫ何等의不肖이뇨 人은自己의事에對ᄒᆞᄂᆞᆫ成功에나失敗에나當然ᄒᆞᆫ責任을負ᄒᆞ야安心靜慮ᄒᆞᆯ지니라

勞라ᄒᆞ면心을勞ᄒᆞ던지力을勞ᄒᆞ던지그勞에相當ᄒᆞᆫ反面의收果를要ᄒᆞᆷᄂᆞᆫ人의常情이오因果報應의原則이라 故로一寸의勞를費ᄒᆞᆫ處에는一寸의果를收ᄒᆞ고一尺의勞를費ᄒᆞᆫ事에는一尺의功을成ᄒᆞᄂᆞ니此는有用의勞를謂ᄒᆞᆷ이라 有用의勞라ᄒᆞᆷ은無의中에셔有를求ᄒᆞᄂᆞᆫ徒勞가아니오未發을發케ᄒᆞ며沈衰를降盛케ᄒᆞ기爲ᄒᆞ야活用ᄒᆞᄂᆞᆫ心力의狀態를云ᄒᆞᆷ이니이러ᄒᆞᆫ勞ᄂᆞᆫ勞의比例

로 安逸한 功果를 得하나니라 人은 何時라도 그 人格과 事業의 範圍를 隨하야 勞를 執하게 되나니 個人을 爲하는 分業의 勞를 執하고 家族을 爲하는 一家의 勞를 執하고 社會를 爲하는 社會的의 勞를 執하나니 可히 免할수업는 人生分內의 勞를 執하기에도 오히려 暇隙이업슬지어늘 엇지 無用의 徒勞를 費하야 分外의 苦痛을 買하리오 貧窮의 苦도 苦라할지오 卑賤의 苦도 苦라할지오 疾病의 苦도 苦라할지오 劣弱의 苦도 苦라할지며 其外에도 여러가지의 苦가잇스리라 그러나 그는다 外界로브러오는 苦라 形殼에 對하는 幾分의 苦를 感할지나 心理上으로는 解脫할수가잇나니 實로 徹底한 苦가아니어니와 勞心의 苦에 至하야는 何의 方法으로도 除去치못하나니 此는 苦中의 苦니라 假使、人이 此에 在하야 貧窮의 反對로 榮達하고 卑賤의 反對로 貴하고 疾病의 反對로 康健하고 劣弱의 反對로 優勝하야 外物과 肉体에 對하야는 心意의 苦가 無하다할지라도 一念의 間에 妄想의 煩惱를 起하면 五体六識이 忽然히 萬何의 苦坑에 投하야 底止할바를 알지못하나니 是에 至하야 果然、榮達能貴康健優勝의 安樂이 何處에 在하리오 故로 無用의 勞心은 苦病의 骨頂이니 無用의 勞心의 反面에는 無用의 結果가잇슬쏀이니라

毀譽

毀謗하고 稱譽함은 남에게잇고 行하고 그치믄 나에게잇나니라 남은 나가아니나오 나는 남이아니나 즉 남이져아닌 나에게 對하야 毀譽를 加하믄 말닐수업는 일이라 그러므로 남만 나에게 對하야 毀譽할쑨아니라 나도 나아니나 밧에

게 對ᄒᆞ야 ᄯᅩ한 毀譽를 ᄒᆞ게 되ᄂᆞ니 毀譽ᄂᆞᆫ 自己의 主觀的 觀念을 標準으로ᄒᆞ고 다른 事物을 評論ᄒᆞᄂᆞᆫ 形式을 이르미니라 毀謗을 시려ᄒᆞ고 稱譽를 조아ᄒᆞᆷ은 사람의 常情이다 그러나 남이 毀謗ᄒᆞᆫ다고 져의 自信잇ᄂᆞᆫ 하고자ᄒᆞᄂᆞᆫ 일을ᄒᆞ지 아니ᄒᆞ며 남이 稱譽ᄒᆞᆫ다고 져의 良心에 ᄒᆞ기실흔 일을 억지로ᄒᆞ면 大端히 올치못ᄒᆞᆯ 일이니라 그러므로 사람이 진실로 自信이 잇슬진ᄃᆡ 世上 사람이 다 毀謗ᄒᆞ야도 조곰도 動撓ᄒᆞ지아니ᄒᆞ고 그 自信의 理想을 實現ᄒᆞ기 爲ᄒᆞ야 勇往邁進ᄒᆞᆯᄲᅮᆫ이니 엇지 남의 毀譽를 말매암아 나의 마음에 欣厭을 내며 나의 일에 行止를 左右ᄒᆞ리오 ᄯᅩ 사람의 깃ᄲᅮᆷ은 內心의 깃ᄲᅮᆷ보다 더큰 깃ᄲᅮᆷ은 업ᄂᆞ니 만일 다른 사람의 容易히ᄒᆞ지못ᄒᆞᄂᆞᆫ 일을 自己獨特의 自信에 依ᄒᆞ야 勇敢스럽게 行ᄒᆞ메 對ᄒᆞ야 世上사람의 毀謗이이든다ᄒᆞ면 이를 수록 自信ᄒᆞᄂᆞᆫ 內心의 깃ᄲᅮᆷ은 反抗의 彈力을 增加ᄒᆞ면셔 더욱 더욱 澎漲ᄒᆞ리라 다시말ᄒᆞ자면 霜雪을 凌駕ᄒᆞᄂᆞᆫ 松栢은 해가 찰ᄉᆞ록 그 孤節이 獨露되고 萬夫를 當ᄒᆞᄂᆞᆫ 勇士ᄂᆞᆫ 對手의 敵이 만ᄒᆞᆯᄉᆞ록 그 驍勇을 實用ᄒᆞᄂᆞ니 自信이 굿게셔 前進의 힘이 굿셴 사람에게ᄂᆞᆫ 外界로브러오ᄂᆞᆫ 毀謗이 도로여 暗喜가 되ᄂᆞ니 남의 毀譽도 말매아머 心思를 休戚ᄒᆞ고 事爲를 行止ᄒᆞ면 이ᄂᆞᆫ 宇宙의 奴隸오 萬有의 駢拇일ᄲᅮᆫ이라 엇지 頂天立地、當死當生、孤往獨來의 突立ᄒᆞᆫ 人格의 홀배리오.

毀譽타ᄒᆞᄂᆞᆫ 거슨 眞正ᄒᆞᆫ 것도아니오 一定ᄒᆞᆫ 것도아니라 그러므로 周나라 當時에ᄂᆞᆫ 幼主를 補ᄒᆞ면셔 萬事恐懼ᄒᆞ던 周公을 權臣이라고 批評ᄒᆞᆫ 者도 잇슬거시오 漢나라 當時에ᄂᆞᆫ 恭敬下士ᄒᆞ던 王莽을 國士라고 羨美ᄒᆞᆫ 者도 잇슬거시며 面을 보고ᄂᆞᆫ 讚美歌를 부르다가 背를 보고ᄂᆞᆫ 罪惡史를 말ᄒᆞᄂᆞᆫ 者도 잇고 芭蕉扇을 ᄯᅴ우든 昨日에ᄂᆞᆫ 天神가치 稱道ᄒᆞ다가 몸지무든 정자관을 쓰게되ᄂᆞᆫ 今日에ᄂᆞᆫ 魔鬼가치 呪咀ᄒᆞᄂᆞᆫ 者도 잇슬지니 그러ᄒᆞ면 所謂、世上

의 毀譽라ᄒᆞᄂᆞᆫ 것도 ᄯᅩ한 禽躁蟬聲일 ᄲᅮᆫ이 아닌가 毀譽의 ᄒᆞᆫ일이라 그러나 新聞雜誌도 各 主義의 機關이므로 政府의 機關도 잇고 民黨의 機關도 잇고 宗敎의 機關도 學術의 機關도 온갓 機關이 잇서서 各々、自主義를 標準ᄒᆞ야 同을 黨ᄒᆞ고 異를 伐ᄒᆞᄂᆞ니 만일 新聞의 讚譽를 어드리ᄒᆞ면 何를 取ᄒᆞ고 何를 捨ᄒᆞ랴오 ᄒᆞᆫ번 新聞上의 一句의 稱譽를 어드면 이를 滿足ᄒᆞᆫ 光榮으로 알고 新聞上의 一言의 毀評을 바드면 이를 莫大ᄒᆞᆫ 恥辱으로 생각ᄒᆞ야 自己의 主義를 風草的으로 變動ᄒᆞ며 이ᄂᆞᆫ 사람의 形容을 가ᄎᆞᆫ 贅疣이 될 ᄲᅮᆫ이니 이러ᄒᆞᆫ 사람은 잇서도 만ᄒᆞᆯ 거시 업고 업서도 적을 거시 업ᄂᆞ니라

中에ᄂᆞᆫ 勿論、堯를 吠ᄒᆞᄂᆞᆫ 跖犬의 聲도 잇고 江湖의 相忘을 笑ᄒᆞᄂᆞᆫ 井蛙의 聲도 잇고 炎凉을 隨ᄒᆞᄂᆞᆫ 鴻鴈의 聲도 잇슬지니 이러ᄒᆞᆫ 標準도 업고 常軌도 업시 되ᄂᆞᆫ 대로 지ᄭᅥ리ᄂᆞᆫ 毀譽에 對ᄒᆞ야 ᄂᆡᆺ々이 取捨ᄒᆞ랴 ᄒᆞ면 心思ᄂᆞᆫ 悶殺ᄒᆞ고 肉体ᄂᆞᆫ 忙殺ᄒᆞ고 事爲ᄂᆞᆫ 煩殺ᄒᆞᄯᅥ름이리니 엇지 安心ᄒᆞᆯ 날이 잇스며 成功ᄒᆞᆯ 일이 잇스리오 草昧時代의 毀譽로 말ᄒᆞ면 그 方法이

其히 單純ᄒᆞ야 口口相傳일 ᄲᅮᆫ인 故로 그 範圍가 狹小ᄒᆞ고 傳播ᄒᆞᄂᆞᆫ 速力이 遲鈍ᄒᆞ야 容易히 廣布되지 못ᄒᆞ더니 所謂 文明의 利器가 發達되로로브터 電信電話가 잇고 飛行 郵便이 잇고 新聞雜誌가 잇서서 毀譽를 宣揚ᄒᆞᄂᆞᆫ 機關이 盡善盡美ᄒᆞᆫ지라 아침에 京城에서 毀謗이 아러나면 져녁셰 倫敦新聞에 揭載되고 今日에 巴里에서 稱譽가 이러나면 來日에 栢林의 講壇에셔 講演ᄒᆞ게 되ᄂᆞ니 實로 ᄲᅮᆯᄲᅮᆯ만

且、斥鴳이 엇지 大鵬의 圖南을 알며 燕雀이 엇지 鴻鵠의 遠想을 알리오 超邁ᄒᆞᆫ 思想과 偉大ᄒᆞᆫ 事業은 매양 衆人은 夢想도 밋지 못ᄒᆞᄂᆞᆫ 가온대셔 創起되ᄂᆞ니 이러ᄒᆞᆫ 衆人으로 ᄒᆞ야곰 自己ᄂᆞᆫ 夢想도 못ᄒᆞᄂᆞᆫ 超想偉業을 對ᄒᆞ면 無論、排斥ᄒᆞ고 毀謗ᄒᆞᆯ지니 그러ᄒᆞᆫ 排斥과 毀謗ᄒᆞᆯ 顧忌ᄒᆞ

야初志를還消ᄒᆞ고作業을中止ᄒᆞ면그러ᄒᆞ사람의일홈은永遠히衆人의列傳에登載될뿐이라斥鷃이笑ᄒᆞᆫ다고어지蓬蒿의下에翶翔ᄒᆞᄂᆞᆫ大鵬이잇스며燕雀이알지못ᄒᆞᆫ다고엇지簷間籬角에棲息ᄒᆞᄂᆞᆫ鳩鵲이잇스리오衆人의誹謗이雷聲갓고新聞의惡評이電片갓더래도나ᄂᆞᆫ의自信ᄃᆡ로만힘쓰고나갈지라그리ᄒᆞ야獨創的事功을이루면誹謗의聲波ᄂᆞᆫ變ᄒᆞ야讚美歌의新曲이되고惡評의新聞紙ᄂᆞᆫ化ᄒᆞ야論功의第一章이되리라英國의政治家로有名ᄒᆞᆫ쌀화가튼사람은自己의主義를實行ᄒᆞ기爲ᄒᆞ야一般의新聞을보지안ᄂᆞᆫ다ᄒᆞᄂᆞ나그러나自己의主義가他主義에同化될까두려ᄒᆞ야新聞을絶對ᄂᆞ보지안ᄂᆞᆫ것도사람의弱點이라나ᄂᆞᆫ新聞을보지말나ᄂᆞᆫ말이아니라다만남의毀譽에被動되야自信의立志를犧牲ᄒᆞ지말나ᄂᆞᆫ말이니簡單ᄒᆞ게말ᄒᆞ자면一世의毀譽를無視ᄒᆞᄂᆞᆫ豪膽이잇서야萬人의理想을超越ᄒᆞᄂᆞᆫ快事를創造ᄒᆞᆫ다ᄒᆞ미니라「鬼々落々淨裸々獨步乾坤誰伴我」

靜坐法

靜坐自叙

李光鍾

靜坐ᄂᆞᆫ古之引導術也라導引之說을人多不易解故로今에名之靜坐云爾라古之醫術이本有藥餌、鍼、砭、導引、按摩諸法ᄒᆞ야藥餌와鍼、砭ᄋᆞᆫ治於己病이오導引、按摩ᄂᆞᆫ治於未病이러니自漢以後로ᄂᆞ專尙方藥ᄒᆞ고其餘ᄂᆞᆫ寢以失墜ᄒᆞ되惟導引은乃爲方士의所尙ᄒᆞ야附會陰陽五行과坎离鉛汞諸說ᄒᆞ야其術이遂涉於神秘ᄒᆞ야爲指紳先生의所不道ᄒᆞ니夫世間萬物이苟能積日力以研究之ᄒᆞ면必有眞理ㅣ存乎其間이오本無神秘之可言이니라所謂神秘者ᄂᆞᆫ皆吾人이爲智識의所限ᄒᆞ고又不肯加以研究ᄒᆞ야人々이神秘之ᄒᆞ늘我亦神秘之로다

余ㅣ自幼多病ㅎ야屢瀕於死ㅎ야因廢經史學習ㅎ고

就覽醫書ㅎ다가即研究是術ㅎ야行之未幾에顯有奏効

ㅎ으로以迄于今에未嘗間斷이러니不特痼疴竟瘳而頓

覺精神이日益健全이라此欲以科學的方法으로說明是

術之效用이나顧以未嘗自信故로操筆輒止ㅎ니非敢自

秘오將有待也로라竊嘗默察吾人之根性컨디凡一切學

術이以及百工技藝에苟有超絶恒蹊者면往往自視爲秘

術ㅎ야私諸一己ㅎ고不肯示人ㅎ니以是公同研究ㅎ니自

古至今에卓絶之藝術이因是而不傳者盖亦夥矣라如吾

古者에鍛錬身體가本有外功內功二法ㅎ니外功에其粗

者는爲八段錦이오其精者는爲拳藝라然이나以自秘之

故로不肯公同研究ㅎ야卒至習者ㅣ多椎魯而無學ㅎ고

學者ㅣ又莫之能習이러니追明季에有陳元贇其人者ㅣ

流凶至日本ㅎ야以是術로傳福野七郎, 左衛門等ㅎ야

因以有公同研究之ㅎ야至今蔚成柔術ㅎ고內功에其粗

者ㅣ爲導引이오其精者ㅣ乃可成道어날此亦自秘之故

로不肯公同研究ㅎ야卒至流爲怪証ㅎ야遂入異端이로

딘今日本岡田式靜坐法이得其術ㅎ야加以研究ㅎ니一

時國人이自大學講師、學生、軍人、老、幼、男、婦ㅣ多

起而效法之ㅎ고且學校에有以之加入課程者ㅎ며大學

學生이更有聯合爲靜坐會者ㅎ니何其盛哉아夫吾人은

非以自秘之故而失其傳耶아亦可慨矣로다今에一掃向

者怪異之談ㅎ고以心理的、生理的으로說明之而其方

法이又悉合吾人習俗이라凡此言이皆實驗의所得이오

至於精之成道則以余ㅣ尙未深造ㅎ야不敢以空言으로

欺人也ㅎ라抑吾人習性이一事當前에多不能體察其理

ㅎ고有始鮮終ㅎ니以靜坐之術로救之爲扁盧之良藥歟

아吾好以是言으로卜之ㅎ리라

靜坐法原理

人類之根本

老子之言에曰「夫物之芸々各復歸其根」이라ᄒᆞ니此ᄂ言萬物之各有根本也라相彼草木컨디由胚而芽ᄒᆞ고由芽而幹枝莖葉이暢茂條達ᄒᆞ야小者ᄂ尋丈이오大者ᄂ干霄ᄒᆞ나니問其何以致此오孰不曰根本之深固乎아盖草木之根本敷이斯能吸收土中之養料ᄒᆞ야以運行於幹枝莖葉而遂其生成ᄒᆞ나니此ᄂ人々所能知也라然則人類之生이幾萬々年에繁昌至今ᄒᆞ니自其大者觀之면亦莫物之一爾라旣有生命이어니必有根本이無可疑也로디草木之根本ᄂ人々이能知ᄒᆞ대人類之根本所在ᄂ知之者ㅣ鮮矣라雖然이나不難知也라凡物之生이其始엔皆自細胞ᄒᆞ나니人由女子之卵細胞와與男子之精細胞ᄒᆞ야結合而成胎ᄒᆞ나니猶草木之胚也오胚在母體中ᄒᆞ야其初生也에一端爲胎兒ᄒᆞ고一端爲胞衣而中間에聯以臍帶ᄒᆞ야孕育十月에至脫胎以後而臍帶方落ᄒᆞ나니以此推之ᄒᆞ면可知人類胎生之始에必始於臍

오臍即爲根本이라培養草木之根本ᄂ以肥料로漑灌之ᄒᆞ고培養人生之根本ᄂ當以心意之作用으로漑灌之ᄂᆡ靜坐者ᄂ即使吾心意로得行其灌漑之時也라ᄒᆞ노라

全身之重心

人生의根本이臍에在ᄒᆞ다ᄒᆞᆷ은吾旣言之矣라古之有道之士ㅣ盖早知之故로有修養丹田之法ᄒᆞ니丹田者ᄂ亦名氣海니在臍下腹部是也라願此爲言이欲發爲平素之心ᄒᆞ야得以論理的記述之오絶非恭以道家의鍊求之說故로不取丹田之名稱而名之曰重心이라ᄒᆞ니盖物理學之公例에凡物重心이定則安ᄒᆞ고重心이偏則傾이라百尺之塔과凌雲之閣이巍然獨峙而不欹者ᄂ曷故오曰惟循重心之公例故也니라悲哉라世俗之人이欲反求根本에不知安定其重心ᄒᆞ고終日營々ᄒᆞ야神明이憧擾에致心性이失其平和ᄒᆞ고官骸不能從令ᄒᆞ야疾病災厄이

於焉乘之ㅎ니殊可悶已로다靜坐法은簡言之ㅎ면乃凝集吾之心意ㅎ야注於重心之一點ㅎ야使之安定에行持既久ㅎ매由勉强而幾於自然이니於是에全身細胞一悉皆聽命ㅎ야煩惱不生ㅎ고悅懌이無量이라釋之止觀과老之抱一과儒之主靜이命名이各異ㅎ니原究其實ㅎ면罔非求重心之安定而已니라

靜坐與生理的關係

人軆之構造―複雜且精妙ㅎ야實有不可思議者라今日科學이雖云發達이나於此學에尙秪窺其途徑이오未能造其極也라請就生理學上言之ㅎ노니吾人全軆에機關之最大作用이首在生活이니卽攝取軆外之滋養質ㅎ야供給於軆內各機關ㅎ고排泄軆肉之癈料於軆外而已니是名新陳代謝니라

新陳代謝之作用이無一息停止ㅎ나니司其樞紐者는厥惟循環器의包括心臟血管淋巴管而運行血液於全身을야循環不已者也라血液之循環이約二十四秒間에一周全軆ㅎ야一晝夜에乃周三千六百回ㅎ나니運行之速이乃如此라若運行이絶無阻滯則身軆健康이오一有阻滯則各機關이受其病ㅎ며各機關이或有損傷에도亦能使血液으로阻滯而受病이라然이나此種機關이在生理學上에謂之不隨意筋이니言其作用이雖在臥睡時에全軆靜止라도亦無稍停ㅎ야不能以人之心意로左右之也라故로其阻滯而爲病을人이每不及預防ㅎ고衛生家는亦僅能用淸潔及多得日光空氣諸法ㅎ야助其運行而已로디惟靜坐法은使重心으로安定於下部ㅎ야宛如强大之中央政府가得以指揮各機關ㅎ야使血液으로循環迅速ㅎ고新陳代謝之作用이圓滿軆內ㅎ야使無惡血停滯則疾病이不生이오卽偶有疾病이라도亦能使之不久復元이라治病於未發之先이較諸病已至而治之者로其效―不

可同日語也니라

靜坐與心理的關係

人身이 有肉體與精神兩方面而其不可思議處는 多在精神方面이라此ᅵ宗敎及哲學의所由起也로다持極端惟物論者則謂吾人心意之作用은 不過有生以來經驗之跡象이印於腦中者라恒隨肉體以俱盡이라ᄒᆞ니此는殆不認有精神界오持極端惟心論者則反之謂世界一切는皆由心造오無心則無物이라ᄒᆞ야是皆陷於一偏之見이라究其心神兩方面ᄒᆞ면不可偏廢而心意尤能影響於肉体ᄂᆞ니盖人이愧恥內蘊則顏爲之赤ᄒᆞ고沈愁終夜則髮爲之白ᄒᆞᄂᆞ니至若催眠術之利用暗示ᄒᆞ야使被術者로執熾之火箸而告之曰不熱이라ᄒᆞ면執者ᅵ即不覺其苦ᄒᆞ고拜肌膚不少變者는盖又不勝枚擧也니精神之能左右肉體를從可知矣로다世人이不知此義ᄒᆞ고心戰於內ᄒᆞ며物誘於外ᄒᆞ야全体精神이皆渙散而不統一ᄒᆞ야與形日離에逐生百病ᄒᆞ니靜坐者는能萃全身精神而統於一ᄒᆞ야自然體氣和平에却病延年이라一者는何也오即重心之謂也니라

靜字之眞義

地球繞日而行ᄒᆞ야動而不息이어늘吾人이棲息於地球上ᄒᆞ야亦隨地之動而以爲動ᄒᆞᄂᆞ니然則宇宙萬有ᅵ惟一動字로可以槪之니安有所謂靜耶아故로動靜之眞義ᄂᆞ未可以常說로解之로다吾之所謂動者는乃吾人自己의有所動作ᄒᆞ야反乎地球行動의方向이오吾之所謂靜者는即吾人自己의無有動作ᄒᆞ야合乎地球行動의方向之謂也라盖地球之行動은吾人이毫不能感覺者也니靜之至에斯能造乎毫不感覺之域而與地之動ᄋᆞ로一轍矣니라

靜坐中安定重心之現象

重心之安定을前旣言之라然이나靜坐時如何現象을不可不一述이라盖重心安定이在於臍下之腹部ᄒᆞ니其初에藉調息法ᄒᆞ야俾全身血液으로運行之力이集中於玆ᄒᆞ야臍下腹部膨脹이富於穀性之彈力이是爲重心安定之外形이오至於內界則體氣和平ᄒᆞ고無思無慮ᄒᆞ야心意寂然에注於一點ᄒᆞ야如皓月이懸空에潔淨無滓ᄒᆞ나니是爲重心安定之內象이며惟靜坐ㅣ可以得之니其妙ㅣ有不可言喩者로다

形骸之我與精神之我

人身이有肉體ᄒᆞ며精神兩方面故로有形骸之我與精神之我ᄒᆞ니常人은牽於耳目口體之慾ᄒᆞ야只知形骸之我ᄒᆞ고遂不見精神之我ᄒᆞ므로重心이擾亂에上浮於胸ᄒᆞ야全身機關이失於調節ᄒᆞ야仍以罹病ᄒᆞ나니從事修養者ㅣ肉體與精神을固宜兼顧라然이나吾見世之體育家ㅣ鍛鍊筋肉에極其强固ᄒᆞ나一朝罹病에莫之能御者ㅣ有之而禪師或哲學家는鍛鍊心意ᄒᆞ야能藉修養之作用ᄒᆞ야驅除病魔ᄒᆞ야卒能壽及期頤者ㅣ往往而然이니可知精神之我의其能力이有遠過於形骸之我者矣로다靜坐之法이使重心安定ᄒᆞ야可以合形神爲一致而實則能以神役形이니每日按時行之ᄒᆞ야毋使間斷이면亦可名之爲精神體操라ᄒᆞ노라

方法

原理가旣明에宜詳方法이라靜坐之方法이有兩大要件ᄒᆞ니一은端整姿勢오二는調節呼吸이니此爲入門之緊要關鍵이라今以次說明之ᄒᆞ노라

靜坐前後之注意

(一)備靜室一間ᄒᆞ고(或卽用臥室)閉窓闔戶ᄒᆞ야不使他人來擾ᄒᆞ라

(二)製軟厚之褥ᄒᆞ야備久坐之用ᄒᆞ라

(三)入坐前解衣寬帶ᄒᆞ야、使筋肉으로不受拘束ᄒᆞ며

(四)平直其身ᄒᆞ야使脊骨이不曲ᄒᆞ고端正就坐ᄒᆞ라

(五)靜坐畢에宜徐々張眼及舒放手足ᄒᆞ야切勿匆遽ᄒᆞ
라

靜坐時之兩足

(一)盤足而坐ᄒᆞ라

(二)盤時에或以左股로加於右膝之上ᄒᆞ며或以右股로
加於左膝之上ᄒᆞ야均可隨人之習慣이니라
右式은俗稱爲單盤膝이라若如佛家之趺坐則旣以
左股로加於右股ᄒᆞ고更以右股로互加於左膝ᄒᆞ야
兩蹠이仰上ᄒᆞ니俗稱雙盤膝이라如此則全身筋肉
이伸張ᄒᆞ야脊骨이自然不曲이니라然이나初學者
一未易仿效오自以單盤膝爲宜니惟須注意ᄒᆞ야使
脊骨不曲이니라

(三)膝이如八字分開ᄒᆞ야膝之外側이緊着於褥上이면
重心이自然安定於臍下니라

(四)初習盤足時에必覺麻木이니可忍耐之ᄒᆞ야久則漸
重心이自然安定於臍下니라

(五)麻木不能忍者는可上下交換其足이오如再不能忍
則暫弛之ᄒᆞ야待麻木旣去에再返坐ᄒᆞ라

靜坐時之胸部、臀部、腹部

(一)胸部는微向前俯ᄒᆞ야使心窩로降下ᄒᆞ라
心窩降下者는卽古人所謂存想丹田也라常人之重
心이不能安定ᄒᆞ야恒若上浮於心窩ᄒᆞ나니初學靜
坐時에但覺胸膈이痞塞不舒는卽心窩不能降下之
証이라必時々注意於下腹ᄒᆞ야使心窩로處輕浮而
不着力이면久之에自能降下而重心이方得安定이
니라

(二)臀部는宜向後突出ᄒᆞ야使脊骨不曲ᄒᆞ라
脊骨이本畧帶彎形ᄒᆞ니坐時에臀部一若不突出則

脊骨이 必曲向外面而全身姿勢傾坯矣니라

（三）腹之下部는 宜鎭定이니라

鎭定下部는 卽所謂 安定重心이나 然이나 非有意用
力之謂也라 盖耤心意之作用ᄒᆞ야 掃除他項雜念而
注意悉凝集於下部ᄒᆞ면 重心이 自然鎭定이니라

靜坐時之兩手

（一）兩手를 輕々交握ᄒᆞ야 貼於小腹上前ᄒᆞ야 垂置於小
腿上ᄒᆞ라

（二）交握之法이 以二手로 輕握他手四指ᄒᆞ고 兩拇指로
結成交叉之形이니라

（三）或以左手로 握右手ᄒᆞ고 或以右手로 握左手ᄒᆞ야 均
各隨意니라

（四）兩手交握垂下處所에 各隨人之肢體所宜ᄒᆞ야 或在
腹下ᄒᆞ며 或在股上이오 不必一定이니라

（五）兩手下垂及交握之指尖은 當悉任自然이오 不宜些
須着力이니라

靜坐時顏面耳目口及呼吸

（一）頭頸正直、面宜向前이오

（二）兩耳는 宜如不聞이오 眼宜輕閉ᄒᆞ고 口宜噤이오

（三）靜坐에 宜用正呼吸이니라

初學이 欲爲正呼吸이면 頗困難이니 初可用普通呼
吸이니라

陁古兀의 詩觀

石　顚

陁古兀의 歌詞와 樂府ㅣ 일직히 印度에 傳誦되야 비록 牧童과 舟子라도 其中文語는 不解ᄒᆞ지만은 律度節奏를 드로면 油然히 移情ᄒᆞ야 至ᄒᆞᆫ즉 陁古兀은 참 聲詩에ᄂᆫ 神麗이라ᄒᆞ겟더라 西曆一九一二年에 英文으로써 其集音寫

定ᄒᆞ야 歐洲에 聲被ᄒᆞᆷ이 드되여 가쟝 榮耀ᄒᆞᆫ 羅北爾(뇌別) 賞金 八萬圓을 獲受ᄒᆞᆫ지라 其事ㅣ 東洋에 聞ᄒᆞᆫ즉 三島人士ㅣ 蹶然驚詫ᄒᆞ야 陀古兀의 名이 遠東에 轉延ᄒᆞ얏고 其譯述과 簒著ㅣ 東渡ᄒᆞ이 日노 甚衆ᄒᆞ거늘 三浦學士는 日本人이 陀古兀에게 阿好ᄒᆞᄂᆞᆫ 言이 안이라 져는 曰 吾ᄂᆞᆫ 일즉히 써ᄒᆞ되 卽今 世界人類中에 맛당히 一大 變動이 生ᄒᆞᆯ지라 變動ᄒᆞᄂᆞᆫ 時ㅣ면 丁寧히 泰西文明은 因ᄒᆞ야 頹解되고 東洋의 新文明이 得勝의 秋라ᄒᆞ노니 此는 吾의 夢想ᄒᆞᆫ바ㅣ 黃金時代니라 우리 東洋人은 날노 奮勉ᄒᆞ야 新時代ㅣ 來ᄒᆞ얏을 歡迎코져ᄒᆞ드니 新時代의 前驅ㅣ 이번에 至ᄒᆞ얏다 其人은 謂誰오 卽 陀古兀이라ᄒᆞᄂᆞ니 此ᄒᆞ야 曰 矮鏗과 白格森의 時代ᄂᆞᆫ 已去ᄒᆞ고 自今後로만 陀古兀의 時代가 되겟다ᄒᆞ니라 陀古兀은 道義의 府가 될지라 其詩什이 더욱히 歐洲人의 酷嗜ᄒᆞᆫ바ㅣ 됨으로 歐士ᄂᆞᆫ 孟加拉語ᄅᆞᆯ 硏究ᄒᆞ야 陀古兀의 詩篇、原文本義ᄅᆞᆯ 攷索ᄒᆞᄂᆞᆫ 이도 有ᄒᆞ더라 英의 名醫 某氏ᄂᆞᆫ 孟加拉에 久居ᄒᆞ더니 일즉히 愛爾蘭詩伯 耶剌더러 謂ᄒᆞ야 曰 吾ᄂᆞᆫ 陀古兀의 詩ᄅᆞᆯ 一誦ᄒᆞᆫ則 神怡氣爽ᄒᆞ야 其一行의 字가 忘憂草의 一刀圭보담 勝ᄒᆞ다ᄒᆞ니 雖然이나 知詩者ᄂᆞᆫ 다만 陀古兀의 詩만 推仰ᄒᆞᄂᆞᆫ바 如此어니와 泰西社會의 月旦評을 받는것은 진실노 詩人만에 不止ᄒᆞ나라 大抵ㅣ 陀古兀은 預言者ㅣ 되며 哲學者ㅣ 되며 宗敎家ㅣ 되며 敎育家ㅣ 되며 印度의 愛國者ㅣ 되며 梵界의 中興偉人이 되것다ᄒᆞᄂᆞ니 綜合ᄒᆞ야 言ᄒᆞ면 陀古兀은 印度文明의 代表ㅣ며 東西洋文明의 調和者ㅣ며 今後世界新思想의 開宗者ㅣ니라 陀古兀의 思想은 비록 婆羅門과 盧騷와 尼采의 思想을 多沿ᄒᆞ얏스나 其思想을 革命ᄒᆞᆫ 者ᄂᆞᆫ 故로 陀古兀의 思想은 卽 婆羅門도 안이오 坐 釋迦도 안이오 基督도 안이오 柏拉圖도 안이오 乃至 矮鏗과 白格森

니 외의 一은 야이라 陷古兀은 燈과 如ᄒᆞ니 대기 婆羅門과 釋迦와 基督과 栢拉圖ㅣ 以來의 種々 自然現象으로써 其 油ᄒᆞᆷ슴엇으니 燈의 光인즉 陷古兀의 光이오 다시 婆羅門과 釋迦와 基督과 栢拉圖 以來 諸家의 光은 안너라 然이나 知컨ᄃᆡ 光의 彩色을 分析ᄒᆞ야 其合成의 分數로 以ᄒᆞ면 婆羅門 光이 爲多ᄒᆞ리라 吾友 某氏가 梵文을 隷習ᄒᆞ야 印度 人士에게 釋迦의 道學 如何ᄒᆞᆷ을 問ᄒᆞᆫ즉 對曰 釋迦氏는 우리印度의 名家의 一이라 支那의 學者 王陽明이 孔孟의 固有ᄒᆞᆯ學習ᄒᆞ야 己意를 少出ᄒᆞᆫ것과 如ᄒᆞ다ᄒᆞ니 是故로 印度의 文明을 眞知코져 할진ᄃᆡ 釋迦에 不止ᄒᆞ고 婆羅門에 當ᄒᆞ리라ᄒᆞ니 此는 婆羅門徒의 言이며 章太炎의 言에도 婆羅門이 將차 東土에 興ᄒᆞᆯ것갓다ᄒᆞᆷ이 是를 謂ᄒᆞ이라 年前에 聞ᄒᆞᆫ즉 陷古兀이 其妻子을 率ᄒᆞ고 並海游覽ᄒᆞ야 曰 本에 抵達ᄒᆞ얏다ᄒᆞ니 其罄欸所感이 吾人에게 大影響이 及ᄒᆞᆯ것은 達摩東來와 如ᄒᆞᆯ지니 엇지 細故라ᄒᆞ리오

무릇 聰明才傑의 士ㅣ 古로부터 其中 哲理에 依ᄒᆞ야 文藝에 游ᄒᆞ는 것이 모다 自己의 懷抱ᄒᆞᆫ바를 展布키 不克ᄒᆞ야로 不得己의 文辭가 長ᄒᆞ니라 箕子ㅣ 去國ᄒᆞᆯ애 이에 洪範을 傳ᄒᆞ며 文王이 囚禁時에 易象을 贊演ᄒᆞ엿으니 所謂 洪範의 五行과 周易의 八卦는 東土 思想의 前提ㅣ라 神州哲學의 源泉이나 實노 箕子와 文王의 所懷事를 不得己의 所致라 ᄒᆞ노라 詩三百五篇이 發憤의 作이 居多ᄒᆞ며 仲尼의 贊易과 證書와 刪詩도 쏘ᄒᆞᆫ 懷抱를 克展코져ᄒᆞᆫ 不得己의 事니라 엇지 詩三百篇뿐이리오 後世에 楚騷以降으로 詩의 大家에 杜工部와 元遺山 갓트니들도 懷抱展布키 不能ᄒᆞ야 不得己의 詩辭ㅣ 長ᄒᆞᆷ이라 某는 生平에 杜工部와 元遺山을 同情ᄒᆞᄂᆞ니 其네들이 詩人의 詩뿐안이오 其哲理와 文藝의 源에 近ᄒᆞᆷ으로 吾人의 不昧ᄒᆞᆫ精神이 陟降ᄒᆞᄂᆞᆫ바ㅣ라 그러므로 陷古兀이도 哲理와 文藝에 切近ᄒᆞᆫ者인즉 또ᄒᆞᆫ所好를 同情ᄒᆞ야 其의 詩를 洛誦코져ᄒᆞ노라

世人이 哲學과 文藝를 指目ᄒ야 處女와 갓다ᄒ며 宗敎를 指目ᄒ야 枯僧과 갓다ᄒ되 져 陸古兀의 哲學과 文藝는 處女와 갓지안이ᄒ며 陸古兀의 宗敎는 枯僧과 갓지안이ᄒ니라 비록 論者는 謂ᄒ되 陸古兀은 思想界의 調和者는 일자언뎟 思想界의 充分ᄒᆫ 革命者는 不爲라ᄒ지만은 然이나 陸古兀은 只 今年이 五十餘歲에 不過ᄒᆫ지라 以後로 僧齡을 假ᄒ야 遭遇가 時變ᄒ게 되면 陸古兀의 精神面目이 今日로 論定키 未[illegible]할지니 異日에 陸古兀은 或 指跡의 顯化를 別出ᄒ야 後世人으로 [illegible] 陸古兀은 印度의 廬騷라ᄒ며 印度의 馬志尼라ᄒ[illegible] 印度의 [illegible]麥兇私라ᄒ[illegible] 것은 可料시 못ᄒᆫ바ᅵ니 智者는 智로[illegible]ᄒ고 仁者는 仁으로 見ᄒ게 된 것은 맛지 龍[illegible] 갓다ᄒᆯ신뎌 우리 東方 사람은 陸古兀에게 一鱗과 一爪이 東閃西沒ᄒ야 其首와 其尾를 見知시 못ᄒ고 私淑ᄒ기나 神交코져ᄒᆯ진된 將차 三十二相으로만 陸古兀을 見치 말지니라

陸古兀의 身世、 陸古兀은 西曆 一八六〇年에 印度의 喫爾加達省에 生ᄒ얏으니 世代로 顯望의 族이라 其祖는 捐金의 功德으로 王爵을 受ᄒ지라 社會를 獎助ᄒ으로 名譽는 大顯ᄒ나 費用에 巨豪ᄒ으로 身沒後에 餘金은 三十萬이오 負債는 六十萬이다 父는 曰 馬哇爾希니 破産債負ᄒ[illegible] 主張ᄒ야 所謂 債權者의 不忍盡取者를 馬哇爾希는 少分이와도 辦濟[illegible] 안이ᄒᆷ이 업스니 時人이 其義에 [illegible]感ᄒ者ᅵ 實[illegible] 馬哇爾希[illegible] 印度의 有志賢者 二十八人[illegible] 協寅ᄒ야 [illegible] 印度에 新梵敎會를 期立ᄒ야 東方主義[illegible] 度民族의 [illegible]發成[illegible]ᄒ고 [illegible]常에 [illegible] 印度의 舊俗 即偶像崇拜를 深疾ᄒ야 往々에 旅行ᄒ야써 祭期를 避ᄒ[illegible] 其父의 喪葬에 貴族 名流의 會葬ᄒ者ᅵ 多[illegible] 馬哇爾希는 典喪服體를 毅然히 其心의 所安을 行ᄒ고 相習의 故事를 革除ᄒᆫ니 難能이라 不謂기 不可ᄒ니라 馬哇爾希[illegible]

平生에 著書ㅣ 甚多호되 一이라도 新舊約文을 引及지 아니ㅎ야 世間에 基督이란 者ㅣ 有홈을 不知ㅎ게 되얏으니 其의 趣志는 可知홀지오 馬哇爾希의 文學을 好ㅎ며 音樂을 好ㅎ며 其優婆尼沙度와 밋ㅣ 吠陀等의 古經典에 精熟홀것은 더욱히 待言ㅎ게 無ㅎ도다 陀古兀은 印度의 高門에 産出ㅎ고 名父의 手에 敎養ㅎ야 梵唄의 音에 沈醉ㅎ며 師執의 左右에 觀塵ㅎ얏스니 大器를 成함이 맛당ㅎ며 其祖父己上으로 實行의 慈善을 俱行혼 家ㅣ라 天公의 報施로 論ㅎ면 陀古兀은 이반드시 此와 갓튼 文孫佳子가 誕出홀것이라 其의 材를 負ㅎ으로 幼時부터 頗히 快犢破車의 致가 有ㅎ드라 其學校를 視호되 牢獄이나 病院과 갓치 역이며 塾師가 循例 發問에는 口述所對난즉 其考가 下下에 至호되 筆記로써 試ㅎ면 其曹에 超等되니 著述의 材能은 天禀이라 ㅎ겟더라 十歲될時에 其父를 從ㅎ야 喜馬拉耶山을 觀覽

ㅎ고 歸來홈으로부터 이에 漸々折節ㅎ야 書卷에 向志ㅎ얏고 十三歲에 能히 賦詩홈이 時人의 所稱이 되얏고 十七歲에 倫敦에 留學ㅎ다가 忍耐키 不能ㅎ야 明年에 故里로 還歸ㅎ야고 十九에 曲本을 著ㅎ야 其劇을 躬演ㅎ야고 旣冠ㅎ 三年에 情網에 얼키어 蕩子로 佩名ㅎ얏다가 문득 慧釼을 쎄어닛안 前路를 披拂ㅎ니 所謂 摩登伽等이 드되여 遠辟ㅎ드라 自是로 冥心孤注ㅎ야 바로 正覺路로 回車ㅎ야다 園林에 靜居ㅎ얏다가 衢市에 引睨ㅎ되 勞々호 役夫들이 其側에 汗奔ㅎ거늘 目觸心感ㅎ야 人生의 物我一如와 人神一體를 頓悟ㅎ니 最高妙諦가 이에 悉啓ㅎ얏느니라 陀古兀의 學이 旣成홈이 다시 父命을 實遵ㅎ야 其産을 手治ㅎ드니 敎育에 發心ㅎ야 出貲立學ㅎ고 捐金 其國의 兒童을 敎授ㅎ는데 一인즉 其最新의 理想을 輸灌ㅎ며 一인즉 少年印度의 文明의 精神을 釀造ㅎ얏더라 陀古兀의 文明 藝術을 言ㅎ는 者ㅣ 地方色을 特히 注重

호나니 地方의 情景이 其間居民의 思想과 性質에 影響이 甚鉅호지라 是故로 我邦의 地理로도 三南은 民族이 文學의 思想과 溫雅호 性質이 多호고 北鮮은 民族이 實業의 思想과 剛勇호 性質이 多호더 支那의 黃河以北은 其思想이 徵實에 多流호고 黃河以南은 其思想이 課虚에 多流홈으로 孔子와 老聃이 其域에 代表라호즉 自然界의 陶鑄호바로 使然홈이라홈은다—譚士의 茶飯說明호者이니 然이나 陁古兀의 意見은 호올노 一國一方의 人文이 其地方色에 被홀뿐안이라 乃至大地의 上東西兩洋의 其文明所別도 其地方의 情景의 陶鑄 使然으로 由호견이라 무릇 凡夫의 人은 物에 所轉홈으로 群衆의 心理가 對境恒有호야써 左右호는故로 西洋의 文明은 即都城文明이니라 何以故오 其文明이 希臘에 起호얏느니 古代希臘은 其都市의 城壁이 層列環護호얏고 人民이 其中에셔 生長호얏으니 其高、曾、祖、父己來로 此城壁의 現象이 日夜로 모든 胎兒의 腦에 印호 後에 思想이 發호야 諸言諸行에 現出된즉 모다 城壁의 業識을 超脫키 不能호느니 城壁은 永々 其生民의 所知障이 되얏더라 엇지 城壁을 惡홀가 其의 區別을 惡호노라 區別心이 一生호면 個人에 自與他가 區別되며 進호야 種族과 다못 種族이 區別되며 國家와 다못 國家가 區別되며 甚至 人生과 다못 自然이 區別되며 다못 宇宙와 區別되느니 區別이 愈繁愈深홀스록 其人은 大道에 多歧호며 天理에 盆遠호니라 印度인즉 不然호다 印度의 文明은 曠漠호 森林中에셔 誕生호故로 印度의 文明은 可히 森林文明이라호며 (陁古兀은 森林哲學이라홀지라) 昔日、亞利安人種이 印度에 侵入홀제 一大森林을 依호야 居호며 城府를 不設호얏는故로 其累生歷世로 着眼의 所瞻眺와 心의 認識되이 空濶호며 無碍호며 偉大호며 不盡無量호며 自然호지라 是因緣을 씸으로 印度人이란 者는 可히 더부러 無差別을 言홀거이며 可히 더부러 心物一

如와 神人一體를 希홀거시라 西洋의 智者는 自然界에 對호야 오직 征服호며 利用호기로호야 아 모쪼록 就獲으로 爲快호야고 우리 東洋의 智者는 自然界에 對호야 오직 調和호며 親近호기로호야 愛友와 갓티 握手爲歡호나니라 西洋人은 自己와 다못 宇宙의 靈이 二로 知호야 비록 可히 交通홀지라도 此一都城에셔 彼一都城에 入홈과 如호야 殊途와 異軌―니라 우리 東洋人은 自己와 다못 宇宙의 靈이 一도 知호야 비록 一體를 希具호나 시니믈 비는 其의 花―오 彼는 其의 葉이라 同枝와 連理니라져 西洋人은 其天에 徑行直接으로 面會치못호다호니 譬컨뎌 宮府에 詣호의 常侍의 領帶와 大使의 認許를 待홈갓트니라 우리 東洋人은 其天에 息々이 相通호야 隔別이 無호지라 水에 譬홀진뎌 우리는 비록 沼礪이나 大洋과 無異호니 一日에 岸決堤除호면 即大海에 朝宗홈과 如호니라져 西洋人은 神이 天國에 在호다호거니 와우리 東洋人은 神이 吾心에 在호며 또호 人人의 心에 在호며 또호 水와 火에 도 在호며 또호 千年古木中에 도 在호며 또호 藏々新[illegible]에 도 在호다 호니라 其의 根本思想의 殊別홈으로 一切主張이 昞호야 判別호느니 思想起點의 不同호기은 人謂에 繼屬호이 不是라 天然的地方의 情景의 驅造호바이라 然이나 穿賣의 正論인즉 東西洋의 物質的文明이 비록 全世界의 步進에 屬호이라호며 精神的文明의 天人秘奧에 關호 問題의 解決호이 其前任이 [illegible] 古兀은 以爲호뒤 吾人은 此指를 己悟호얏은즉 人人이 吾의 兩箴을 依호야 劇起便行홀지어다호니라

(箴曰) 汝當師蜂　蠛游太空　蒲啜萬花之叢　釀造佳蜜　故不能深伏久蟄夫窠孔之中　汝母居囚　偪仄而穢幽　猥曰廊治之　亦新獄耳　豈得踰園垣而自由

陋古兀은비록 西人의 子는 其乃翁부터 異趣라 貶호것갓

트나진실노歐洲의文明을斥絕하야不足道라謂함은不是라特히比較研究하야長短을相形한後에溝通하며調和할것은今日吾人所事가正當하다함이라於是에陀古兀이一義를讜設하야經訓을兩引하야其溝通과調和의妙術을表示하여또흔藉하야東西文明、低昂의程을彰하얏더라

其言에曰基督이有言호되「富人이天國에入하기는駱駝가鍼孔을穿하야過하기보담難하다하니」天國은엇지富人을深拒하기를若是其酷할가大抵사람이成富하라면반드시他에對하야所取가多하고己에對하야自封이厚할지라始엔즉精神이其所欲을攻홈에疲斃하고其次에는靈魂이其所有를守홈에隔蔽혼故로其性靈은日로偏入穢幽에被囚하야宇宙大空의眞如와는相違日遠홈으로맛츰니不相識絕交에至하리라하니此는基督의指혼바ー오我佛은富者에對하야敎言이有하시되「汝其供養하여라汝其布施하여라此功德으로써또흔無餘涅槃에入하리라」하시니라佛은其人으로散財케하야其貪著를捨去케하시니라兩家의言이如此하니·其富는足히累身할것이며其物은足히蔽心할것은所見이大同하신지라然이나富者를一堂에會集하고先後에基督과我佛의經訓으로써詔示할것갓트면其人은將차何者에對하야가장歡喜信受할것은智者를不待하고可히써判明하리라此에만見하야도陀古兀의立言한바ー文豪되기不愧하며兼하야哲學과宗教者ー되시너녀하니진실노新時代의前驅의任을當할마하도다

陀古兀의名著는生의實現이니라 上來의所述은即其書의開宗明義의第一分이라此는우리東洋人士에任하야는일즉히內典을涉獵한者ー故로非常可怪의議論이不是라하지마는歐洲에서實노未聞한바를聞한지라

然이나 歐洲는 康德의 學說로붓터 印度의 思潮가 顯히 其哲人의 腦海에 灌注ᄒ얏음으로 兩洋文明의 接近이 有ᄒ것거늘 今玆에 陀古兀犍鼓를 鳴ᄒ며 大纛을 樹ᄒ야 大口를 開張ᄒ얏스니 其모두 世界文明史의 新紀元이될진뎌

彼何爲者오

權 相 老

「彼何爲者오」彼는 三身六臂이던가 銅頭鐵額이던가 안이다 彼도 그 構造는우리와 갓치 父精母血이다 그 形殼은우리와 갓치 眼橫鼻直이다 그러치만은 君臨萬方ᄒ고 富有四海ᄒ던 萬乘天子보담도 胡椒 八百斛 錦步障四十里를 蓄ᄒ 巨富보담도 力能扛鼎ᄒ고 叱咤千人ᄒ되 力士보담도 그 名聲 그 功績 그 遺澤이 더옥 萬古에 消磨치아니ᄒ는 오릴스록 더욱 信仰을 밧고 클스록 더욱 價值가 잇는 者여 그에 方寸地에는 無限ᄒ 修鍊으로 徹悟ᄒ 識見과 雄大ᄒ 氣象이잇는者이다

「彼何爲者오」吾人은맛당히 如斯ᄒ 徹悟ᄒ 識見, 雄大ᄒ 氣象을 두지아니ᄒ면 到底히되지아니ᄒ것이다 現代의 靑年은 失望, 落膽ᄒ는 者―甚히 만타 이것은 徹悟ᄒ 識見, 雄大ᄒ 氣象이업는 싸닭이다 如斯ᄒ 者는 恒常 人의게 落後者가되고 人의前導者는되지못한다 徹悟ᄒ 識見, 雄大ᄒ 氣象은 修養의賜物이니라

「彼何爲者오」百折不撓 百挫不屈 斃而後己의精神을有ᄒ者는 能히 徹悟ᄒ 識見, 雄大ᄒ 氣象을有ᄒ는者이다 그럼으로 百難이 前을 塞ᄒ지라도 萬魔가 後를 隨ᄒ지라도 決코 不屈不撓ᄒ다 噫々 精

神이 一到ᄒᆞ면 何事不成가

「彼何爲者오」如此ᄒᆞᆫ識見、如此ᄒᆞᆫ氣象이잇ᄂᆞᆫ者ᄂᆞᆫ 곳威勢가잇다 榮譽가잇다 萬人의信仰、歸依가 잇다 故로時節因緣이한番到來ᄒᆞ면 곳風雲을叱咤ᄒᆞᆯ만ᄒᆞᆫ權柄이잇고 狂瀾을挽回ᄒᆞᆯ만ᄒᆞᆫ力量이잇다 우리現代靑年의가장必要ᄒᆞᆯ것은 이識見、이氣象 이니라

「彼何爲者오」人智도此를依ᄒᆞ야開發ᄒᆞᄂᆞ니라 社會도此를依ᄒᆞ야進步ᄒᆞᄂᆞ니라 此徹悟ᄒᆞᆫ識見、雄大ᄒᆞᆫ氣象이富ᄒᆞᆫ民族은優勝의地位를占領ᄒᆞ고 少ᄒᆞᆫ民族은劣敗의恥辱을自招ᄒᆞᄂᆞ니 文明의優劣은 그識見、氣象의多少의現相이니라

「彼何爲者오」그識見이잇ᄂᆞᆫ者ᄂᆞᆫ 잘生存ᄒᆞᄂᆞ니라 그氣象이잇ᄂᆞᆫ者ᄂᆞᆫ 잘活動ᄒᆞᄂᆞ니라 人生의地位分齊ᄂᆞᆫ生存이能否에잇고 人生의價値測定은活動의分量에잇ᄂᆞ니라 古의英雄、豪傑、聖賢을歷數ᄒᆞ야보라 誰가이識見이無ᄒᆞᆫ者이냐 生存은人生의大希望이오 活動은宇宙의大原理니라 吾人은 이識見、이氣象을 잘修養치아니ᄒᆞ면되지아니ᄒᆞᆫ다

몬져 理想을 셰우라

小星

지금 우리의게는 무엇보다도 理想이 必要하다。

몬져 理想이 잇은後라야 무슨「案」이잇고、무슨「案」이 잇은後라야 實行이 잇은것이니、이제 만일 우리의게 實行과「案」이 必要하다할진대、우리는 반드시 몬져 그實行과「案」의 어머니되는 理想을 求치안을

수 업는것이로다。

보라 이제 우리가 여긔에 집을 한아 짓는다고 假定한다홀지라도、그집의 門은 엇더케 내며 그집의 坐向과 間數는 엇더케한다는ー所謂 그집의 建築에 對한 設計보다도、또는 그집을 實際에 짓는일보다도、몬져 엇어야호고 몬져 必要한것은、그러호집이 잇어야 호겟다 그러한집을 希望혼다 하는 理想일지니、그집을 希望호지도 안코 그집의 設計와 그집의 營造가 잇다는것은 論理上으로 보아 想像치못홀말이 아닌가。그러기에 實行이란 槪念의 成立은 理想이란 槪念의 成立을 기대려셔야 可能홀것은 다시、喋々의 說明을 기대리지안코 알것이로다

그런데 지금 朝鮮사람의게는 果然 무슨理想이 잇는가 무엇을 그리는것이 잇는가ー다시말호면 그려케 되고십다 그러케 만들고십다 하는ー欲望의 標

準이되고 憧憬의焦點이되는 엇던Poeme(點) 엇던(線)이 잇는가? 내 이에 對호야 甚히 알고져호고 쏘한 甚히 疑心나셔호노라。만일 우리의게 이러케 이러혼 點과 이러호線이 잇다호면、우리社會는 이러케 迷惑나 아이니 이러혼 點과 이러호線을 發見혼 社會나 生活을 決斷코 이러혼느른」과 이러한迷惑이 生길수업는 까닭이로다 왜그러냐호면理想이란 本來 欲求의 엇던程度 엇던狀態를 가라친말이니、하로아츰 그程度 그狀態를 思惟中에 發見혼以後에는 하로밧비 그程度에 達호고십다 그狀態에 나아가고십다 호는引力이 生김으로因하야、自然 그中에셔 努力이生기고 直進이生기나니、이努力과 이直進이 生기는때에는、決斷코그느른」과 迷惑이 生길수업는 까닭이로다그러기에 나는 아직것 우리社會에는 무

순理想이 生기지못ㅎ고、무슨目標가 發見되지못ㅎ얏다는것을 別노忌憚업시 말코져ㅎ든비노다。

二

올다 그러타、지금 우리의게는 아모理想이 업고 아모目標가 업다。따라셔 우리의게는 무슨「案」이 업고 무슨實行이 업다。그리ㅎ야 무엇을 힘쓰고져ㅎ는 努力이업고 誠意가업스며、어대를 엇더케가것다는 方針이업고 主義主張이 업는것이로다。이제 다른것은 다 그만두고、將來 社會의中堅이되고 時代의主人이 될만한 져靑年을 보라、엇더케 그들이 腐敗ㅎ고 보잘것업는것을。나이二十이나 三十이 되여 無味ㅎ게 한갓路畔의 一個遊冶郞이나 되고、靑樓酒肆의 蕩子浮兒노릇이나 ㅎ니、이엇지 可疑可質ㅎ을 이아인가。이뿐만아니라 或個中에 무엇을 좀안고 무엇을 좀ㅎ겟다는者도、처음에는 무슨 用心ㅎ는듯ㅎ되 那終에는 죠곰 어려운일이잇고 식그러운일이 生기면、곳 처음 먹엇든뜻을 니여 放擲ㅎ고、그만 五里霧中에 有耶無耶의 態度를 取ㅎ고마나니、이果然 무슨 까닭인가。

내아노라 이것은 다른까닭이 아니오、곳 저들의게 아모理想이 업는理由임을。만닐 져들의게 무슨理想이잇고 무슨希望의閃光이 發見되엿다ㅎ면、저들노하여곰 져쳐럼 썩으라ㅎ야도 썩지안을것이오 져쳐럼 墮落ㅎ라ㅎ야도 墮落홀것이 아니니、오늘날 朝鮮靑年의 唯一ㅎ病은 理想을 셔우지못ㅎ에 잇고、議論을 ㅎ면 맛당이 時代의소리를 지을만ㅎ고 事業을 經營ㅎ면 맛당이 一世를 음직일만ㅎ일을 홀수잇는處地에 잇으되、이런것은 다아니ㅎ고、無意 오늘날 우리社會의 意氣는 오직 前路의光明을 찻지 못홈에 잇는가 혼다ㅇ 가만히 성각호야 보라、理想이 잇고 前途의 光明을 어든 者ㅡ、엇지 게으르고쳐혼들 못 되고져혼들 못될수 잇는가고 우리가 다른 것은 다 그만두고、져 文藝復興時代 以後의 歐洲사람의 生活만을 보쟈、그時에 엇더케 져들이 東西四方으로 活動호고、엇더케 져들이 晝夜로 努力호얏던가를ㅇ 或은 死生을 내기호고 海洋의 探險과 航海의 發見에 一生을 허비혼 사람도 잇고、또 或은 千辛萬苦와 晝夜勤勞로 眞理의 求索과 文化의 造成에 一身一家 或은 數三代를 犠牲한 者도 잇엇나니、이것지 偶然홈이며 이엇지 까둙업는 일이리오ㅇ 내 성각호건대 이는 다른 것이 아니오、곳 그時 져들의게는 確實히 理想이 셔고 將來의 압히로 向호고 나아갈 무슨 目標와 光明이 보엿던 와둙인가 한다ㅇ 왜 그러냐호면 生活의 隆否를

全혀 運命에 一任호고 此世의 一生을 絶望 煩惱 支離 苦痛으로 思料호던 中世紀 사람들이、무엇이니 世間을 悲觀的으로 성각호고、人生을 우수운 것으로 성각홀째에、아모 氣운이 아니 나려니고 아모 努力이 아니 生기던 것은、事勢ㅡ 맛당이 그럴 것이로되 밋그른 이 人類의 發展은 全혀 人爲에 잇다、호고 求호고 다시 求호야 間斷업시 나아가면 天國의 極樂園을 能히 地上에도 建設홀수 잇다는 것을 確實히 自信호고 確實히 樂觀호게 될 째에 (希臘羅馬의 上古에 經驗호 結果、그들의게 집작이 能力이 生기고 勇氣가 소사 나게된 것은、또혼 必然的 形勢가 아니던가 호는 바이로다ㅇ

三

그러타、確實히 그러타ㅇ 만일 사람의게 理想이 셔고 前途에 무슨 光明을 發見한다호면、確實히 그 사

람은 奮國홀수잇고 努力홀수잇으며、前進홀수잇고 界를 한 號令에 統一호고 文化를 億萬代에 透徹케

向上홀수잇는것이로다。 호라는 져 獨逸사람의게는 文化의 創造와 力의 發作

그러기에 서로히 勃興호야 너러나는 國民의게는 을 自己네 唯一한 使命으로 아는 所謂

반드시 무슨 보아만호理想이 잇고、압호로 無限히 (獨逸精神)의 理想이 生活의 綱領을지은것이로다。

發達호고 不絕히 進就호는 社會나 民族의게는 또한 그런데 지금 우리들의게는 이러한 理想이엽고

반드시 무슨 生活의 目標가 잇는것이니 져 宏壯燦爛 무슨 生活의 目標가 업스니、엇지 우리의 生活이 나

한 로마帝國의 建設에는「希職사람은 그것을 天下사람을 可 아갈수잇으며 發展될수잇으리오。그 나아가서못호

라치는 能力이 잇엇으되 우리로마사람은 그것을 다 는것과 發展되지못호는것은 맛당히 그럴理잇소 맛

사릴수 잇다」하는 雄大호理想이 그店礎를 시은것 당히 바들 報果니、죠곰도 疑訝홀것이업고 죠곰도

이오、오늘날 我利뿐알고 남잇는줄은 죠곰도 모르는 抑鬱타말치못홀것이로다。가만히 소사롯省察호여보

列強國의 護中에셔 호을노 人道를 主張호고 正義를 라—호로두세 밥이나 먹고 잠이나 잣스면 一日의

絕叫호는 져 米國사람의게는、十六七世紀頃에 멀니 生活은 그만이로다 하며、남이야 엇지되얏던지 나호

英國으로부터 理想的 生活을 作爲키爲호야 新大陸 몸이나 或은 우리한 집이나 病업시 지넛스면 나홀職

으로 건너오던 (淸敎徒)들의 眞實되고 潔 分은 이만이라호며 法令이나 한홀보고 事務員이나

白호 神子的 理想이 그思想의 根底를 일은것이며 世 한아되얏으면 나의 發展은 그만이라 호는것이

늘날 우리들의 多大數가 가지는 성각이니、이것을 엇지 제법한 理想이라ᄒᆞ며 生活의 目標라ᄒᆞ리오。만일 이것을 우리의 共通한 理想이라ᄒᆞ고 生活의 目標라 하다ᄒᆞ면、그後에 오는 結果와 收穫은 果然 엇더ᄒᆞᆫ것의가ㅣ 다시말ᄒᆞ면 敎師가 이目的으로 敎授를ᄒᆞ고、生徒가 이目的으로 工夫를ᄒᆞ고、實業家가 이目的을、實業을ᄒᆞ고、先輩가 이目的으로 後輩를 指導ᄒᆞ고 後輩가 ᄯᅩ한 이目的으로 先輩를 本ᄯᅳ다ᄒᆞ면ㅡ우리 社會는 將次 엇더게 될겨인가? 내 이륵 성가ᄒᆞ애 氣가 차고 마음이 悚懼ᄒᆞᆷ을 스사로 익이지못ᄒᆞ야ᄒᆞ노라。果然 말이지 社會에 共通한 理想이 업는것쳐럼 그 社會가 危殆한것은 업고、各사람의게 生活의 主義가 업는것쳐럼 그 生活이 無意味ᄒᆞ고 沒價値한것은 다시업나니、社會로셔 理想이 업는 것은비로셔 目的地가 업는것갓고、個人으로써 生活의 主義가 업는것은 살아셔 죽우生活을 하는것과 죠금도 다른것이 업도다。만일 사람의 生活을 草木이나 岩石의 그것과 다른것이 엇다ᄒᆞ진대、그는 問題가 다르니 다시ᄒᆞᆯ 말이 업거니와、그러나 그러치아니ᄒᆞ고 적어도 사람의 生活을 意識的이라ᄒᆞ고 草木이나 岩石보다 그 以上의 生活이라ᄒᆞ진대、理想과 目標는 ㅈ곰도 떠나지못할것이아 인가。

四

그런데 여긔에 하가지 注意ᄒᆞᆯ것이 잇나니、그것은 그 理想의 區別 ᄯᅩ는 그것의 內容에 對ᄒᆞ야 엇더 制限이 잇다는 이임로다。卽 이것을 밝히말ᄒᆞ쟈면 내의 지금 가리쳐 말ᄒᆞ는 理想은、그 下한者가 아니오、卑劣한者가 아니며 淺薄하者가 아니오、그 高尙한者를 말ᄒᆞ며 그 遠大한者를 말ᄒᆞ며 그 深厚흔 者를 말흠이니、흐로두써 밥을 먹겠다흐는 것이나 밤이면 자겠다흐는 것은 지금 내의 여긔에셔 말흐는 理想이 아니오、내의 意味흐고 力說흐는 理想은 젹어도 그 以上의 것―다시 말흐면 살아도 밥만 먹는 生活이 아니고、밥 以外에 모든 것을 다 包含흔 生活―을 對象으로 흔 理想이라 하는 말이로다。그러기에 내가 지금 여긔에셔 朝鮮사람더러 理想이 업다는 것도、그 크고 高遠흐고 潔白흔 것을 말흠이오、決코 그 젹고 低下흐고 卑陋흔 것을 말흠은 아니로다。왜 그러냐흐면 져 밥을 먹겠다흐는 일이나 잠을 자겟다하는 일노 말흐면、누구나 다 가지는 일이니、그려한 것을 가지고 지금 朝鮮사람의게 理想이 업다―는 것을 云々흠은 決코 아니오、다만 社會全體를 爲흐야 朝鮮사람 各各이 共通的으로 또는 最善的으로 選擇흔 一般的 理想이 업다는 것을 意味흘 뿐임이로다。

五

그러면 그 理想이란 엇던것이라야 可흘가。勿論 여긔에 對흐야는 論者를 따라 各々 그 意見이 다를것이나、그러나 나는 그것을「爲先우리도 남과 갓치 살!쟈」흐는 한마듸에 잇슬것이라 성각흐노니、이것은 지금 우리社會의 時代的啓示가 아인가。

「남과 갓치 살쟈!」말은 비록 單純한듯흐고、뜻은 別노 산뜻한맛이 업는듯흐나、가만히 안자셔 우리의 當場懇切히 希望흐는배를 解剖흐야보면、그 究竟目的은 百千가지의 要求 百千가지의 憧憬이 다갓치 ―우리도 남과 갓치 살아 보쟈흐는 한마듸에 不過흘 것이니、이말이야말노 우리社會의 共通흔理想과 共通흔目標가 되기에 죠곰도 不足됨이 업는말이아인가。그런데 이 말을 듯는가운데는 或「그러한말이아

벌서 우리가 다아는말이오、또한우리가 다성각하고 잇는말이니、무엇이 그리神通홀것이 잇느냐고反問혼실이도 잇으라라○그러나 仔細히 성각하야보면、事實은 크게 그러치안은것이 잇나니、지금 우리가 外面으로는 이말을 生活의目標로 하는듯하나、實相內容으로는 도로혀 그反對方向으로 나아가、남과갓치 살고져하는것은 姑捨하고、우리는 우리갓치永遠토록 쥬의겨하는것이 잇도다○가만히 성각하여보라 남은 지금 나날이 進步하고 나날이 發展하야、지금 가지고잇는 生活도 오히려 不足하고 오히려 未洽혼다하야、그足혼바와 洽혼바를 죠곰도 아지못하거늘 지금 우리는 남을 따라가며 우기커녕、내의가지고잇는 現在의地位를 無上혼光榮과 無上혼滿足으로 自認치안는가○ 이것을 보면「날과갓치 산다」는 것은 조곰도 우리의理想아님이 分明치안은가

그러기에 나는 여긔에셔 더혼層 소리를 놉혀、한便으로 지금우리가 아모理想이 업는것을 指摘하는 同時에、다른한便으로 우리의 將次 가지여야홀理想이 어대잇는것을 말홈이니、이글을 외는者ー或 이를 부질업슨말이라 아니하면、나는 多幸인가하노라。

이에나는 다시한번 불으지저 노니、朝鮮사람아 너희는 호로밧비 理想을 가지라○그러면 너희의게 事業이잇고 學問이生길것이며、奮鬪가잇고 進步와向上이 잇을것이로다○ 그리고 너의 理想은 반드시「우리도 남과갓치 살쟈!」여라○그러면 너희의게 自然 나아갈바 길이 보이고、取홀바 手段이 定ᄒ여지리로다○

（一九一八、十、二日）

勤勞ㅎ라

洪南杓

洪荒하다 大宇廣宙의 無限ㅎ이여 境界가 어딕인가 몃幾億萬萬里가 되는지 指定ㅎ수업는 그가온딕 人의 一身을 寄住ㅎ이 마치 大海一粒의 微渺ㅎ이과 갓도다 그무엇이 斯보다도 更히 小ㅎ이 有ㅎ가? 永遠ㅎ다 過去未來의 無窮ㅎ이여 始終이 언제인고 몃億億萬萬年이 될는지 推想ㅎ수업는 그사이에 人의 一生을 經過ㅎ이 먹百歲一瞥의 刹那와 同一ㅎ도다 그무어이 此보다도 尤히 暫됨이 有ㅎ가요? 形體는 비록 如斯히 ㅎ데 比ㅎ야 볼수도업시 至小ㅎ나 其功이 轟轟ㅎ고 烈烈ㅎ야 宇宙를 掀動ㅎ며 萬有를 驚恐식인 者가 有ㅎ며 時間은 비록 若此히 가치 較ㅎ야 말ㅎ수도 이 暫ㅎ지마는 其名이 巍巍ㅎ고 赫赫ㅎ야 今古에 闡揚ㅎ며 千秋에 遺傳ㅎ는 者이 有한지라 是ㅡ진실로 形을 依ㅎ야 立ㅎ는 것이아니며 死를 隨ㅎ야 亡ㅎ는 것이아니로다 然한즉 人의 人됨이 잇지 大小와 久遠으로 可論ㅎ 者이랴 ○

噫라 此 幾億萬里인지 알수업는 宇宙의 間에 幾億萬年來로 寄住ㅎ야 經過ㅎ者가 아지못ㅎ노니 幾億々萬萬人인가 비록 恒河沙의 無窮ㅎ 數를 拯하고 我 億萬萬人인가 一生心力을 竭ㅎ야 算ㅎ지라도 此幾萬萬人이 될는지 分明히 得ㅎ수업겟도다 此幾萬萬人이 될는지 아지못ㅎ는中에 그功이 宇宙를 掀動하며 그名이 古今에 貫徹ㅎ者가 幾萬萬人이나 될는지요 仔細히 셀수는 업지마는 아마幾百人에 不過ㅎ뜻ㅎ외다 만일나의 말을 不可ㅎ다ㅎ시거든 그功이 宇宙를 掀動ㅎ고 그名이 古今에 貫徹ㅎ人의 姓名을 낫낫이 들어서 몃萬萬이나 되는지일너 보시오.

噫홉다 此無限호 宇宙間에셔 無窮호過去時에 寄住經過호 幾萬萬인지 알수업는 人類가同一히 입한다코한나 눈둘 귀둘 다리둘 손둘式 가진것은 勿論一般일것이다 그러한데그 엇더하者는 功業이 轟轟烈烈호야 天地를 掀動호며 名聲이 巍巍赫赫호야 古今을貫徹호엿스며 그엇더한者는 봄눈녹듯 아촘이슬말느듯 안기시러지듯 구름것치듯 아모 痕迹도 소리도 넘이도 빗도 움도 싹도업시 씨친듯 부신듯이 업서져셔발엿노!?그 功이 轟轟烈烈호며 그名이赫赫한者는 혼젹도 자최도 넘이도 빗도 움도 싹도업시 눈녹듯 이슬말느듯이 업서져셔발인者 보다 눈이나 귀이나 코이나 입이나 손이나 발이나 그外에무슨機關이 한가지나 좀더한것이잇나요? 만일그무슨 機關이한가지 더호다홀것갓호면 其功이轟烈호며 그名이巍巍호 멋사람을들어셔 뭇고

자호오 아마 渭水濱의 一個漁夫로셔 獨夫를 牧野에 敗호고 萬民을水火中을 救濟호後에 周의八百年大業을 創建호 姜子牙의 功名이 轟烈호고 巍赫 아니호가요 아마아니라고는 못호리라 그어른의 손이 셋이거나 발이넷이거나 그무엇이 남보다 혈가지를 더잇다호는 말은못들엇스며 支那大陸을 統一호고 雄師百萬으로 烏拉山을넘어 波羅的海外지 其威嚴을震動호이 歐亞兩大陸을 掀撼호 元太祖成吉思汗의 그功業이 轟轟烈烈호며 名譽가赫赫한가요? 誰는지 아니라고는못호리라 그러치마는 그어른게시든 코이든지 그무엇한가지가 남보다더호다는말은못들엇노라 그러면 그가진機關이 조곰도다름업스며 한가지도 더홈이업는同一한 人類어늘 그功名이懸殊호 싸둙은무엇인가? 반다시 싸둙이무어든지 잇는것은 分明치안슴닛가 그싸둙은 別로히 異常호

고 야릇호며 高遠호고 難行호야 아쥬홀수가업다든 家라하는것이 모도다 勤勞의造成한人物이며 此와反

지 알기어려운것은 아니올시다 그네들은 그自己네 호야 바보되며 걸어지되며 바삭이되며 下愚되는것

의 압에당한일 곳사람 되야 이世上에셔홀일 다시 은 惰호며 安한것으로 因호야果한者이로다 果然이

말호면 自己의責任을 履行호야 或은 精神的 다 勤호면天下에 難事가無홀지며 功名은必히勤苦도

으로 或은 肉軆的으로 智慧가잇는뒤로 함이벗는뒤 得호도다 보시오 그러하지안슴닛가? 怠와安이란

로 生覺호고 애쓰며 如何한困難이잇슬지라도 落心 무슨것인지 우리를笑차단이며 前進의 道들막으며

을한다든지 厭惡을호는 일이업고 如何한支障이잇슬 成就의業을沮戱호며 神聖한 마음을蠱惑케호는 上

지라도 回避혼다든치 蹰躇홈이업시 自強不已호며 天下天에 窮凶極惡한 魔鬼가아닌가 怠나安으로

競競業業호야 或이나 自己의責任을 다치못홈이잇 써 일우어써잇는것中에 우리가 可히師호며, 學호며

슴가念慮호야 犧牲的精神과 毅勇的氣魄을 다호야 敷호며 美홀만호것이有한가요? 上下數千載예 怠

如彼히 蠱烈호고 赫赫한 驚神泣鬼호는 功名을成得 安으로써 其國을亡호며 其身을喪호者를 一一히말홀

안즈나 서나 주든지 셔든지 오즉勤勞호 까둙으로 수업겠도다

홈어여나우잇가? 觀하라○이時代의文明은 誰가만든것인요? 낫이나

야하쳠 勤勞의勢力이여 宇宙보다大호도다 聖이라 밤이나 쉬지안코 塞房冷突에셔 손을비벼가면셔

哲이라 偉人이라 傑士라 英雄이라 事業家라 成功 力을피로이호며 硏究에硏究를加호야써 勤勤勞勞하

勤勞호라

勤勞하라

선어른듭에게셔 만드신것인가요? 抑案席과 寶榻에 高憑倨坐하야 기지기나피아며 으ー애흠하면셔 가리침이나곤도빗고 아모는 누구의 몃代孫이니 하고안즌 兩班님들이 만드신것인가요? 孔子게셔 葦編三絕하셧다 天下를 轍環하셧다는 말은듣엇지마는 閑酒遺 하셧다는말은 듯지못하엿노 釋迦世尊 安서 雪山修道하셧다 六年을苦行하셧다는 말은 들엇지마는 安逸怠傲 하셧다는말은 못들엇노라 新大陸을 發見한 콜놈보쓰며 宗敎改革者 마틴루터 引力發明者 유ー톤이며 活字創造者 구텐쎄흐 鐵甲船創造者 李舜臣이며 蒸汽使用者 와ー트며 그누구누구가 다편이잠즈고 실컷놀고 거드름피고 自働車나 馬車를 몰아 酒肆娼家로나 드나들든 일업는사람이라 閑暇한 사람들이란말은못들엇도다 余는 絕叫하노니 우리는 何를學하며 何를望할가 聖

哲과 偉傑을 學하야 赫赫한 成功의 將來를 望할지요바 보룩 學하야 春雪처럼 朝露처럼 되기를望 하지 아니할것은 血液이 循環되여 生理的 作用이 繼續되야잇는 人類처女코는 누구든지 一般일것이 無疑하다 聖哲과 偉傑을 學하야 成功의將來를 望할진댄 犧牲的精神毅勇的氣魄을 專致하야 勤勤孜孜히 進進無己하여야 來頭의希望과 前道의光明을 볼것이올시다 우리는 그保守主義 그썩고썩어셔 구린냄시가 물큰물큰나는 釋迦나 孔子나 耶蘇가 될수잇나 하는 腐敗的 지敢히 釋迦나 孔子나 耶蘇가 될수업다 나가엇 思想懶弱的 退步的 絕望的 姑息的 病死的 舊習을 快革하고 「釋迦나 孔子나 耶蘇도 別人이아니다 나도하면 그네와가치된다 그네와가치 하여야하겟 되여야하겟다ー는 自任的精神 積極的 活潑的 前進的 實地的 進就的 向上的 精神 곳다시말하면 生

的爲的 一心으로 勤勤勞苦ᄒᆞ여야만 福이 有ᄒᆞᆯ將來 神聖한將來 快樂한將來가 우리의압에 驕步驕步로 나옴니다 此二十世紀 四海比隣이 實地實用으로 甲이 千萬里 海底에 縱橫하는 潛航艇을 發明ᄒᆞ면 乙은 幾千尺雲外에 遙逍ᄒᆞ는 航空機를 製造ᄒᆞ기에 奔走無暇ᄒᆞ야 捨短取長ᄒᆞ기에 汨沒ᄒᆞ거늘 長聲喚娫ᄒᆞ며 叩齒彈指ᄒᆞ며 綏步當車라는 膠守主義에 中毒이되여잇스면셔도 自尊自大ᄒᆞ는 驕盈心만남은것으로 能히 此舞臺에 並盾ᄒᆞᆯ수가 有ᄒᆞᆯ가요? 犬聲疾呼ᄒᆞ노니 黑暗洞中에 昏昏夢을 大悟ᄒᆞ고 靜的精神을 動的으로 振換ᄒᆞ며 安逸怠惰의 死的心性을 勤勞進取ᄒᆞ는 活的으로 善變ᄒᆞᆯ지어다 勤勞勤勞여 吾人의 生脈이며 成功의 原素로다 宗敎家가되고자ᄒᆞᄂᆞᆫ者가 此勤勞를 捨ᄒᆞᆯ가 宗敎家되고자ᄒᆞᄂᆞᆫ者ㅣ 만일 此를 捨ᄒᆞ면 荊玉을 求코자ᄒᆞᄂᆞᆫ者ㅣ 燕石을 磨ᄒᆞᆷ과 如ᄒᆞ고 事業家가되고자ᄒᆞᄂᆞᆫ者가 此勤勞를 排斥ᄒᆞᆯ가 事業家되고자ᄒᆞᄂᆞᆫ者ㅣ 만일 此을 排斥ᄒᆞ면 大海를 渡코자ᄒᆞᄂᆞᆫ者가 津筏을 棄ᄒᆞᆷ과 如ᄒᆞ야 幾多의 光陰을 費ᄒᆞᆯ지라도 璞玉을 見치못ᄒᆞ며 彼岸에 達치못ᄒᆞᆯ지니 마치 收穫코자ᄒᆞᄂᆞᆫ者ㅣ 播種치아니ᄒᆞᆷ과 一般이라 絕對的으로 進取의望이 無ᄒᆞ며 成功의 道가 無ᄒᆞ리로다 宗敎家되고자ᄒᆞᆯ진댄 勤勞ᄒᆞᆯ지며 事業家되고자ᄒᆞᆯ진댄 勤勞ᄒᆞᆯ지며 收獲을 得코자ᄒᆞᄂᆞᆫ우리는 勤勞ᄒᆞ여야ᄒᆞᆯ것이며 彼岸에 達코자ᄒᆞᄂᆞᆫ우리는 勤勞ᄒᆞ여야ᄒᆞᆯ것이며 成功을 期ᄒᆞᄂᆞᆫ우리는 勤勞ᄒᆞ여야ᄒᆞᆯ지로다 東西古今에 大宗敎大道德家도 此勤勞의 造成ᄒᆞᆫ者이고 大偉傑大英雄兒도 此勤勞의 産出物이며 大文章 大文學도 此勤勞의 結果이며 其他 大政治家 雄辯家 工業家 商業家 哲學家 敎育家 또는 그무슨

名譽든지 後世에 遺훈 者는 그 名譽는 大小는 勿問호고 모도다 勤勞의 原素오 結果되 者어니와 其他 朝露와 如히 乾호고 春雪과 如히 消호고 風과 如히 馳호고 電과 如히 聖호고 水와 如히 逝호고 雲과 如히 捲호야 春鳥와 秋虫으로 同一훈 名旌을 題호야 生存現時에 高尙히 價値를 將傳치 못호고 死後未來에 芳令한 名譽를 遺傳치 못한 者ㅣ 幾億々萬々人인지? 그들으 모도다 勤勞의 原素를 排斥한 者ㅣ 아닌가 噫라 우리의 觀察이 此에 足호고 우리의 殷鑑이 此에 在호야 우리의 取홀바 行홀비 此에 定호얏도다 우리도 호야곰 令名이 日月의 光과 並히 明明赫然호야 傳後世遺千秋호 此 勤勞홈에 在호며 功德이 宇宙의 大와 同히 浩浩漠蕩호야 蓋天地震萬邦호도 勤勞홈에 在호도다 우리의 所欲을 成케호며 우리의 所望을 達케홈이 오즉 勤勞홈에 在호도다 우리는 此와 生死를 同히호고 去就를 共히호야 서나 안즈나 서나 此에 勉호고 此에 勗홀지로다

科學의 淵源 (二)

一　記　者

五、不遇훈 天才의 一生

世에 轗軻不遇훈 天才가 多호니라 그러나 今에 말호고자 호는 사람과 가튼 不遇의 天才는 少호리라 彼의 學界에 貢献훈 功績으로 言호며 決코 싸워에네 밀사 라미 아니니라 彼의 六十二年의 生涯의 間에 八年間을 除훈 外에는 彼의 偉才를 發揮홀 自由를 束縛홀뿐아니라 그 八年間의 短時日에 僧侶學校의 先生으로 在훈 時에 發見홀 遺傳學

止의 可驚할 事實을 書호 論文도 彼의 名과 아울너 彼의 死日에 墺地利極北의 一州 시레사아州의 호인쳬 돌프村에

後十六年을 經過호 千九百年지 一般學界에 認호는 비 生호니 彼의 父는 土居의 卒民이라 草花와 果物을 栽培호

되지 못호고 호갓 倫敦의 린네學會와 其他學會의 書物庫 물조아호야 리데르는 幼時부터 接木의 方法을 비우게 되

의 구석에셔 몸지루셩이가 될 뿐이엿느니라 얏더라 그後에 彼의 先生의 一人되는 墊오거스틴의 流를

그러호야 十九世紀의 末葉으로 今世紀의 初에 亘호야 汲호는 一神學者의 助力을 힘이버셔 維也納大學의 理科

쓰프리쓰、콜노쓰、쳬르막의 三人이 쏘호 此方面의 硏究 둘 卒業호얏스니 小民인 彼의 父는 分에 過호다고 할만호

둘호는 中에 文書를 涉獵호다가 이미 三十五年前에 墺地 敎育을 멘데르에게 쥬밀너라

利드리운의 僧侶데데르라호는 사라미어늬 寺院의 花園 彼가 廣大호 花園에셔 草花를 因호야 獨想的의 雜種硏

에셔 八年間을 觀察實驗호 結果、生物의 雜種現象의 底 究를 호게되믄 쓰리유村의 寺院學校에셔 科學의 先生이

에 橫在호 어늬 大事實을 發見호 事를 보게 되얏나니 今에 되므로부터의 이라 彼는 八年間에 庭에 植호 豌豆로 硏究

는 大英百科全書는 勿論、學生文庫라고 할만호 通俗的 를 繼續호야 實로 可驚할만호 어늬 事實을 發見호야다가

의 書物에도 려데리의 名이 出現호게 되얏도다 른 豌豆의 種類의 中에 도여러가지 變種에 잇스니 키가 큰

그라호면 彼가 寺院의 花園에셔 發見호 雜種遺傳의 어 것과 키가 져근 거시 잇는지라 그 키가 큰 變種과 져근 變種

늬 事實이라 호은 何인가 此로 말호기 前에 먼져 彼의 傳記 을 試驗호야 雜種을 만드러셔 그 種實을 栽時호 먼다 키가

를 畧述호미 必要호리로다 千八百二十二年 一月二十二 를 豌豆가 生호고 다시 그 種實을 集호야 栽時호면 이번에

는 그 金量의 四分의 一은 키가 큰 變種이 되고 四分의 一은 키가 져근 變種이 되고 四分의 二는 非常혼 不思議의 雜種이 出ㅎ느니 그 雜種은 키는 그 母種과 同ㅎ나 其實을 播ㅎ면 또 그 四分의 一식은 키가 큰 거과 키가 져근 거시 되고 四分의 二는 其母와 가튼 性質을 現ㅎ느니라。

此의 事實은 豌豆의 키에 對혼 性質쑨이 아니라 色과 形과 其他 여러 가지 性質에 就ㅎ야도 是와 如혼 關係가 有ㅎ믈 研究혼 結果、 그 成績을 쌔리운市의 學會에 發表ㅎ며 實로 千八百六十五年、 彼의 四十三歲의 時라 그 次年에 此 論文을 印刷ㅎ야 各國의 學會에 送ㅎ얏스느 一人도 顧重혼 者가업고 아조 默殺되얏스니 此는 當時의 學會가 當時 五十七歲의 따윈의 七年前에 發表혼 生物進化論의 偉大혼 名聲에 眩惑ㅎ야 此 無名一天才의 論文을 默過ㅎ미라 千九百年까지 寥寥하얏스니 만일 멘데르로 하야곰 월쌔쓰와 가치 彼의 論文을 따윈에게 送하얏스면 힘드지지 아니하고 此 雜種遺傳의 法則은 일즉 世上에 發布되얏스리라。

彼는 따윈을 知하얏스나 따윈은 조곰도 彼를 知치 못하얏도다 不遇의 天才는 此의 研究를 最後로 하고 死에 至하기ㅆ지 僧侶生活에 屬하얏더라 今日에 至하야 遺傳의 研究、品種改良、人種改良의 聲이 全世界를 通하야 盛行하며 對하야도 是혼데 멘데르를 聯想하미 엇지 懷慨를 禁하리오。

六、牛痘液의 接種

英國의 제너라 하는 사람은 種痘에 對혼 事를 研究하야 二十三年의 長歲月을 經혼 後에 비로소 發明하야 먼져 自己의 子에게 試驗하고 書物을 作하야 世間에 布告ㅎ얏스ㄴ 初에는 世人의 哂笑惡評을 만히 바든지라 그러나 제너는 더욱 其志를 굿게 하야 實行을 繼續하미 그 發明혼 事가 漸々 世間에 廣布되야 今에는 世人이다 그 恩惠를 蒙하ㄴ

니라제너는二十一歲의時부터三年間을有名한倫敦의醫學者씩제너의處에서見習生처럼잇섯다어느날鄕曲으로부터先生의診察을바드러온牛乳搾의女는이러혼말을하얏다「妾에게는牛의痘病이傳染되얏스니까決코天然痘에는걸리지아니하리라」고말을하맛이말을드은제너는그可怖의天然痘는牛痘의漿液으로써豫防흐리라고思案을그先生한터에게告흐얏더라。

그先生의贊成을得흐고鄕里글로스터州의색클레에歸흐야醫業을開흐고牛痘研究와밋牛痘의漿液을人體에接種흐는方法에就하야世人嘲笑中에서조곰도退屈치아니흐고研究實驗을繼續흐야마참내成功에至하얏더라그러면彼는二十一歲의時即千七百七十年에一四婦의言에依흐야牛痘漿液接種의힌트를得흐얏도다그러느東洋에는接種法으로써天然痘를豫防흐는考案은그以前부터잇서더라。

東洋의思想을歐洲에輸入함은아디손時代의女流作家위를레몬탁夫人이니實로제너보다五十二年前의事아니라그는몬탁夫人이自己의愛兒로爲始하야多數의人에게接種흐거슨人의天然痘로브터採取흔漿液을띠대로移種하미오제너의發明흔거처럼흔번牛體를通過흔牛痘의漿液을接種흐믄아니오또天然痘의漿液을接種흐에도死흐는者가非常히多흐야種痘는또로어危險흐다는評判이잇서스니今에種痘法이發達되야人類의可恐흔傳染病을驅逐하믄實로제너의功勳이니라。

七、狂犬과牧童의鬪

狂犬에게물어서十餘箇所의創傷을바든九歲男子가그母親을따러셔일사쓰의마이센코트라하는고스로브더멀리巴里에와쓰니이는狂犬病의治療法을發見흔과

쓰롤先生의 研究室을 訪하미니 當時 파쓰롤先生은 六十三歲은 老齡이라 그 永遠히 傳홀 畢生의 大業이 垂成에 至하엿스미로 파쓰롤先生의 名聲은 全歐를 掀撼하더라 사쓰로부터 그 母를 따러온 小兒는 先生과 助手의 熱心으로 治療하는 血淸療法에 依하야 快癒되엿스니 此兒는 파쓰롤이 狂犬病에 關한 研究의 結果를 實施한 最初의 患者러라

巴里에 잇는 파쓰롤研究所의 廣場에는 牧夫의 子가 물녀오는 狂犬과 爭鬪하는 樣의 銅像을 建하엿느니 是는 想像의 構造가 아니오 實로 이러한일이 잇스미라 狂犬에게 물닌 牧夫의 子는 파쓰롤의 治療를 바든 第二次의 患者니 或本에는 此를 最初의 患者라 하얏느니라 先後의 次序에 對하야는 多少의 疑點이 有하나 何如間, 그 銅像은 此兒의 事實을 表見하미라 以上二人의 患者가 파쓰롤의 治療 바를더 生命을 保하얏다는 評判이 高하므로브러 患者가 沓至하미 研究室의 狹隘을 感하야 百萬圓의 資金으로 大規模의 研究室을 建하니라

此近世의 偉人은 佛蘭西의 東、獨逸에 近한 쥬라州에 一都會씀이라 하는 小村에셔 生하니 父는 鞣皮職工이오 母는 草花屋의 娘이라 父는 陰鬱하야 外界에 交際를 忌하야 內的 生活을 喜하고 此에 反하야 事務의 才가 잇고 想像力이 豊富한 熱心의 人이니 파쓰롤은 이러한 性格을 有한 兩親의 間에셔 生하니라。彼는 먼져 化學을 研究하야 分子의 構造에 關한 一大事實을 發見하고 此化學的 根柢의 上에 立하야 微生物學의 方面에 手를 出하야 쓰한 可驚을 事實을 發見하니라

그當時에 有名한 獨逸의 리비히는 醱酵라 하는 거슨 單히化學的의 現象에 不過한거시라고 思하얏다 그러나 파쓰롤은 此에 反對하야 醱酵는 單히化學的의 現像이아니오 顯微鏡이아니면 볼수업는 微生物의 動作한 結果라 主

張하야 其後로 파쓰툴의 硏究는 微生物의 作用이라는 方面으로 傾注되얏더라 그러느 當時에는 此理가 아즉 發明되지못호지라 何의 食物을 器에다 머셔 一隅에 置하야 幾時間을 經아면 腐敗하야 黴가 生하미 黴는 곳곳에셔 蒸生하는줄 노信하얏느니 파쓰툴의 發明이 漸々 進步하야今에는 空氣中에 잇는 黴의 胞子가 食物의 上에 止하미 그食物의 營養分으로 因하야 母가 子를 生하고 子가 孫을 生하야 限업시 繁殖하민 주를알게 되얏느나라

그러므로 파쓰툴에 依하야 細菌도 自然히 蒸生하는거시아니라 母가 無하면 子가 無하고 子가 無하면 孫이 無하다는 事를 證明하게 되니 殺菌法과 鑵入物의 原理라하미 다 파쓰툴의 大發見으로부터 發明된거시라 파쓰툴은 脾脫疽菌의 發見等 幾多의 業蹟이 잇슨後、狂犬病의 硏究에 進하니라

八、偉大호 誤謬

로뻬르트、콧호의 名은 너머 만히 펴져서 그에 對호 날을호메는 何等의 好奇心이 나지아니호리라 彼의 六十七年의 生涯의 間에 처음에는 脾脫疽菌의 分離를 發見호고 三十二歲의 時브터 可驚홀만호 結核病菌을 發見호고 印度와 埃及에셔 硏究호 結果로 虎役菌「콤마、파티르쓰」를 發見호고쏘「트뻬클린」의 發見에 至호며 다시 阿弗利加에셔 마리아病「린더페쓰트」의 硏究로브서 最後에 睡眠病의 硏究를 終호기까지의 人類의 幸福을 增進호 彼의 不滅의 功蹟은 萬人의 아울녀 仰慕호는 배니 그의 事實을 새삼스럽게 賞讚호믄 實로 尋常호일이로다

彼는 實로 前世紀의 後半으로브터 今世紀의 初年의 間에 地球上에 存在호 偉人의 一人이라 佛蘭西의 파쓰툴과 가치 人文發達史上、醫學의 페지에 不朽의 名을 印載호 近代의 一獨逸人이라 獨逸人이「우리나라는곳호 先生

을 生ᄒᆞ얏다」고 世界를 向ᄒᆞ야자 랑ᄒᆞ미 實로 虛矜이아 야 사라메게 結核病이 傳染되ᄂᆞᆫ일이업다ᄒᆞ야 最後ᄭᆞ지

닐지니라 主張ᄒᆞ얏스나 此에 反ᄒᆞ야 現今에ᄂᆞᆫ 殺菌의 牛乳가아니

彼ᄂᆞᆫ파쓰룰보다 二十一年後에 하노버의 코라우스탈 면危險ᄒᆞ다ᄒᆞ야 飮치안ᄂᆞ니 英國의 學界ᄂᆞᆫ 勿論、 곳ᄒᆞ

에生ᄒᆞᆫ지라 彼의生ᄒᆞᆫ時에 파쓰톨은이믜某大學의助敎 의弟子ᄭᆞ지 彼의學說을 反對ᄒᆞ야 牛의結核菌은 人의 結

授가되야 數學을敎授ᄒᆞ니 有望ᄒᆞᆫ靑年學者로 指目되얏 核菌과同一ᄒᆞ야 營養狀態를變ᄒᆞ면 아조 人의 結核菌과

셔ᄂᆞ니라 파쓰톨은 數學化學의各方面으로 彼의硏究的 ᄀᆞ트물主張ᄒᆞ야 盛히 곳ᄒᆞ의說을 反對ᄒᆞ니 今에ᄂᆞᆫ此說

生涯를始ᄒᆞ얏스나 곳ᄒᆞᄂᆞᆫ 此에反ᄒᆞ야 最初브터 ᄱᅦ탕껜 이非常히有力ᄒᆞ고 트ᄲᅦ르클린의效果에就ᄒᆞ야도 곳ᄒᆞ

大學의醫科에 入學ᄒᆞ야 卒業ᄒᆞ고 곳細菌學의硏究沒 의說과가치 結核病治療上의效驗은 無ᄒᆞ도다 그러나其

頭ᄒᆞᄆᆞ로브터 着々、 彼의硏究를進行ᄒᆞ야 數多ᄒᆞᆫ彼의 後에 此方面에 幾多의硏究를加ᄒᆞᆫ結果、 今日에ᄂᆞᆫ診斷

硏究의中에 赫々ᄒᆞᆫ名聲을 後世에垂ᄒᆞᆫ 結核菌의發見은 上의效果뿐아니라 治療上에도 多少의效力은 잇ᄂᆞᆫ줄로

파쓰톰이 狂犬病의硏究에 熱中ᄒᆞ던頃이오 그後에有名 알게되얏스니 此ᄂᆞᆫ 彼의流派를汲ᄒᆞᆫ硏究者의努力에依

호트ᄲᅦ르클린의發明은 파쓰톨의死ᄒᆞ기 五年前卽彼의 ᄒᆞ미라 彼ᄂᆞᆫ 이와가튼偉大ᄒᆞᆫ足跡을 地球上에留ᄒᆞ고千

五十二歲의時니라 九百十年五月二十八日에 ᄲᅡ멘쎠멘에셔 心臟病으로死

그러ᄒᆞᆫ데 彼ᄂᆞᆫ人의結核菌이 牛의結核菌과相異ᄒᆞ야 ᄒᆞ니라 彼ᄂᆞᆫ何故로 이러ᄒᆞᆫ偉大ᄒᆞᆫ發見을ᄒᆞ고셔도 些細

十모리酷烈ᄒᆞᆫ結核病에罹ᄒᆞᆫ牛의乳를飮ᄒᆞ야도그로ᄒᆞ ᄒᆞᆫ觀察上의錯誤로 由ᄒᆞ야 後人을迷惑케ᄒᆞᄂᆞᆫ 多般問題

롤남게두고死ᄒᆞ얏ᄂᆞᆫ가是ᄂᆞᆫ彼의雄渾ᄒᆞᆫ性格의中에多少粗忽ᄒᆞᆫ點이잇다ᄒᆞᆯ지니그로ᄒᆞ야彼ᄂᆞᆫ偉大ᄒᆞᆫ誤謬를셔치고死ᄒᆞ얏ᄂᆞ니라

그러ᄒᆞ야彼의分離ᄒᆞᆫ人의結核菌은彼의最後ᄭᆞ지主張ᄒᆞᆷ과ᄀᆞ치牛의結核菌과異ᄒᆞᆫ거슨아니오ᄯᅩ彼의發明ᄒᆞᆫ투베르클린은彼의預想과ᄀᆞ치治療上의效果ᄭᆞ만치ᄂᆞᆫ아니ᄒᆞᆯ지라도彼의獨特ᄒᆞᆫ研究의功績은人類의一恩惠者가될만ᄒᆞᆫ名譽를博ᄒᆞ기足ᄒᆞ니라

九、通信界의革命者

寒烈ᄒᆞᆫ北風이大吹ᄒᆞᄂᆞᆫ荒冬의어느날、二十五六歲閣되ᄂᆞᆫ血氣方盛의三人의青年이加奈陀의東極端聖로울렌쓰灣의口를扼ᄒᆞᆫ늬우·파운들린드島의東海岸에셔烈風을乘ᄒᆞ야細鐵絲줄을단紙鳶을飛揚ᄒᆞᄂᆞᆫ디風勢가너무强烈ᄒᆞ야鐵絲줄이싀너져셔紙鳶은澥의彼岸으로飛去ᄒᆞ얏ᄂᆞᆫ디그鐵絲줄의一端에ᄂᆞᆫ異常ᄒᆞᆫ器械를裝置ᄒᆞ얏더라엇지ᄒᆞᆫ일인지알지못ᄒᆞ고彼等의業을傍觀ᄒᆞ고잇든燈臺의老信號手ᄂᆞᆫ조곰잇다건너다뵈ᄂᆞᆫ燈臺로歸去ᄒᆞ더라三人의青年은老信號手가歸去ᄒᆞᆫ後에도熱心으로紙鳶을飛揚ᄒᆞ얏스나風勢가過强ᄒᆞ야其日은모다失敗에終ᄒᆞ야目的을達치못ᄒᆞ고燈臺로도라왓다가그翌日에도ᄯᅩ한器械와鐵絲를가지고서前日과ᄀᆞ치紙鳶을揚ᄒᆞ야何事를試驗ᄒᆞᄂᆞᆫ디風彩로보던지言語로보던지器械의側에立ᄒᆞᆫ一人의青年은確實히此試驗의中心人物이오他의二人은彼의助手인줄을可知ᄒᆞ더라此日은前日과異하야바람도그처럼强하지아니하얏다가三人은專心으로此의作業을繼續하ᄂᆞᆫ中、얼마아니잇다가器械의側의卓子에依하야器械와連續ᄒᆞᆫ電話의受話器에귀를대고잇드瘦形의青年은「이것보아라왓다確實히成功하얏다똑똑똑三響이왓다」하야二人의助手를顧

하고微笑하더라

이微笑흔靑年은即말코니오二人은英國의本土로브터伴來흔助手라千九百一年十二月十二日의午前十一時三十分에無慮二千哩를距흔英蘭큰월의포르티우라하는海岸으로브터大西洋을橫斷하야波及된無線電信의電波가엇더흔裝置를흔紙鳶에感하야地上의器械에傳하는音響이말코니의耳에傳響되미니即彼의二十七歲의時러라말코니는伊太利보로니아에生흔지라벤지민、프령클린이紙鳶을揚하야空中의電氣를硏究하얏다는傳言을聞하고此言에興奮하야宇宙에彌蔓흔「이서」를導體로하고獨逸의物理學者헤르쓰가發見흔電波로空中을通하야電信用에供하기는實로七年間의酸苦를嘗흔結果라彼는幸히富裕하고賢明흔父가有하야容易히쓰로니야大學에入學되야쓰니此大學의電氣學의先生은有名흔리쎄敎授이더라

信을發明흘思業을作하니라當時의歐洲學界를보건대獨逸의쓴大學에는彼에게無線電信의骨子되는電波의實在를가리쳐준헤르쓰博士가잇스니彼의先生리쎄敎授는即헤르쓰博士의思想을祖述흔人이러라當時二十年前에死흔人即英國의파라데이와클락、막스월先生의電波에關흔學說은리쎄敎授의講義中에셔見하니라마르코니는飢者의食을貪흠과가치是等의智識을吸收하야大學生時代브터이미無線電信의發明에腐心하니라

彼의創作흔器械로써二哩의距離를隔흔通信을하게되얏을時에그器械를가지고母의生地인英國에渡하니是는千八百九十六年彼의二十二歲의時라그러흔苦心으로今世紀第一年의十二月十二日에大西洋橫斷의電信이成功하게되거시라其後에無線電信電話의發展은

如何히 在來의 通信機關을 壓迫하야 斯界의 一大革命을 起하믄 讀者의 다아는 배라 今에 大陸과 大陸의 間의 通信은 말홀것도업고 軍艦汽船自働車飛行機에 至하야도 無電線信의 器械를 備하게 되얏스니 人類에게 얼마나 흔恩澤이라 하리오 渺少흔 一靑年의 힘도 또한 偉大흔도다

十、機敏흔 또 마쓰

마르코니는 今에 四十餘歲의 盛年이나 大西洋을 隔하야 彼와서루呼應하는 世界的 大發明家도 마쓰、에듸손은이믜 七十餘歲의 頹齡이라 그러나 彼는 오히려 是와 如흔 老軀를 提하고 紐育의 近郊오렌지村의 實驗室에서 硏究를 繼續하고 잇느니라

貧窮흔 百姓의 家에 生흔 彼는 十二歲의 時브터 汽車內의 雇傭이 되야여러 가지 심부림을 하면셔 列車內의 彼의 室의 實驗臺에셔 零細흔 時間을 利用하야 化學을 實驗하니라 그러하는 中에 南北戰爭이 開始되민 此機를 본 敏捷흔彼는 自己가만든 活字와 印刷器械로 大停車場에셔 汽車方停車하는 間에 種々의 戰爭報道를 集하야 빨리 印刷하야 車內의 乘客에게 도 팔고 停車場에셔 報道를 苦待하는 村人들에게 도 파라나니라

其後 彼는 電信局에 執務하게 되얏다 當時의 電信은 몰쓰가 發明흔지오라지아니흔故로 非常히 珍奇하게 알고 따러셔 非常히 不完全하야 今日과 가치 進步하지못하얏느니라 年少흔에듸손의 發明的 天才는 몰쓰式電信機의 缺點을 看破하야 곳改良에 沒頭하니 是로 由하야 自己의 職務를 怠하는 事도 往々 잇섯느니 얼마아니되야셔 現今에 採用하는 電信機와 酷似흔거슬 發見하고 無處 不當에듸의 손은 또「쎌」의 發明흔 電話機의 改良에 着手하야느니쎌의 電話機를 發明하믄 千八百七十六年 卽에듸손의 二十九歲의 時라 此도 또한 成功하니라

彼는 此電話機의 改良에 熱中하는 中에 容易치아니흔

副産物을 發見ᄒ게되얏더라. 뻴의 發明ᄒᆫ 電話機의 受話機에 귀를 대이고 잇든 彼ᄂᆞᆫ 偶然히 이러ᄒᆫ 생각을ᄒ얏다. 電信機의 作用으로 紙上에 徵號를 그림과ᄀᆞ치 人의 口에셔 出ᄒᄂᆞᆫ 音響의 振動이어ᄂᆞ 物件에 記印되지아니ᄒᆯᄭᅵ. ᄯᅩ 한번 保存된 音響振動의 跡이 다시 어ᄂᆞ 方法에 依ᄒᆞ야 洽然히 電話의 受話機가 彼方의 音響을 復活케ᄒᆞ야 同一ᄒᆫ 音調를 出ᄒᆷ과 가치되지아니ᄒ고 思考ᄒ니 此가 곳 偶然히 成功ᄒᆫ 畜音機의 思案이니라. 그러나 彼가 最初에 作成ᄒᆫ 當時의 畜音機ᄂᆞᆫ 고무의 管에 귀를대히고 드럿ᄂᆞ니라. 世人의 아는바와 가치 活動寫眞도 ᄯᅩ한 에되손의 發明이오 此 天才의 手로 發明된거시 만ᄒ지마ᄂᆞ는 最後의 一大發明이 有ᄒ니라. 一大發明이라ᄒᆫ은 即 電燈이라. 今에ᄂᆞᆫ 랑그스랜, 다람, 오쓰미음 等 多種의 白熱電燈과 水銀燈 가든 홀충ᄒᆫ 電燈을 쓰지마ᄂᆞ는 千八百七十九年 即에 되손 三十二歲의 時에 炭素纖維의 白熱電球를 創造ᄒ기ᄭᅡ지ᄂᆞᆫ 그로브터 七十餘年前에 쌔비가 發明ᄒᆫ 弧燈이 잇슬ᄯᅡ름이니라. 現在에ᄂᆞᆫ 如何히 電燈이 廣用되ᄂᆞ지 記者도 ᄯᅩ한 電燈아래에셔 이 글을 쓰로다.

修養叢話

快樂이 終ᄒ면 懶惰가 始ᄒᄂᆞ니라 〔쏘루쿠〕

禍福이 門이 無ᄒ니 오직 人의 招ᄒᄂᆞᆫ바니라 〔古訓〕

善ᄂᆞᆫ 最ᄒᆫ 容貌良의 推薦狀이라 〔西訓〕

朋友가 無ᄒᆫ 人은 半身의 人이라 〔英諺〕

忍耐ᄂᆞᆫ 王이라 〔쇼우〕

비록 多聞이 有ᄒ나 만일 行치아니ᄒ면 不聞과 等ᄒᆞ야 人이 食을 說ᄒ되 能히 飽치못ᄒᆷ과 如ᄒᄂᆞ니라 〔楞嚴經〕

忍은妙良藥이라能히忿毒을療治ㅎㄴ니라 【諸法集要經】

勞力이無ㅎ면安樂도無ㅎ고休息도無ㅎ니라 【카라일】

軒冕의中에居ㅎ되山林的氣味를有하고林泉의下에處하되廟堂的經綸을懷홀지니라 【菜根譚】

一々地獄中에無量劫을經하야도衆生을度하기爲하는故로能히是苦를忍하ㄴ니라 【華嚴經】

花가多하면實이少하니라 【셴셰룸】

無德의美는無香의薔薇와如하니라 【獨逸諺】

歲寒然後에松栢의後凋를知하ㄴ니라 【孔子】

野心은急流와如ㅎ야後方은顧치안ㄴ니라

幸福은仁愛로브터生하ㄴ니라 【스말일쓰】

光榮의時에는交友가多하나困難의時에는二十分의一도無하니라 【和蘭格言】

寧히道를守ㅎ야貧賤에死홀지언졍無道를爲ㅎ야富貴에生치말지니라 【六度集經】

魔를降하는者는먼져其心을降홀지니心이伏하면群魔가退聽하고橫을取하는者는먼져此氣를馭홀지니氣가平하면外橫이侵치안ㄴ니라 【菜根譚】

業은勤에精하고嬉에荒하니라 【韓退之】

譽幽에不善을爲하는者는顯에刑罰을蒙하ㄴ니라 【荀子】

名譽를得하는秘密은正道를行ㅎ에在하니라 【써콘】

仁義의鄕에는盜賊이無하니라 【西諺】

日이旣暮하되오히려煙霞가絢爛하고歲가將晚하되다시橙橘이芳馨하ㄴ니故로末路晚年에는君子가맛당히精神을百倍홀지니라 【菜根譚】

放逸은死의徑이니라 【法句經】

自己를 犧牲하야 活潑히 働하라
【阿含經】 나라

小事를 注意치 아니 하는 人은 大事에도 注意치 안는 者
【獨逸諺語】

懸賞當選文藝

學生小說

苦學生 (賞金壹圓)

堅志洞一八ㅅ古生

一

훗훗한 가을히가 金華山 머리우에 갓가 왓는 데 싸듯하게 벗쪼인눈 바위우에 昌浩는 무슨生覺을 하난지 앗가붓터 고기를 숙이고 감안이 안져잇다 짜뜻한히빗은 그숙으린 머리의 터력을 낫々치 빗초인다 昌浩는 고기를듬고 陵안의 古墓를 물그럼이 보더니 한숨을 휘-쉬고 다시 고기를 숙엿다

夏期放學도 다-지나고 다시 貳學期가 始作되엿슴으로 모-든 學生은 녀름동안에 休養한腦로 다시 學業을 닥그리라ㄴ 이번年終에는 期於코 優等을 ㅎ리라ㄴ하야 이갓치 希望만코 깃붐만은써라々 질거하나 다만昌浩에게는 그러한 깃붐이 조곰도 엽다

昌浩난 ×× 高等普通學校 三年生이다…… 故鄕의 本家가 녁々지못흠으로 京城 冷洞(서문밧) 外三寸宅에 寄留하고 通學한지 힛數로 三年이되얏스나 그外三寸의집도 그닥지 넉々지는못흠으로 昌浩가 學校에 갓다와셔는 물도깃고 뒷겻차밧헤 거름도쥬고하야 이번放學에 잡에갓슬때 도구 아모리工夫를 하려도 슈가업는것을 엇지ㅎ눈 그나마 外家宅에도 잇지못

호게되니 인졔 하로인들 셔울에 잇슬슈나 잇늬ㄴ 하시며 上京하지 말나시는것을 엇더한 일이잇든지 엇더한 苦生을 하던지 工夫를맛쳐야 홈니다고 억지의對答을 하고 올나왓는듸 果然外三寸의一家는 會寧으로 옴겨가기로 作定되엿스니 將次이몸을 어늬곳에붓치고 工夫를 호라…… 原來家勢가 녁々지못호야 上京留學치못홀짓을 억지로外三寸의承諾을밧아 올나와셔 입써셧通學호야온터이니 남갓치寄宿生活도홀슈업고 그렷타고 입써셧 호여온 工夫를 中途에履홀슈도업다 아아 將次엇지호면조흐랴 工夫는호여야겟고 호는슈는 업고……ㅇ

싸뜻한 가을벗은 如前히 昌浩의一身과 그바위를빗초이는듸 昌浩는 如前히 고기를 슉이고 안자셔 가삼을쎅힌다 엇지호면 조흘가……ㅇ 아모리 生覺호야도 조흔方針은 나오시안는다 다ㅡ

그만두고 싀골노 갈가 실혀도 안이가는 슈는업다 가야하겟다 故鄕으로가야겟다……ㅇ 고 生覺은호얏스나 다시 「싀골노가면 工夫는 엇더케호나……」하는 生覺이 불닐드시호야 마암은 다시 散亂호야저셔 生覺을ㅅ록 머리속이 아득호야 맛치 迷宮에셔 헤믹이는것갓다 입떠셧生覺호야도 아모조흔수는업고 가삼만 답々하야질쑨인듸 히는발셔 金華峯뒤에 숨엇ㅅ고 멀ㅡ니 洞中에셔 豆腐사려ㅡ호는쇼리가 들녀온다 「아ㅡ아 오날도 쏘갓고나……」 昌浩는 힘업시니러셔셔 한숨을 휘ㅡ쉬더니 져므러가는 하날을쳐다보앗다 黃昏의 하날에 우는듯이 ㅅ벅어리는 별을 쳐다보난 그의눈에는 쎄업는 이슬이 밋져잇다ㅣ

金華山麓、奉元寺로 넘어가는길엽희○○牛乳牧場압가게되니 엇더케 안되엿는지 몰으겟다 牛乳配達을

헤서어럿어 멧하는學生은「牛乳配達夫入用」이라는廣한다니 얼마다 苦生이되겟늬 아못조록 몸죠심을하

를告보고 온 昌浩이다……ㅇ 아참과 져녁 두차렷야서工夫를 잘하여라 그리고 便紙나 자조하

식牛乳配達을하고 라도 工夫는 하여야겟다고 決心하고 눈물을 흘니며 하는 外三寸의 말삼을

은 하얏스나 牧場의 門압흘 닥치니 空然히 쥬져々東窓밧게셧는 昌浩는 얼마나 울엇스리요 입을담은

々하야진다

그의 얼골에는 두줄기 눈물이 비오듯한다

이윽고 그가事務所에 들어가 自己의事情을 仔細히무에라對答을할사이도업시 汽笛一聲에 車體는 가기를

이야기 하고나올써는 牧場主人이 昌浩의 意志가堅始作하니 昌浩에게 다만한분계신親戚도 이

固홈에 感動하야「牧場內의 一室을 치여쥬기 까지할야 可憐한 昌浩의 一身을 외짜로 남겨두고

것이니 여긔셔 宿食을하고 工夫를잘하여 보라」는許會寧으로 써나갓다

諾을 밧은後이야다

맑게 기인가을 하날에는 汽車가 뿜고간 煙

* * * * * *

次살아지고져하는디 풀랏트 홈ー여 우두

天高馬肥하는가을 九月十六日!! 이날은 昌浩의 外서셔멀ー니 가는汽車를보며 눈물먹음는

三寸宅一家가 京城을 써나가는 날이다

로 可憐하기 짝이업다

「昌浩야 容恕하여라 너를卒業을 못식히고 시골노

牧塲生活의第一夜는 다다미우에 싸늘ᄒᆞ게지닉엿다 시벽네時에 이러나 담아노은 牛乳瓶의數를세여 쥬머니에 ᄂᆞ어 등에들녀메고 아즉도 ᄭᅮᆷ속에 들어잇눈 市中으로 配達을ᄒᆞ러나섯다 아즉 가을임으로 낫이면 새 싸ᄯᅳᆺᄒᆞᆯ것이나 그리도 시벽이라 쌀々ᄒᆞ기짝이업다 內衣도 못넙엇슴으로 洋服의 ᄒᆞ여진구녁으로 侵入ᄒᆞ는 바람이 살을ᄯᅥ르눈것갓다 帽表가반젹이는 校帽를 욱으려쓰고 거름을速히ᄒᆞ야 監營압흘지나 竹添町 西大門으로드러와 唐珠洞、需昌洞、都染洞을지나 光化門通、太平通을것쳐貞洞으로 도라오면셔 需用者의집에 配達ᄒᆞ고 오니 ᄯᅥ난밧셔 닐곱時가 갓가와올ᄯᅦ다○ 처음ᄂᆞᆯ에 疲困한몸을 쉬우지도 못ᄒᆞ고 싸늘한 朝飯을對ᄒᆞ니 번ㅅ치못한 饌이나마 아니덕던日本것임으로 食性에 맛지를안아 밥이참아 넘어가지를 안이ᄒᆞ나 억지로

ᄯᅡ도먹을슈밧게업는지라 민밥을셩키드슐새 힝염업는눈물이 밥우에 몃번인지 흐른다 억지로 朝飯을 맛치고 오날비ᄒᆞ올것을 豫習ᄒᆞᆯ새도업시 學校에 登校ᄒᆞ얏다 「요시이는 엇더케 션션ᄒᆞᆫ지 아참에먹는 牛乳도 새 싸늘ᄒᆞ더라」 ᄒᆞ는學友의 짓걸거리는 쇼리를듯고 昌浩는 남몰으게 붉어진쌤에 눈물을 흘녓다……○ 日語時間에는 「졸지말라」난 先生의注意를 두세번밧앗다 졸녀셔 못견듸겟는것을 억지로 참아 여섯時間을맛츄고 牧塲으로 도라오며「오날은 익즉復習을맛츄고 밤에는 일즉자리라」하엿더니 事務보는 雇員이 이일 져일 심부름을 쉴시업시 식힌다、冊은 드러다볼사이도업시 히가졋다、져녁牛乳를配達ᄒᆞ니라고 두어

時間도라단이고나셔 夕飯을먹고 희업시안겨셔 못업는성각을한다

苦學‼ 苦學‼ 이리셔는 그것도 못ᄒ겠다 苦生이달줄은 밀이 짐작한바지마는 苦生은 얼마를 ᄒ던지름름이 工夫를ᄒ여야 흘터인데 工夫를틈은 도모지업고 몸만 疲困흘뿐이니 엇지ᄒᄌ잔말이냐 에―엣 工夫는 못흘 運數인가보다 다―그만두고 시골노가셔 쌍이나 파야ᄒ겠다ᄒ며 눈물을흘닐때 遞傳夫가 던지고가는 便紙를 밧아보니 어린동성의 셧루른붓으로 順序업지 적어보낸母親의 便紙이다

……昌浩야 客地에셔 돈한푼업시 얼마나 苦生니뇌느냐 몸이나 성히잇느냐 나는 밤이나 낫이나 네生覺으로 울며지낸다……그러나 나는너의卒業하기만 樂으로알고 기다리며 速히成功ᄒ도록 日夜에 神明씨 祝願한다

便紙를넘는 昌浩의목소리는 漸々썰닌다 우와갓흔句節에니르려는 便紙를 접어들고 썰니는목소리로

어머님‼ 잘못ᄒ얏슴니다 容恕ᄒ야쥬십시요 어머님의셔 그럿케까지 生覺ᄒ시는줄도 몰으고 겨는只今一時의 苦痛을 참지못ᄒ야 決心을…決心을 썩그려ᄒ얏슴니다 容恕ᄒ십시요 決斷코期於코 成功ᄒ겠슴니다 엇더한 苦生을 ᄒ던지 엇더ᄒ境遇를當ᄒ던지 期於코成功ᄒ야셔 어머님쎄셔 그다지 生覺ᄒ야쥬신 보람이 잇도록 ᄒ겠슴니다……

ᄒ고 부르지졌다

勉學ᄒ라 勉學은成功의 材料니라 勉學ᄒᄌ々々々

이갓치임숙으로 부르며 다시힘잇게

어머님‼

ᄒ고 부름써 그의눈에는 눈물이 고엿다……

아아 이이슬(露)!! 이눈물!! 決心의 이슬이냐、自歎의눈물이냐……○房中은 고요흔딕 두서너닙落葉이돌窓을 슬치면셔 힘업시 써러진다

人生의 進路 （賞金五十錢）

平壤倉田里八九番地　金淳貞

人生은쳐음幼年이란野原을거러간다○이곳에는綺麗흔花草가滿發흐고사랑스러운小鳥가듯기죳케울고잇다○綺麗흔花草를쩍고고사랑스러온시소릭를드리면셔幻夢의길을거를젹에길은變흐야少年이된다○人世의荒海가漸々갓가와온다○이荒海를건너야될터이다○朦朧히뵈이는彼岸의成功山에는名譽富貴等의맛이四季의差別업시피여잇다○이거시人生의눈을획부실만큼綺麗흐다○바라보면暗々찬運命의浪은東으로西으로滔々히흘너渦卷이되여잇다○아모리하여도無事히건너갈것갓지안타○그러나그맛을取하려난生覺뿐으로셔로닷토아건너가기시작한다○右便으로가는이도잇고左便으로가난이도잇고第一安全흐다하야中央으로가난이도잇다○汽船에란이도잇고風船에오른이도잇다○非常히넓은大海인故로溺死하난者墜落하야潮流에흐르난者途中에셔도라오는者가만코彼岸에到着한者난極히적다勇進흐고이들은名譽의맛을씩게되엿다○그이들은實로自己의明晰한頭腦에確固한意志의뜻을세운싸둙일다○이들의成功者난世人의집히尊崇밧는人物이라○溺死者潮流에흐른者난途中에셔도라온者等은失敗者일다○卑劣한者일다○그의頭腦에난不能二字가가득차잇다○「人生五十無功愧」를嘆흐뿐이랑○勇進흐쟈우리도

마 음 (賞金五十錢)

堅志洞一一八 ㅈ ㅎ 生

(一)
보라도 뵈잔코 혼젹업스나
그한번 動하면 못흘것업고
그가는 곳마다 事業닐우니
貴여움 無限타 우리의마음

(二)
쓰거운 불길이 태지못하며
힘잇난 勢力이 쌧지못하며
굿세인 물결이 씻지못하니
그造化 無限타 우리의마음

(三)
무엇을 願하며 무얼바라나
마음만 굿세면 못할닐업네
世界가 넙으나 그보다크니

(四)
이보비 이造化 向하난곳에
뉘能히 막아닐 壯士업나니
갈아셔 빗내세 더욱힘잇게
닥가셔 키우세 우리의마음

그크기 無限타 우리의마음

選外佳作 (到着順)

(十月七日까지到着흔것)

七夕 金炯元 忠南論山江景面黃金町

동무야아느냐알거든 仝 仝

運命自造說 白重彬 平北定州郡城內

喜와怒 鐵啞 京城中央學林

天領？曙星？ 仝 仝

現代靑年에게 畢하는修養論 小波生 京城堅志洞一一八

「生의實現」은不認可로
因ᄒ야連載치못ᄒ오니
微意를諒ᄒ시오

選外佳作

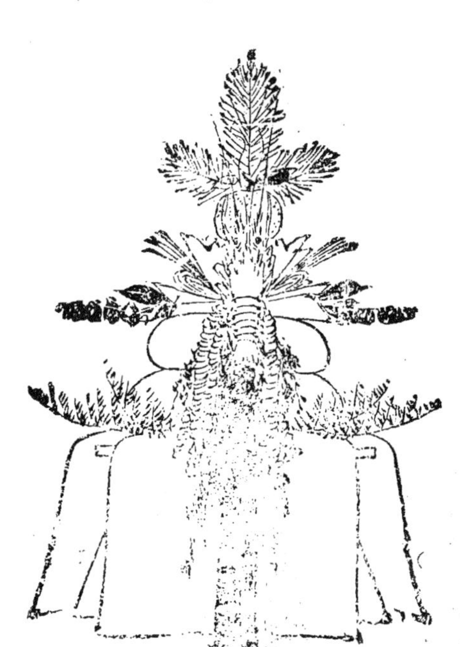

文藝 懸賞

一、普通文　一行二十四字四十行　內外（鮮漢文體）

一、短篇小說　一行二十四字百行　內外（漢字약간섞은時文體）

一、新體時歌

一、漢詩（即景即事）

　　　　　入選賞金五十錢으로五圓싯지

　　　　　入選賞金五十으로一圓싯지

惟心懸賞應募證（3）

一、懸賞應募는本誌讀者에限ᄒᆞ니本誌의「惟心懸賞應募證」을割取ᄒᆞ야原稿에添付ᄒᆞ시오

一、但一人一證으로兩件以上의應募도得ᄒᆞ시오

一、原稿는精書ᄒᆞ고住所氏名을明記ᄒᆞ며封皮에「惟心懸賞文藝」라特書ᄒᆞ시오

一、賞金은入選文藝發表號發行後十日內로發送ᄒᆞ시오

購讀家의 注意

一, 本誌代金은 先金을 要하오

一, 送金은 振替貯金法을 利用하시오(本社振替口座는 京城五六六五番)

一, 郵票代送은 一割增을 要하오

一, 本誌를 請求하실時는 住所氏名을 精記하시고 購覽中에 住所를 變更하실時는 即時通知하시오

一, 本誌에 關한 事로 回答을 要하는 書信에는 返信郵票를 添送하시오

定價表

冊數	先金	郵稅	合計
一冊	十八錢	五厘	十八錢五厘
六冊（半年分）	一圓〇三錢	三錢	一圓〇六錢
十二冊（一年分）	二圓〇六錢	六錢	二圓十二錢

廣告料

等級	特等	一等	二等	三等
半頁	八圓	六圓五十錢	五圓五十錢	
一頁	二十圓	十五圓	十二圓	十圓

大正七年十一月二十五日 印刷
大正七年十二月一日 發行

不許複製

京城府桂洞四三番地
編輯兼發行者 韓龍雲

京城府公平洞五五番地
印刷人 沈禹澤

京城府公平洞五五番地
印刷所 誠文社
電話 六七八番
振替口座京城五三二二番

發行所 惟心社
京城府桂洞四三番地
振替京城五六六五番

유
심

님의 침묵 탈고 100주년 기념

2025년 11월 22일 인쇄
2025년 11월 23일 발행

발   행 | 한용운
발행처 | 한국학자료원
발행인 | 윤영수
등   록 | 제12-1999-074호

주   소 | 서울 은평구 연서로 37길 40-1
팩   스 | 02.3159.8051
E-mail | eksung@naver.com

ISBN 979-11-7417-062-0(13220)

정가 33,000원